DAS BUCH DES MIRDAD

MIKHAÏL NAIMY

DAS BUCH DES MIRDAD

EIN LEUCHTTURM UND EIN HAFEN

FÜR JENE, DIE SICH NACH DER ÜBERWINDUNG SEHNEN

7. AUFLAGE
2011

DRP ROSENKREUZ VERLAG – BIRNBACH

Aus dem Englischen übersetzt
Ursprünglicher Titel:
The Book of Mirdad
A Lighthouse and a Haven

ISBN 978-938540-33-6

INHALTSVERZEICHNIS

VORWORT VON NADEEM NAIMY

Mikhail Naimy wurde am 17. Oktober 1889 in Baskinta, einem Dorf im mittleren Libanon, geboren, das am Fuß des hohen Sanneenberges in 1500 Meter Höhe liegt und einen Ausblick auf den östlichen Teil des Mittelmeeres bietet. Er war der dritte Sohn einer einfachen, griechisch-orthodoxen Familie mit fünf Söhnen und einer Tochter.

Nach der Grundschule in Baskinta – eine der vielen Missionsschulen, die in dieser Region von der Königlichen Russisch-Palästinischen Vereinigung eingerichtet wurden – ging er 1902 in das russische Bildungsinstitut für Lehrer in Nazareth. 1906 erhielt er ein Stipendium für das Theologische Seminar in Poltava in der Ukraine, wo er bis 1911 studierte. Während seines Aufenthalts in Russland, für das er besondere Gefühle hegte, nahm er Kenntnis von der russischen Literatur, die er mit Leidenschaft las und die einen bleibenden Einfluss auf seine Gedanken und Schriften ausübte. Das ausführliche Tagebuch, das er während dieser Periode in Russisch führte, enthält auch einige frühe Versuche, in dieser Sprache Poesie und Prosa zu schreiben.

1911 ging Naimy in die Vereinigten Staaten, um bis 1916 an der Washington-Universität in Seattle Literatur und Jura zu studieren. Nach Beendigung seines Studiums zog er nach New York. Dort begegnete er Khalil Gibran und gründete mit ihm und einigen anderen libanesischen und syrischen Emigranten die bekannte »Pen Society« mit dem Ziel, die arabische Literatur aus ihrer jahrhundertealten klassischen Position heraus in ein neues Zeitalter zu führen, in dem sie sich rein, frisch und modern entfalten könnte.

Dazu konnte Naimy in dieser Periode zweifach beitragen: einerseits spielte er die Rolle des Kritikers und Literaturwissenschaftlers, was sein bekanntes Buch *al-Ghirbal* (Das Sieb) beweist, in dem er diese Zeit tadelt und verspottet. Andererseits verfasste er selbst Beispiele in Form von Poesie, Theaterstücken. Romanen, Kurzgeschichten und Essays, die demonstrieren, wie arabische Literatur sein müsste. Seine vielen Schriften aus dieser Periode werden in der arabischen Literatur noch immer als Standardwerke betrachtet.

1932, ein Jahr nach dem Tod seines besten Freundes und Genossen Gibran und nach zwanzigjährigem, ununterbrochenem Aufenthalt in den Vereinigten Staaten – abgesehen von einem Jahr Dienstzeit 1917-18 während des Ersten Weltkrieges im amerikanischen Lager in Frankreich – beschloss Naimy, endgültig zu seinem Geburtsort im Libanon zurückzukehren. Er hegte diesen Wunsch schon seit langem. Nachdem er im Westen lange genug studiert, gearbeitet und gelebt hatte, um die westliche Kultur zu ergründen, erkannte Naimy, dass Kultur grundsätzlich auf dem basiert, was vom Verstand verteidigt und empirisch geprüft werden kann. So hat diese Kultur die physischen und natürlichen Aspekte des Menschen auf bewunderungswürdige Weise vergrößert, aber sie hat andererseits durch ihre fundamentale Art versäumt, im Menschen ein angemessenes spirituelles Wachstum zu verursachen, das seine eindrucksvollen physischen Möglichkeiten durch die Idee eines letzten Ziels beleben könnte. Ohne die Idee eines schließlichen Ziels ist die Macht des Menschen vorbestimmt, sich selbst zu vernichten.

Zurückgekehrt auf den Bauernhof seiner Familie in Shakhroub, einem Ort in einer bezaubernd schönen Natur am Fuß des majestätischen Sanneenberges, beschloss Naimy, den Rest seines Lebens der Ausarbeitung seiner geistigen Botschaft zu widmen, die am deutlichsten in seinem englischen Buch *The Book of Mirdad* (Das Buch Mirdad) hervortritt. Es wurde zuerst 1948 in Beirut herausgegeben. 1954 folgte eine Ausgabe in Bombay, 1962 eine in England, wo es bis heute regelmäßig nachgedruckt wird. Übersetzungen dieses Buches sind in fast allen wichtigen östlichen und westlichen Sprachen erschienen.

Der Kern der Botschaft Naimys ist, dass der gesamte Kosmos ebenso wie das Leben selbst im Wesentlichen eins und unteilbar ist. Aber dass die Gesamtheit aller Dinge immer größer ist als die Summe seiner Teile, ergibt sich daraus, dass Analyse allein, sei sie auch noch so sorgfältig und genau, nicht zur vollen Wahrheit durchdringen und auch die Wirklichkeit nicht umfassen kann, ob es sich nun um kleine oder große Dinge handelt. Darum kann die Wahrheit niemals durch Argumentation ergriffen werden, die sich auf Definition gründet, oder durch Naturwissenschaft, die auf sinnesorganischer Erfahrung, Zerlegung und Analyse basiert: Nur das innere Wesen des Menschen kann das innere Wesen in anderen Dingen und im ganzen Universum erreichen. Es sei denn, er wird durch sein inneres Wesen gelenkt, sonst kann der Mensch immer nur die Außenseite der Dinge erkennen. Als Außenstehender ist er dazu verdammt, stets

Opfer der Tatsache zu werden, dass er nicht zum Wesentlichen durchdringen kann.

Der Mensch als Fremdling ist immer die Ursache aller menschlichen Tragödien in der Geschichte. Nur wenn wir uns dem Kern zuwenden, wenn wir kosmisch bewusst werden, können wir eins werden mit dem absoluten Leben. Zwischen dem Menschen als Außenstehendem, als niedrigste menschliche Lebensform, und dem kosmischen Menschen, dem höchst Erreichbaren, liegt der »Feuersteinhang« aus dem *Buch Mirdad.* Diesen Abhang zu ersteigen ist der Kreuzgang des Menschen, bei dem er entweder lebt, um zu sterben, oder stirbt, um zu leben.

Naimy hat beinahe fünfunddreißig Werke der unterschiedlichsten literarischen Genres geschrieben. Es gelingt ihm stets auf bewunderungswürdige Weise, einen vergehenden Realismus mit einer hohen Spiritualität zu vereinen. *Memoirs of a Vagrant Soul* (Erinnerungen einer irrenden Seele), *Sunset Soliloquy Beyond Moscow and Washington* (Monolog bei Sonnenuntergang hinter Moskau und Washington), *The Last Day* (Der letzte Tag) und vor allem seine dreiteilige Autobiographie *Sab'un* (Siebzig) können ebenfalls wie *Das Buch Mirdad* als moderne, spirituelle Prosa betrachtet werden.,

Naimys Schriften sind weit verbreitet und werden viel studiert. Viele Bücher und Dissertationen wurden über Naimy geschrieben, sowohl in der arabischen Welt als auch außerhalb. Kürzlich bezeichnete der Herausgeber einer Blütenlese Naimy in seinem Buch als einen der größten spirituellen Denker des zwanzigsten Jahrhunderts.

Abgesehen von einigen Reisen in verschiedene arabische

Länder, nach Indien und zweimal nach Russland – wo er die Universität besuchte, an der er studiert hat – um auf Einladung Gastvorlesungen zu halten, blieb Naimy nach seinem Aufenthalt in den Vereinigten Staaten für den Rest seines Lebens in seinem Geburtsort, beschäftigt mit seinem Werk, seinen Besuchern, Lesern und Bewuderern aus den unterschiedlichsten Teilen der Welt. Er wurde liebevoll versorgt von May, die seine Haushälterin, seine treue Gefährtin und seine Nichte war.

Naimy starb, neunundneunzig Jahre alt, am 28. Februar 1988 in seinem eigenen Haus. Er erhielt ein Staatsbegräbnis und wurde bei seinem geliebten Bauernhof, am Fuß des Sanneenberges (Feuersteinhang), beigesetzt. Auf seinem Grabstein in der Form eines Kreuzes ist ein Zitat aus seinem Buch *Sunset Soliloquy* eingemeißelt. Übersetzt lautet es:

> Dein Kind bin ich, o Herr
> Und diese schöne, überreiche
> Und liebliche Erde,
> In deren Schoß Du mich gebettet hast,
> ist nur die Wiege,
> Aus der ich zu dir krieche.

Nadeem Naimy,
Beirut, 10. Mai 1996

DIE GESCHICHTE
DES BUCHES

I

Der gebundene Abt

In den Milchbergen, auf der erhabenen Höhe, die als *Altargipfel* bekannt ist, stehen die geräumigen und finsteren Ruinen eines Klosters, das einstmals als *die Arche* berühmt war. Die Überlieferungen wollen mit ihr ein Alter so eisgrau wie die Sintflut verbinden.

Zahlreiche Legenden sind um die Arche gewoben worden; aber die geläufigste aus dem Mund der eingeborenen Bergbewohner, bei denen ich zufällig einen gewissen Sommer im Schatten des Altargipfels verbrachte, ist die folgende:

Viele Jahre nach der großen Sintflut zogen Noah und seine Familie und die Nachkommen seiner Familie in die Milchberge, wo sie fruchtbare Täler, zahlreiche Flüsse und ein sehr gleichmäßiges Klima vorfanden. Dort beschlossen sie, sich niederzulassen.

Als Noah fühlte, daß seine Tage zu Ende gingen, rief er seinen Sohn Sem zu sich, der gleich ihm ein Träumer und ein Mann mit Gesichten war, und sprach zu ihm:

»Gib acht, mein Sohn! Deines Vaters Ernte an Jahren ist überaus reich gewesen. Nun ist die letzte Garbe für die Sichel bereit. Du und deine Brüder, eure Kinder und Kindeskinder, ihr werdet die beraubte Erde wieder bevölkern, und euer Same wird so zahlreich sein wie der Sand am Meer, so wie es mir Gott versprochen hat.

Doch eine gewisse Furcht beunruhigt meine letzten Tage. Die Menschen werden im Lauf der Zeit die Flut vergessen, wie auch die Begierden und Bosheiten, die sie heraufbeschworen haben. Sie werden auch die Arche vergessen und den Glauben, der sie im Triumph hundertundfünfzig Tage lang über die wütenden Wasser der rachegierigen Tiefen trug. Auch werden sie nicht mehr an das neue Leben denken, das aus diesem Glauben entsprang, aus dem sie als Frucht hervorgegangen sein werden.

Damit sie es nicht vergessen, bitte ich dich, mein Sohn, einen Altar auf dem höchsten Gipfel dieser Berge zu errichten, der fortan als der *Altargipfel* bekannt sein soll. Ich bitte dich weiter, ein Haus um den Altar herum zu bauen, welches in allen Einzelheiten dem Aufbau der Arche, nur in verkleinertem Maßstab, entsprechen und als *die Arche* bekannt werden soll.

Auf diesem Altar will ich mein letztes Dankopfer darbringen. Und von dem Feuer, das ich darauf anzünden werde, bitte ich dich, ein Licht für immer brennend zu erhalten. Aus dem Haus sollst du ein Heiligtum für eine kleine Gemeinschaft auserwählter Männer machen, deren Zahl nie neun überschreiten noch weniger als neun sein soll. Sie sollen als die Archegefährten bekannt werden. Wenn einer von ihnen stirbt, wird Gott unverzüglich für einen anderen an seiner Stelle sorgen. Sie sollen das Heiligtum nicht verlassen, sondern darin alle Tage ihres Lebens nach der strengen Regel der Mutterarche verbringen, indem sie das Feuer des Glaubens brennend erhalten und vom Allerhöchsten Führung für sich selbst und ihre Mitgefährten erbitten. Was ihr Körper benötigt, wird ihnen durch die Mildtätigkeit der Gläubigen gegeben werden.«

Sem, der an jeder Silbe der Worte seines Vaters gehangen

hatte, unterbrach ihn, um den Grund für die Zahl *neun* – nicht mehr und nicht weniger – zu erfahren. Und der hochbetagte Patriarch sagte erklärend:

»Neun, mein Sohn, ist die Zahl jener, die in der Arche waren.«

Doch Sem konnte nicht mehr als acht zählen: Seinen Vater und seine Mutter, er selbst mit seiner Frau und seine beiden Brüder mit ihren Frauen. Deshalb war er sehr verwirrt über die Worte seines Vaters. Und Noah erklärte weiter, als er die Verwirrung seines Sohnes bemerkte:

»Siehe, mein Sohn, ich enthülle dir ein großes Geheimnis. Die neunte Person war sozusagen ein blinder Passagier, den nur ich kannte und sehen konnte. Er war mein ständiger Begleiter und mein Steuermann. Frage mich nicht weiter über ihn aus, aber versäume nicht, in deinem Heiligtum für ihn Raum zu schaffen. Dieses sind meine Wünsche, Sem, mein Sohn. Sorge du für ihre Erfüllung.«

Und Sem tat so, wie sein Vater befohlen hatte.

Als Noah zu seinen Vätern heimgegangen war, begruben ihn seine Kinder unter dem Altar in der Arche, die jahrhundertelang danach in Tat und Geist das wahrhaftige Heiligtum war, das durch den ehrwürdigen Bezwinger der Flut errichtet und eingeweiht worden war.

Im Lauf der Jahrhunderte begann die Arche jedoch nach und nach von den Gläubigen Geschenke weit über ihre Bedürfnisse hinaus anzunehmen. Daher wurde sie jedes Jahr reicher an Ländereien, an Silber und Gold und kostbaren Edelsteinen.

Vor einigen Generationen, als gerade einer der Neun gestorben war, kam ein Fremder an die Tore und bat darum, in die Gemeinschaft aufgenommen zu werden. Nach dem alten Brauch der Arche, der niemals verletzt worden war, hätte der Fremde sofort aufgenommen werden müssen, da er der erste war, der gleich nach dem Hinscheiden eines Gefährten um Aufnahme bat. Aber der Älteste, wie der Abt der Arche genannt wurde, war zu jener Zeit gerade ein eigenwilliger, weltlich gesinnter und hartherziger Mann. Ihm gefiel das Aussehen des Fremden nicht, der nackt, ausgehungert und von Wunden bedeckt war; und so sagte er ihm, daß er der Aufnahme in die Gemeinschaft nicht würdig sei.

Der Fremde bestand darauf, eingelassen zu werden. Durch diese Hartnäckigkeit wurde der Älteste so wütend, daß er dem Fremden gebot, schnellstens das Grundstück zu verlassen. Aber der Fremde war ausdauernd und wollte sich nicht wegschicken lassen. Schließlich überzeugte er den Ältesten, daß er ihn als Diener aufnehmen könne.

Lange wartete daraufhin der Älteste, daß die Vorsehung einen Gefährten an Stelle des Verstorbenen schicken würde. Aber niemand kam. So beherbergte die Arche zum ersten Mal in ihrer Geschichte acht Gefährten und einen Diener.

Sieben Jahre vergingen, und das Kloster wurde so reich, daß niemand seine Reichtümer hätte zählen können. Ihm gehörten alle Ländereien und Dörfer meilenweit im Umkreis. Der Älteste war glücklich und wurde dem Fremden gegenüber wohlwollend, da er glaubte, jener habe der Arche Glück gebracht.

Zu Beginn des achten Jahres jedoch trat plötzlich eine Wandlung ein. In der bis dahin friedvollen Gemeinschaft begann es zu gären. Der kluge Älteste erriet bald, daß der Fremde die Ursache war, und beschloß, ihn auszuweisen. Aber, ach, es war zu spät. Die unter seiner Leitung stehenden Mönche waren keiner Regel oder Erklärung mehr zugänglich. Innerhalb von zwei Jahren gaben sie alles bewegliche und unbewegliche Eigentum des Klosters weg. Die zahlreichen Pächter der Ländereien des Klosters machten sie zu deren Eigentümern. Als das dritte Jahr kam, verließen die Mönche das Kloster. Und was noch viel schrecklicher war, der Fremde belegte den Ältesten mit einem Fluch, durch den er an den Grund und Boden des Klosters gebunden und bis auf den heutigen Tag stumm ist.

So erzählt die Legende.

Es fehlte nicht an Augenzeugen, die mir versicherten, daß sie bei vielen Gelegenheiten – manchmal bei Tag und manchmal bei Nacht – den Ältesten auf dem Grundstück des verlassenen und jetzt sehr verfallenen Klosters hätten umherirren sehen. Aber niemand habe ihn je zum Sprechen bringen können. Mehr noch, jedesmal, wenn er die Anwesenheit eines Mannes oder einer Frau bemerkte, würde er schnell verschwinden, niemand wisse wohin.

Ich gebe zu, daß mir diese Geschichte meine Ruhe raubte. Die Vorstellung eines einsames Mönches – oder auch nur seines Schattens – der viele Jahre lang auf dem Hof eines so alten Heiligtums und in seiner Umgebung umherwanderte, auf einem so trostlosen Gipfel wie dem Altargipfel, war zu ungeheuerlich, um verjagt werden zu können. Sie quälte meine Augen; sie brachte meine Gedanken durcheinander; sie geißelte mein Blut; sie stachelte mein Fleisch und Bein auf.

Schließlich entschloß ich mich, den Berg zu besteigen.

II

Der Feuersteinhang

Der Altargipfel, der im Westen aufs Meer blickt und daraus viele tausend Fuß hoch mit einer breiten, steilen und schroffen Wand emporragt, erscheint aus der Ferne trotzig und abweisend. Dennoch wurden mir zwei verhältnismäßig sichere Aufstiege gezeigt, die – einer von Süden, der andere von Norden – beide als gewundene, enge Pfade am Rand vieler Abgründe vorbeiführen. Ich entschloß mich, keinen von beiden zu nehmen. Zwischen den beiden konnte ich eine schmale, glatte Böschung erkennen, die genau vom Gipfel bis fast zu seinem Fuß führte und mir wie der königliche Pfad nach oben zu führen schien. Er zog mich mit unheimlicher Macht an, und ich entschloß mich, ihn als meinen Weg zu wählen.

Als ich einem der eingeborenen Bergsteiger meinen Entschluß enthüllte, sah er mich mit entsetzten Augen fest an und rief, seine Hände zusammenschlagend, in Schrecken aus:

»Der Feuersteinhang? Niemals solltest du so töricht sein, dein Leben so billig zu verkaufen. Viele haben es vor dir versucht, aber keiner ist je zurückgekehrt, um darüber berichten zu können. Der Feuersteinhang? Niemals, niemals!«

Dann wollte er mich unbedingt den Berg hinaufführen. Aber ich lehnte seine Hilfe höflich ab; ich kann nicht erklären, warum sein Schrecken auf mich genau die entgegengesetzte Wirkung ausübte. Anstatt mich abzuhalten, spornte er mich an und bestärkte mich fester als zuvor in meinem Entschluß.

An einem gewissen Morgen, als die Dunkelheit gerade vom werdenden Tageslicht verdrängt wurde, schüttelte ich die Träume der Nacht von meinen Augenlidern und machte mich mit einem Stab und sieben Laib Brot auf den Weg zum Feuersteinhang. Der milde Atem der entschwindenden Nacht, der schnelle Pulsschlag des anbrechenden Tages, ein quälendes Verlangen, das Geheimnis des gebundenen Mönches zu ergründen, und ein noch quälenderes, mich selbst wenigstens für einen Augenblick, ganz gleich wie kurz, von mir selbst zu befreien, schien meinen Füßen Flügel und meinem Blut Energie zu verleihen.

Ich begann meine Reise mit einem Lied in meinem Herzen und einer festen Entschlossenheit in meiner Seele. Aber als ich nach einem langen und munteren Marsch das untere Ende des Abhanges erreicht hatte und versuchte, ihn mit meinen Augen abzumessen, verstummte mein Lied. Was mir aus der Ferne als eine gerade Straße – eben wie ein Band – erschienen war, erstreckte sich nun breit, steil, hoch und unbesiegbar vor mir. So weit mein Auge nach oben und seitwärts reichen konnte, sah ich nichts als zerbrochene Feuersteine verschiedener Größe und Gestalt, das kleinste Stück wie eine scharfe Nadel oder eine geschliffene Klinge. Nirgends eine Spur des Lebens! Die ganze Landschaft war wie mit einer dunklen, furchteinflößenden Hülle überdeckt, während der Gipfel nicht zu erspähen war. Jedoch nichts konnte mich abschrecken.

Da ich die Augen des guten Mannes, der mich vor dem Abhang warnte, wieder auf meinem Gesicht brennen fühlte, rief ich meine Entschlußkraft auf und begann meinen Marsch aufwärts. Bald jedoch stellte ich fest, daß mich meine Füße allein keine große Strecke voranbringen konnten, denn die Feuersteine glitten einfach unter ihnen hinweg und erzeugten einen furchterregenden Ton, als ob eine Million Kehlen gegen den Würgetod ankämpfen würden. Um voranzukommen, mußte ich meine Hände und meine Knie, ebenso auch meine Zehen in die beweglichen Feuersteine hineingraben. Wie wünschte ich da, so beweglich wie eine Bergziege zu sein!

Im Zickzack kroch ich immer höher und gönnte mir keine Ruhe. Denn ich begann zu befürchten, daß die Nacht hereinbrechen könnte, ehe ich mein Ziel erreicht hätte. Umzukehren kam mir nicht in den Sinn.

Der Tag war fast vorüber, als ich plötzlich Hunger verspürte. Bis dahin hatte ich nicht an Hunger oder Durst gedacht. Die Brotlaibe, die ich in einem Tuch um meine Taille gebunden trug, waren in diesem Augenblick von unschätzbarem Wert. Ich band sie los und war gerade dabei, das erste Stück abzubrechen, als Glockenton und das Wehklagen einer Rohrflöte an mein Ohr drangen. Nichts hätte in dieser nur mit Feuersteinen besäten Einöde erschreckender sein können.

Da sah ich einen großen, schwarzen Ziegenbock über einen Bergkamm zu meiner Rechten herankommen. Bevor ich Atem holen konnte, war ich von allen Seiten von Ziegen umgeben, unter deren Füßen der Feuerstein ebenso brach wie unter den meinigen, aber mit einem viel weniger schrecklichen Ton. Als wenn ich die Ziegen eingeladen hätte, stürzten sie sich unter Führung des Bockes auf mein Brot und hätten es mir aus den Händen geschnappt, wenn nicht die Stimme des Ziegenhirten erklungen wäre, der – ich weiß nicht wie und woher – plötzlich an meiner Seite erschien. Es war ein Jüngling von auffallender Erscheinung – groß, stark und strahlend. Ein Lendentuch war seine einzige Bekleidung und die Rohrflöte in seiner Hand die einzige Waffe.

»Mein Ziegenbock ist ein verwöhntes Tier«, sagte er leise und lächelte dabei. »Ich gebe ihm Brot zu essen, wenn ich welches habe. Aber es sind hier viele, viele Monde lang keine brotessenden Lebewesen vorbeigekommen.« Dann wandte er sich an das Leittier und sagte: »Siehst du, wie gut Fortuna vorsorgt, mein treuer Ziegenbock? Zweifle niemals an Fortuna!«

Worauf er sich bückte und einen Laib Brot nahm. Da ich annahm, daß er hungrig sei, sagte ich sehr freundlich und ganz aufrichtig zu ihm:

»Wir wollen dieses bescheidene Mahl miteinander teilen. Es ist genug Brot da für uns beide – und für das Leittier.«

Zu meinem mich fast lähmenden Erstaunen warf er den ersten Laib Brot vor die Ziegen, dann den zweiten und dritten, und so weiter bis zum siebten, nachdem er vorher von jedem ein Stück für sich selbst abgebissen hatte. Ich war wie vom Donner gerührt, und Zorn wollte meine Brust sprengen. Aber angesichts meiner Hilflosigkeit bezähmte ich meinen Zorn und sagte mit einem fragenden Blick auf den Ziegenhirten halb bittend, halb vorwurfsvoll:

»Nachdem du mit dem Brot eines hungrigen Mannes deine Ziegen gefüttert hast, möchtest du ihm nun nicht etwas von ihrer Milch geben?«

»Die Milch meiner Ziegen ist Gift für Narren; und ich möchte nicht, daß meine Ziegen am Tod auch nur eines Narren schuldig werden.«

»Aber weshalb bin ich ein Narr?«

»Weil du sieben Laib Brot auf eine Reise von sieben Leben mitnimmst.«

»Hätte ich denn siebentausend mitnehmen sollen?«

»Nicht einen einzigen.«

»Ohne Vorräte auf eine so lange Reise zu gehen, ist das dein Rat?«

»Der Weg, der nicht für den Wanderer sorgt, ist kein Weg zum Wandern.«

»Möchtest du, daß ich Feuersteine esse statt Brot und meinen Schweiß trinke statt Wasser?«

»Dein Fleisch ist Nahrung genug, und dein Blut ist Trank genug. Da ist übrigens der Weg!«

»Du gehst zu weit mit deinem Spott, Ziegenhirte, aber ich werde dir nicht mit gleicher Münze heimzahlen. Wer immer von meinem Brot ißt, auch wenn er mich hungrig zurückläßt, soll mein Bruder sein. Der Tag geht hinter dem Berg zur Neige, und ich muß mich auf den Weg machen. Möchtest du mir nicht sagen, ob ich noch weit vom Gipfel entfernt bin?«

»Du bist dem Vergessen nur zu nahe.«

Damit setzte er die Flöte an seine Lippen und marschierte zu den unheimlichen Klängen seines Liedes weiter, das sich wie eine Klage aus der Unterwelt anhörte. Das Leittier folgte und hinter ihm die übrigen Ziegen. Lange noch konnte ich das Brechen der Feuersteine und das Meckern der Ziegen hören, in das sich die wehklagenden Töne der Flöte mischten.

Ich hatte meinen Hunger vergessen und erlangte meine durch den Ziegenhirten zerstörte Energie und Entschlußkraft wieder zurück. Wenn die Nacht mich in dieser traurigen Masse rutschender Feuersteine überraschen würde, mußte ich einen Platz gefunden haben, wo ich meine müden Beine ausstrecken konnte, ohne fürchten zu müssen, daß ich den Abhang hinunterrollen würde. Deshalb begann ich wieder zu kriechen. Als ich den Berg hinunterschaute, konnte ich kaum glauben, daß ich schon so hoch gestiegen war. Das untere Ende des Abhanges war nicht mehr zu sehen, während der Gipfel fast greifbar nahe war.

Bei Anbruch der Nacht kam ich zu einer Felsengruppe, die eine Art Grotte bildete. Obwohl sich die Grotte über einem Abgrund befand, aus dem furchtbare, dunkle Schatten heraufstiegen, beschloß ich, dort die Nacht zu verbringen.

Meine Schuhe waren zerrissen und stark mit Blut bedeckt. Als ich versuchte, sie auszuziehen, stellte ich fest, daß meine Haut so fest daran klebte, als wenn sie angeleimt wäre. Meine Handflächen waren voll blutiger Risse. Meine Nägel glichen dem Rand einer Borke, die von einem toten Baum abgerissen wurde. Meine Kleider hatten ihren besten Teil den scharfen Feuersteinen geschenkt. Mein Kopf wurde schwer vor Schlaf. Er schien an nichts anderes mehr denken zu können.

Wie lange ich geschlafen hatte – einen Augenblick, eine Stunde oder eine Ewigkeit – weiß ich nicht. Aber ich erwachte davon, daß eine Kraft an meinem Ärmel zog. Als ich mich erschrocken und schlaftrunken aufsetzte, bemerkte ich vor mir ein junges Mädchen mit einer schwach leuchtenden Laterne in der Hand. Es war ganz nackt und besonders schön von Antlitz und Gestalt. An meinem Ärmel zog eine alte Frau, die so häßlich war wie das Mädchen schön. Ein kalter Schauer schüttelte mich von Kopf bis Fuß.

»Siehst du, wie gut Fortuna sorgt, mein süßes Kind?« sagte die Frau, indem sie meine Jacke halb von meinen Schultern zog. »Zweifle niemals an Fortuna!«

Meine Zunge war wie gelähmt, und ich machte keine Anstrengung zu sprechen noch weniger zu widerstehen. Vergeblich rief ich meinen Willen auf. Er schien mich verlassen zu haben. So äußerst machtlos war ich in den Händen der alten Frau, obwohl ich sie und ihr Kind aus der Grotte hätte hinausblasen können, wenn ich es gewollt hätte. Aber ich konnte nicht einmal wollen, noch hatte ich die Kraft zu blasen.

Nicht allein mit der Jacke zufrieden, begann die Frau mich weiter auszuziehen, bis ich ganz nackt war. Während sie mich entkleidete, gab sie jedes Kleidungsstück dem jungen Mädchen, das es sich anzog. Der Schatten meines nackten Körpers auf der Mauer der Grotte, zusammen mit den Schatten der beiden zerlumpten Frauen, erfüllte mich mit Furcht und Ekel. Ich schaute verständnislos zu und stand sprachlos da, als die Sprache am notwendigsten gewesen wäre und sie die einzige mir in meinem scheußlichen Zustand verbliebene Waffe war. Schließlich wurde meine Zunge gelöst, und ich sagte:

»Wenn du auch jegliche Scham verloren hast, alte Frau, dann ich aber nicht. Ich schäme mich meiner Nacktheit sogar vor einer so schamlosen Hexe wie du. Aber unendlich mehr schäme ich mich vor des Mädchens Unschuld.«

»Da es deine Scham trägt, trage du seine Unschuld.«

»Was braucht ein Mädchen die zerfetzten Kleider eines müden Mannes, der sich noch dazu in den Bergen an einen solchen Platz verirrt hat, in einer solchen Nacht?«

»Vielleicht, um seine Last zu erleichtern. Vielleicht, um sich warm zu halten. Die Zähne des armen Kindes klappern vor Kälte.«

»Aber wenn meine Zähne vor Kälte klappern, was kann ich dann dagegen tun? Hast du keine Gnade in deinem Herzen? Meine Kleider sind mein letzter Besitz auf dieser Welt.«

Je weniger man besitzt,
umso weniger wird man besessen.
Je mehr man besitzt,
umso mehr wird man besessen.
Je mehr man besessen wird,
umso niedriger wird man bewertet.
Je weniger man besessen wird,
umso höher wird man bewertet.
Laß uns gehen, mein Kind.

Als sie die Hand des Mädchens nahm und gerade gehen wollte, drängten sich in meinem Kopf tausend Fragen, die ich an sie richten wollte; aber nur eine kam über meine Lippen:

»Alte Frau, möchtest du mir nicht, bevor du gehst, sagen, ob ich noch weit vom Gipfel entfernt bin?«

»Du bist am Rand des schwarzen Abgrundes.«

Das flackernde Laternenlicht warf mir ihre seltsamen Schatten zu, als sie aus der Grotte hinausgingen und in der pechschwarzen Nacht verschwanden. Eine dunkle Kältewelle überfiel mich, ich weiß nicht, woher. Noch dunklere, weit kältere Wellen folgten. Sogar die Mauern der Grotte schienen Frost auszuatmen. Meine Zähne klapperten und meine Gedanken verwirrten sich: die auf den Feuersteinen weidenden Ziegen, der spottende Ziegenhirte, diese Frau und das

Mädchen; ich selbst nackt, zerschlagen, verwundet, ausgehungert, frierend, betäubt, in einer solchen Grotte, am Rand eines Abgrundes. War ich meinem Ziel nahe? Würde ich es je erreichen? Würde diese Nacht je ein Ende nehmen?

Kaum hatte ich Zeit, mich etwas zu sammeln, als ich einen Hund bellen hörte und ein anderes Licht sah, so nahe, so nahe – genau in der Grotte.

»Siehst du, wie gut Fortuna sorgt, meine Geliebte? Zweifle nie an Fortuna!« Das war die Stimme eines alten, eines sehr alten Mannes. Er hatte einen Bart, ging gebückt, mit zitternden Knien. Er sprach zu einer Frau, die ebenso alt war wie er, zahnlos, mit wirrem Haar und ebenso gebückt, mit zitternden Knien. Anscheinend nahm er keine Notiz von meiner Gegenwart und fuhr mit derselben quiekenden Stimme fort, die sich aus seiner Kehle herauszukämpfen schien:

»Ein prächtiges Brautgemach für unsere Liebe und ein glänzender Stab als Ersatz für deinen verlorenen. Mit einem solchen Stab wirst du nicht mehr stolpern, meine Liebe.« Als er das sagte, nahm er meinen Stab auf und gab ihn der Frau, die sich zärtlich darüber beugte und ihn liebkosend mit ihren ausgedörrten Händen streichelte. Dann schien er mich zu bemerken und fuhr fort, immer noch zu seiner Begleiterin gewandt:

»Der Fremde wird sogleich weiterziehen, Geliebte, und dann werden wir unsere nächtlichen Träume ganz allein träumen.«

Das traf mich wie ein Befehl, dem ich folgen mußte, besonders da sich mir der Hund näherte und drohend knurrte, als ob er den Befehl seines Herrn ausführen wollte. Die ganze Szene erfüllte mich mit Grausen. Ich sah wie hypnotisiert zu, und wie in Trance stand ich auf und ging zum Ausgang der Grotte. Dabei machte ich verzweifelte Anstrengungen zu sprechen, – um mich selbst zu verteidigen, um mein Recht zu verfechten.

»Meinen Stab habt Ihr genommen. Könnt Ihr so grausam sein und mir auch die Grotte nehmen, die mein Obdach für diese Nacht ist?«

Glücklich, wer ohne Stab geht,
denn er stolpert nicht.
Glücklich, wer ohne Haus lebt,
er ist zuhause.
Die Stolpernden nur – wie wir –
brauchen einen Stab.
Ans Haus Gekettete – wie wir –
brauchen ein Zuhause.

So sangen sie gemeinsam, als sie ihre Ruhestatt zubereiteten, indem sie ihre langen Nägel in den Boden eingruben und den Kies ebneten, aber mich nicht mehr beachteten. Da rief ich ganz verzweifelt:

»Seht meine Hände! Seht meine Füße! Ich bin ein Wanderer, der sich auf diesem trostlosen Abhang verirrt hat. Ich zeichnete meinen Weg hierher mit meinem eigenen Blut. Nicht einen Zoll kann ich draußen von diesem furchtbaren Berg erkennen, der Euch so bekannt zu sein scheint. Habt Ihr keine Angst vor der Vergeltung? Gebt mir wenigstens Eure Laterne, wenn Ihr mir nicht erlauben wollt, diese Grotte heute nacht mit Euch zu teilen.«

Liebe will nicht entblößt sein.
Licht will nicht geteilt sein.
Liebe und sieh'.
Leuchte und sei.
Wenn die Nacht verblutet,
wenn der Tag geflohen
und die Erde tot ist,
wie wird es Wanderern ergehen?
Wer wird da sein, es zu wagen?

In äußerster Verzweiflung beschloß ich, meine Zuflucht zu Bitten zu nehmen, obwohl ich genau fühlte, daß es zu nichts führen würde, denn eine unheimliche Kraft drängte mich nach draußen.

»Guter alter Mann, gute alte Frau, obgleich ich starr vor Kälte und stumm vor Müdigkeit bin, werde ich Eure Freude nicht stören. Auch ich habe einst die Liebe gekostet. Ich werde Euch meinen Stab lassen und meine bescheidene Unterkunft, die Ihr als Brautgemach erwählt habt. Aber eine Kleinigkeit erbitte ich dafür von Euch: Da Ihr mir das Licht Eurer Laterne nicht gönnt, wollt Ihr nicht doch so freundlich sein, mich aus dieser Grotte hinauszuführen und mir den Weg zum Gipfel zu zeigen? Denn ich habe jegliches Gefühl für Richtung und Gleichgewicht verloren. Ich weiß nicht, wie hoch ich schon gestiegen bin, und wieviel höher ich noch steigen muß.«

Ohne auf mein Flehen zu achten, sangen sie weiter:

Der wirklich Hohe ist stets tief,
der wirklich Schnelle ist stets langsam.
Der Hochempfindliche ist stumpf.

Der so sehr Beredte ist stumm.
Ebbe und Flut sind nur eine Gezeit.
Der Führerlose hat sicherstes Geleit.
Der sehr Große ist sehr klein.
Wer alles gibt, nennt alles sein.

Mit letzter Anstrengung bat ich sie inständig, mir zu sagen, welchen Weg ich gehen müßte, wenn ich aus der Grotte hinausträte, denn der Tod konnte beim ersten Schritt aus der Grotte auf mich lauern, und ich wollte doch noch nicht sterben. Atemlos erwartete ich ihre Antwort, die in einem weiteren unheimlichen Gesang ertönte und mich verwirrter und verzweifelter machte als zuvor:

Der Felsabhang ist hart und steil,
der Schoß der Leere ist weich und tief.
Der Löwe und die Grille,
die Zeder und das Reisigbündel,
das Kaninchen und die Schnecke,
die Eidechse und die Wachtel,
der Adler und der Maulwurf,
alle in einem Loch.
Ein Haken. Ein Köder.
Der Tod allein gleicht alles aus.
Wie unten, so oben,
stirb, um zu leben, oder lebe, um zu sterben.

Das Licht der Laterne erlosch, als ich auf Händen und Knien aus der Grotte hinauskroch, den Hund hinter mir, als ob er sich vergewissern wollte, daß ich auch wirklich hinausging. Die Dunkelheit war so schwer, daß ich ihr schwarzes Gewicht auf meinen Augenlidern fühlen konnte. Nicht einen einzigen Augenblick konnte ich noch verweilen. Der Hund ließ mich das ganz genau wissen.

Ein zögernder Schritt. Noch ein zögernder Schritt. Beim nächsten hatte ich das Gefühl, als sei der Berg plötzlich unter meinen Füßen weggerutscht, und ich fand mich eingefangen in den wogenden Wellen eines Meeres der Dunkelheit, das mir den Atem nahm und mich gewaltsam tiefer, immer tiefer drückte.

Die letzte Vorstellung, die durch meine Erinnerung zuckte, als ich in die Leere des schwarzen Abgrundes wirbelte, war die des teuflischen Bräutigams und seiner Braut. Die letzten Worte, die ich murmelte, als der Atem in meiner Nase gefror, waren ihre Worte:

Stirb, um zu leben, oder lebe, um zu sterben.

III

Der Hüter des Buches

»Steh auf, o glücklicher Fremdling. Du hast dein Ziel erreicht.« Vor Durst verschmachtend und mich unter den brennenden Sonnenstrahlen windend, öffnete ich halb meine Augen und fand mich auf dem Boden hingestreckt. Die dunkle Gestalt eines Mannes beugte sich über mich und befeuchtete vorsichtig meine Lippen mit Wasser. Ebenso vorsichtig wusch er das Blut von meinen vielen Wunden. Er hatte eine wuchtige Gestalt, grobe Gesichtszüge, einen struppigen Bart und buschige Augenbrauen. Sein Blick war tief und durchdringend, sein Alter schwer zu bestimmen. Seine Berührung war sanft und zugleich stärkend. Mit seiner Hilfe konnte ich mich aufsetzen und fragte ihn mit einer Stimme, die ich selbst kaum hören konnte:

»Wo bin ich?«

»Auf dem Altargipfel.«

»Und die Grotte?«

»Hinter dir.«

»Und der schwarze Abgrund?«

»Vor dir.«

Groß war in der Tat mein Erstaunen, als ich umherblickte und wahrhaftig die Grotte hinter mir fand, und die schwarze Schlucht gähnte vor mir. Ich lag genau an ihrem Rand, weshalb ich den Mann bat, mit mir in die Grotte hineinzugehen, was er bereitwillig tat.

»Wer zog mich aus dem Abgrund heraus?«

»Der dich zum Gipfel führte, muß dich auch aus dem Abgrund herausgezogen haben.«

»Wer ist dieser Mensch?«

»Derselbe, der meine Zunge gebunden und mich hundertundfünfzig Jahre an diesen Gipfel gebunden hat.«

»Bist du denn der gebundene Abt?«

»Der bin ich.«

»Aber du kannst sprechen. Er ist stumm.«

»Du hast meine Zunge gelöst.«

»Auch scheut er die Gesellschaft der Menschen. Du scheinst doch überhaupt keine Angst vor mir zu haben.«

»Ich scheue mich vor allen Menschen außer vor dir.«

»Du hast niemals vorher mein Gesicht gesehen. Wie ist es möglich, daß du dich vor allen Menschen scheust außer vor mir?«

»Seit hundertundfünfzig Jahren habe ich auf dein Kommen gewartet. Seit hundertundfünfzig Jahren, in jeder Jahreszeit und jedem Wetter, an jedem einzelnen Tag haben meine sündigen Augen die Feuersteine des Abhanges abgesucht, ob sie nicht vielleicht einen Mann den Berg heraufsteigen und hier oben ankommen sehen würden, so wie du angekommen bist: ohne Stab, nackt und ohne Wegzehrung. Viele haben den Aufstieg über den Abhang versucht, aber keiner kam jemals bis hierher. Viele sind auf anderen Wegen hierher gekommen, aber keiner ohne Stab, nackt und ohne Wegzehrung. Ich beobachtete gestern den ganzen Tag dein Näherkommen. Ich ließ dich die Nacht draußen bei der Grotte schlafen; aber beim ersten Morgengrauen kam ich hierher und fand dich ohne Atem. Doch war ich sicher, daß du wieder zum Leben erwachen würdest. Und siehe! Du bist lebendiger als ich. Du bist gestorben, um zu leben. Ich lebe, um zu sterben. Ja, Ehre sei *seinem* Namen. Es ist alles so gekommen, wie er es versprochen hat. Es ist alles so, wie es sein sollte. Es bleibt keine Frage in mir, ob du der erwählte Mann bist.«

»Wer?«

»Der Gesegnete, in dessen Hand ich das heilige Buch legen soll, damit es der Welt bekanntgegeben werden kann.«

»Welches Buch?«

»*Sein* Buch – *das Buch des Mirdad.*«

»Mirdad? Wer ist Mirdad?«

»Ist es denn möglich, daß du noch nicht von Mirdad gehört hast? Wie seltsam! Ich war ganz sicher, daß sein Name jetzt bereits das Erdenrund erfüllen würde, so wie er bis auf den heutigen Tag den Boden unter mir, die Luft um mich und den Himmel über mir erfüllt. Heilig ist dieser Boden, o Fremdling; denn seine Füße haben ihn betreten. Heilig ist diese Luft; denn seine Lungen haben sie geatmet. Heilig ist dieser Himmel; denn seine Augen haben ihn durchstreift.«

Als der Mönch das gesagt hatte, beugte er sich ehrfürchtig nieder, küßte die Erde dreimal und schwieg.

Nach einer Weile sagte ich: »Du erweckst mein Verlangen, mehr über diesen Mann zu erfahren, den du Mirdad nennst.«

»So höre denn zu, und ich will dir erzählen, was mir nicht zu sagen verboten ist. Mein Name ist Shamadam*. Ich war der Älteste der Arche, als einer der neun Gefährten starb. Kaum war seine Seele von hinnen geschieden, als mir gesagt

* To sham = vorgeben, so tun als ob; Shamadam bedeutet also: falscher Adam, nachgeahmter Adam, Schein-Adam.

wurde, daß ein Fremdling am Tor stände und nach mir fragte. Ich wußte sofort, daß ihn die Vorsehung gesandt hatte, um den Platz des verstorbenen Gefährten einzunehmen, und hätte mich freuen sollen, daß Gott noch immer über der Arche wachte, so wie er es seit den Tagen unseres Vaters Sem getan hatte.«

An dieser Stelle unterbrach ich ihn und fragte, ob es wahr sei, was mir die Leute unten im Tal erzählt hätten, daß die Arche von Noahs ältestem Sohn erbaut worden sei.

»Ja, es ist genau so, wie dir gesagt wurde.« Dann fuhr er in seiner unterbrochenen Erzählung fort:

»Gewiß, ich hätte mich freuen sollen. Aber aus mir völlig unbekannten Gründen fühlte ich einen Aufruhr in meiner Brust wogen. Noch bevor ich den Fremden erblickt hatte, kämpfte mein ganzes Wesen gegen ihn. Und ich beschloß, ihn zurückzuweisen, obwohl ich genau erkannte, daß ich durch seine Zurückweisung das unverletzliche Gesetz übertreten würde und damit Ihn zurückwies, der ihn gesandt hatte.

Als ich das Tor öffnete und ihn – einen jungen Mann von höchstens fünfundzwanzig Jahren – sah, richteten sich in meinem Herzen lauter Dolche auf, die ich auf ihn schleudern wollte. Nackt, augenscheinlich ausgehungert und von jedem Schutz entblößt, nicht einmal mit Stab, erschien er sehr hilflos. Doch ließ ihn ein gewisses Licht auf seinem Gesicht unverwundbarer als ein Ritter in voller Rüstung und viel älter als seinen Jahren entsprechend erscheinen. Mein ganzes Inneres empörte sich gegen ihn. Jeder Blutstropfen in mir wünschte, ihn zu vernichten. Frage mich nicht nach einer Erklärung. Vielleicht zog sein durchdringendes Auge meine Seele nackt aus, und es erschreckte mich, meine Seele vor irgendeinem Menschen entblößt zu sehen. Vielleicht entschleierte seine Reinheit meinen Schmutz, und es ärgerte mich, die Schleier zu verlieren, die ich so lange über meinen Schmutz gewebt hatte. Denn Schmutz hat immer seine Schleier geliebt. Vielleicht bestand eine alte Fehde zwischen seinen und meinen Sternen. Wer weiß? Wer weiß? Er allein könnte es sagen.

Ich sagte ihm in grobem und mitleidlosem Ton, daß er nicht in unsere Gemeinschaft aufgenommen werden könnte, und befahl ihm, den Ort sogleich zu verlassen. Aber er stand da wie angewachsen und riet mir ruhig, mich nochmals zu besinnen. Seinen Rat empfand ich als Beleidigung und spie ihm ins Gesicht. Wieder stand er fest und unerschrocken da, und indem er langsam den Speichel von seinem Gesicht abwischte, riet er mir noch einmal, meine Entscheidung zu ändern. Als er den Speichel von seinem Gesicht wischte, hatte ich das Gefühl, als wenn mein Gesicht damit beschmiert wäre. Auch fühlte ich mich besiegt, und tief im Innern sagte mir etwas, daß der Kampf ungleich und er der stärkere Kämpfer sei.

Wie jeder besiegte Stolz, so wollte auch der meine den Kampf nicht aufgeben, bis er sich zerschlagen und im Staub zertreten sah. Ich war beinahe bereit, dem Ansuchen des Mannes nachzugeben. Aber ich wollte ihn erst gedemütigt sehen. Er ließ sich jedoch nicht im geringsten demütigen.

Plötzlich bat er mich um etwas Nahrung und Kleidung, und da belebte sich meine Hoffnung wieder. Da Hunger und Kälte auf meiner Seite gegen ihn waren, glaubte ich, den Kampf gewonnen zu haben. Grausam weigerte ich mich, ihm auch nur ein Stückchen Brot zu geben, indem ich sagte, daß das Kloster nur von Wohltätigkeit lebe und keine Wohltätigkeit erweisen könne. Damit log ich ganz abscheulich; denn das Kloster war viel zu reich, um den Bedürftigen Nahrung und Kleidung versagen zu können. Aber ich wollte, daß er bettelte. Doch er tat es nicht. Er verlangte es als ein Recht; es war etwas wie ein Befehl in seiner Bitte.

Der Kampf dauerte lange, aber wogte nicht hin und her. Von Anfang an hatte er ihn gewonnen. Um meine Niederlage zu decken, schlug ich ihm schließlich vor, als Diener in die Arche einzutreten – nur als Diener. Das würde ihn demütigen, so tröstete ich mich. Jedoch auch in diesem Augenblick erkannte ich nicht, daß ich der Bettler war und nicht er. Um meine Demütigung zu besiegeln, nahm er den Vorschlag ohne Murren an. Kaum hätte ich mir zu jenem Zeitpunkt vorstellen können, daß ich durch seine Aufnahme – wenn auch nur als Diener – mich selbst ausschloß. Bis zum letzten Tag hielt ich an meinem Wahn fest, daß ich und nicht er der Meister der Arche sei. O Mirdad, Mirdad, was hast du Shamadam angetan! Shamadam, was hast du dir selbst angetan!«

Zwei schwere Tränen tropften in den Bart des Mannes, und sein massiger Körper erbebte. Mein Herz war gerührt, und ich sagte:

»Ich bitte dich, sprich nicht weiter von diesem Menschen, bei dessen Erinnerung dir die Tränen kommen.«

»Sei nicht beunruhigt, o gesegneter Bote. Es ist der Stolz des Ältesten von ehedem, der diese galligen Tränen hervorquellen läßt. Es ist die Macht des Buchstabens, die mit den Zähnen gegen die Macht des Geistes knirscht. Laß den Stolz weinen; er weint zum letztenmal. Laß die Macht knirschen; sie knirscht zum letztenmal. O wären doch meine Augen nicht so von irdischen Schleiern verhüllt gewesen, als sie zum ersten Mal sein göttliches Angesicht erblickten! O wären meine Ohren nicht so von weltlicher Weisheit erfüllt gewesen, als sie von seiner göttlichen Weisheit herausgefordert wurden! O wäre meine Zunge doch nicht so von bitteren Süßigkeiten des Fleisches überzogen gewesen, als sie gegen seine vom Geist erfüllte Zunge ankämpfte! Aber ich habe viel von dem Unkraut meiner Verblendung hinweggeschnitten und muß noch mehr wegschneiden.

Sieben Jahre lang war er ein demütiger Diener in unserer Mitte – freundlich, flink, arglos, unaufdringlich, bereit, die leiseste Bitte eines jeden Gefährten zu erfüllen. Er bewegte sich umher, als ob er schwebe. Nicht ein Wort kam über seine Lippen. Wir nahmen an, daß er ein Gelübde der Schweigsamkeit abgelegt hätte. Einige von uns neigten zunächst dazu, ihn zu ärgern. Er begegnete ihren Sticheleien mit einer überirdischen Ruhe und zwang uns alle bald, sein Schweigen zu achten. Im Gegensatz zu den übrigen sieben Gefährten, denen seine Ruhe wohltat und die sich davon besänftigt fühlten, fand ich sie bedrückend und entnervend. Manchen Versuch unternahm ich, sie zu stören, aber alles vergeblich.

Er gab uns seinen Namen mit Mirdad an. Nur auf diesen Namen hörte er. Das war alles, was wir von ihm wußten. Doch wurde seine Gegenwart von allen deutlich empfunden, so deutlich, daß wir selten sprachen, wenn er dabei war, auch nicht über wichtige Dinge, bis er sich in seine Zelle zurückgezogen hatte.

Es waren Jahre der Fülle, die ersten sieben Jahre Mirdads. Siebenfach und mehr hatten sich die weiten Besitzungen des Klosters vergrößert. Mein Herz schmolz ihm gegenüber, und ich beriet ernsthaft mit der Gemeinschaft, ob wir ihn nicht als Gefährten zulassen sollten, da wir erkannten, daß die Vorsehung uns keinen anderen sandte.

Gerade da geschah, was niemand vorausgesehen hatte – was niemand voraussehen konnte und am allerwenigsten dieser arme Shamadam. Mirdad entsiegelte seine Lippen, und der Sturm brach los. Was sein Schweigen so lange verborgen hatte, brach in so unwiderstehlichen Sturzbächen los, daß in ihrem reißenden Angriff alle Gefährten gefangengenommen wurden – alle außer diesem armen Shamadam, der sie alle bis zuletzt bekämpfte. Ich versuchte, den Strom aufzuhalten, indem ich mich auf meine Macht als Ältester berief, aber die Gefährten wollten keine außer Mirdads Macht mehr anerkennen. Mirdad war der Meister, Shamadam nur ein Ausgestoßener. Ich verfiel sogar auf eine List. Einige Gefährten versuchte ich, mit Silber und Gold zu bestechen, anderen versprach ich große Gebiete fruchtbaren Landes. Ich hatte beinahe Erfolg, als Mirdad auf irgendeine geheimnisvolle Weise von meinen Bemühungen erfuhr und sie ohne die geringste Anstrengung ungeschehen machte – einfach mit ein paar Worten.

Zu seltsam und zu verwickelt war die Lehre, die er vorbrachte. Sie ist vollständig in dem *Buch* enthalten. Davon darf ich nicht sprechen. Doch konnte seine Beredsamkeit den Schnee als Pech und das Pech als Schnee erscheinen lassen. So kühn und kraftvoll war sein Wort. Was konnte ich dieser Waffe entgegenstellen? Überhaupt nichts außer dem Siegel des Klosters, das sich in meiner Hand befand. Aber sogar das wurde nutzlos. Denn die Gefährten zwangen mich unter seinen flammenden Ermahnungen, meine Unterschrift und das Siegel des Klosters unter jede Urkunde zu setzen, die sie auszufertigen für notwendig hielten. Stück für Stück übereigneten sie anderen die Ländereien des Klosters, die ihm von den Gläubigen im Lauf der Jahrzehnte geschenkt worden waren. Dann begann Mirdad, die Gefährten hinauszuschicken, beladen mit Geschenken für die Armen und Bedürftigen in allen Dörfern der Umgebung. Am letzten Tag der Arche, der einer der beiden jährlichen Feste der Arche war – der andere ist der Tag des Weinstocks – beschloß Mirdad seine tollen Taten damit, daß er seinen Gefährten befahl, das Kloster aller Habe zu berauben und diese an die versammelten Menschen zu verteilen.

Das alles sah ich mit meinen sündigen Augen und behielt es in meinem Herzen, das fast barst vor Haß gegen Mirdad. Wenn Haß allein töten könnte, dann hätte das, was damals in meiner Brust kochte, tausend Mirdads getötet. Aber seine Liebe war stärker als mein Haß. Wieder war der Kampf ungleich. Wieder wollte mein Stolz nicht nachgeben, bis er sich selbst ausgestreckt und im Staub zertreten sah. Mirdad vernichtete mich, ohne gegen mich zu kämpfen. Ich kämpfte gegen ihn, aber ich vernichtete nur mich selbst. Wie oft hat er in seiner langen, liebevollen Geduld versucht, die auf meinen Augen liegenden Schuppen zu entfernen! Wie oft habe ich nach anderen zäheren Schuppen Ausschau gehalten, um sie auf meine Augen zu kleben. Je mehr er mir von seiner Freundschaft anbot, desto mehr gab ich ihm von meinem Haß zurück.

Wir waren zwei Kämpfer auf dem Schlachtfeld – Mirdad und ich. Er war in sich selbst eine Legion. Ich kämpfte ganz allein. Hätte ich die Hilfe der anderen Gefährten gehabt, so hätte ich am Ende gesiegt. Und dann hätte ich sein Herz vernichtet. Aber meine Gefährten kämpften mit ihm gegen mich. Die Verräter! Mirdad, Mirdad, du hast dich gerächt!«

Noch mehr Tränen, jetzt von Schluchzen begleitet, und eine lange Pause folgten, nach welcher sich der Älteste noch einmal niederbeugte und dreimal den Erdboden küßte, indem er sagte:

»Mirdad, mein Sieger, mein Herr, meine Hoffnung, meine Strafe und meine Belohnung, vergib Shamadams Bitterkeit. Der Kopf einer Schlange enthält auch dann noch sein Gift, wenn er vom Körper getrennt ist. Aber glücklicherweise kann er nicht mehr beißen. Siehe, Shamadam ist nun ohne Zähne und ohne Gift. Hilf ihm mit deiner Liebe, damit er den Tag erlebt, an dem sein Mund von Honig tropft wie dein Mund. Denn das hast du ihm versprochen. Du hast ihn heute aus seinem ersten Gefängnis befreit. Laß ihn nicht lange in seinem zweiten warten.«

Als ob der Älteste die Frage in meinen Gedanken gelesen hätte, was für Gefängnisse das seien, von denen er sprach, erklärte er nun seufzend, aber mit einer so weichen und veränderten Stimme, daß man wahrlich hätte schwören mögen, sie gehöre einem anderen:

»An diesem Tag rief er uns alle in diese nämliche Grotte, wo er nach seiner Gewohnheit oft die Sieben lehrte. Die Sonne wollte gerade untergehen. Der Westwind hatte einen schweren Nebel hochgetrieben, der die Schluchten füllte und wie ein geheimnisvoller Schleier über dem ganzen Land von hier bis zum Meer hing. Er reichte nicht höher als bis zur schmalsten Stelle unseres Berges, der dadurch aussah, als wenn er zur Meeresküste geworden wäre. Am westlichen Horizont breiteten sich drohende, schwere Wolken aus, welche die Sonne völlig verdunkelten. Der Meister umarmte bewegt, aber seine Gefühle im Zaum haltend, jeden einzelnen der Sieben der Reihe nach und sagte, als er den letzten umarmt hatte:

»Lange habt ihr auf der Höhe gelebt. Heute müßt ihr hinabsteigen in die Tiefen. Wenn ihr nicht aufsteigt durch Absteigen und das Tal nicht mit dem Gipfel verbindet, werden die Höhen euch immer schwindlig und die Tiefen euch immer blind machen.«

Dann sich zu mir wendend, sah er mir lange und zärtlich in die Augen und sagte:

»Und du, Shamadam, deine Stunde ist noch nicht gekommen. Du sollst auf diesem Gipfel meine Ankunft erwarten. Und während du auf mich wartest, sollst du der Hüter meines Buches sein, das in einer eisernen Kiste verschlossen unter dem Altar liegt. Achte gut darauf, daß es keine Hand berührt – auch nicht die deine. Zur rechten Zeit werde ich meinen Boten senden, der es in Empfang nehmen und der Welt bekanntgeben wird.

An diesen Zeichen sollst du ihn erkennen: Er wird diesen Gipfel über den Feuersteinhang erklettern. Er wird vollständig bekleidet, versehen mit einem Stab und sieben Laib Brot auf diese Reise gegangen sein; aber du wirst ihn vor dieser Grotte finden ohne Stab, ohne Wegzehrung und nackt, und auch ohne Atem. Bis zu seinem Kommen werden deine Zunge und deine Lippen versiegelt sein, und du wirst alle menschliche Gesellschaft scheuen. Allein sein Anblick wird dich aus dem Gefängnis des Schweigens befreien.

Nachdem du das Buch in seine Hände gelegt hast, wirst du in einen Stein verwandelt werden, der den Eingang dieser Grotte bis zu meiner Ankunft bewachen wird. Aus diesem Gefängnis werde erst ich allein dich befreien. Wenn du das Warten lang findest, wird es noch länger werden. Findest du es kurz, wird es noch kürzer werden. Glaube und habe Geduld!« Darauf umarmte er auch mich.

Dann wandte er sich wieder um zu den Sieben, winkte mit der Hand und sagte: »Gefährten, folgt mir!«

Er schritt vor ihnen her den Abhang hinunter, sein edles Haupt hoch aufgerichtet, sein fester Blick die Ferne suchend, seine heiligen Füße kaum den Erdboden berührend. Als sie den Rand des Nebelmantels erreicht hatten, brach die Sonne durch den unteren Saum der dunklen Wolke über dem Meer. Sie bildete einen gewölbten Übergang in den Himmel, erleuchtet von einem Licht, für menschliche Worte zu wunderbar, für sterbliche Augen zu blendend. Und es schien mir, als ob sich der Meister mit den Sieben vom Berg gelöst hätte und auf dem Nebel geradewegs in das Gewölbe – in die Sonne hineinginge. Es grämte mich, daß ich so allein zurückgelassen wurde – oh, so allein.«

Wie ein von der schweren Arbeit eines langen Tages Erschöpfter fiel Shamadam plötzlich zusammen und schwieg, sein Kopf senkte sich, seine Augen schlossen sich, seine Brust hob und senkte sich unregelmäßig. So verharrte er lange Zeit. Als ich gerade nach einigen tröstenden Worten suchte, hob er seinen Kopf und sagte:

»Du wirst von Fortuna geliebt. Vergib einem unglücklichen Mann. Ich habe viel gesprochen – vielleicht zu viel. Wie hätte ich anders gekonnt? Kann jemand, dessen Zunge hundertundfünfzig Jahre geschwiegen hat, sein Schweigen nur mit einem 'Ja' oder 'Nein' beenden? Kann ein Shamadam ein Mirdad sein?«

»Gestatte mir eine Frage, Bruder Shamadam.«

»Wie gütig von dir, mich 'Bruder' zu nennen. Niemand hat mich mit diesem Namen angesprochen, seit mein einziger Bruder starb, und das ist schon viele Jahre her. Was möchtest du mich fragen?«

»Da Mirdad ein so großer Lehrer ist, bin ich erstaunt, daß die Welt bis auf diesen Tag noch nichts von ihm oder seinen sieben Gefährten gehört hat. Wie ist das möglich?«

»Vielleicht wartet er seine Zeit ab. Vielleicht lehrt er unter einem anderen Namen. Einer Sache bin ich ganz sicher: Mirdad wird die Welt verändern, so wie er die Arche verändert hat.«

»Er muß ja bereits seit langer Zeit gestorben sein.«

»Nicht Mirdad. Mirdad ist stärker als der Tod.«

»Willst du damit sagen, daß er die Welt zerstören wird, so wie er die Arche zerstört hat?«

»Nein, und nochmals nein! Er wird die Welt befreien, so wie er die Arche befreit hat. Und dann wird er das immerwährende Licht wieder anzünden, das Menschen wie ich unter zu vielen Scheffeln von Wahnvorstellungen verborgen haben und nun die Dunkelheit bejammern, in der sie sich befinden. Er wird in den Menschen wieder aufbauen, was diese in sich zerstört haben. Das Buch wird bald in deinen Händen sein. Lies es, und erkenne das Licht. Ich darf nicht länger verweilen. Warte hier einen Augenblick, bis ich zurückkehre. Du darfst nicht mit mir kommen.«

Er stand auf, ging eilig hinaus und ließ mich ganz verwirrt und ungeduldig zurück. Ich ging ebenfalls hinaus, aber nicht weiter als bis zum Rand des Abgrunds.

Die magischen Linien und Farben des vor meinen Augen

ausgebreiteten Bildes ergriffen meine Seele so, daß ich mich für einen Augenblick aufgelöst und wie in unmerklichen Tropfen auf und in jedem Ding versprüht fühlte: über das Meer in der Ferne, ruhig und in perligen Nebel eingehüllt; über die Berge, sich erst vorbeugend, dann zurücklehnend, aber alle sich in schneller Folge von der Küste her erhebend und ständig aufwärtsdrängend bis zu den Bergrücken der rauhen Gipfel; über die friedvollen Siedlungen auf den Bergen, eingerahmt von dem grünen Kleid der Erde; über die grünen, in die Berge eingenisteten Täler, die ihren Durst an den flüssigen Herzen der Berge löschen und mit arbeitenden Menschen und weidendem Vieh besät sind; in die Abgründe und Schluchten, welche die lebendigen Narben der Berge in ihrem Kampf mit der Zeit sind; in die leichte Brise; in den azurnen Himmel oben; in die aschgraue Erde unten.

Erst als meine Augen nach ihrem Streifzug auf dem Abhang zur Ruhe kamen, kehrte ich zu dem Mönch und seiner beschämenden Erzählung über sich selbst und über Mirdad und dessen Buch zurück. Und ich wunderte mich sehr über die unsichtbare Hand, die mich nach etwas aussandte, nur um mich zu etwas ganz anderem zu führen. Und ich segnete sie in meinem Herzen.

Alsbald kehrte der Mönch zurück, händigte mir ein kleines Päckchen aus, das in ein vom Alter vergilbtes Leinentuch gehüllt war, und sagte:

»Mein Pfand ist hinfort dein Pfand. Sei ehrlich mit deinem Pfand. Nun ist meine zweite Stunde gekommen. Die Tore meines Gefängnisses gehen weit auf, um mich zu empfangen. Bald werden sie sich wieder schließen, um mich zu umfangen. Wie lange werden sie geschlossen bleiben? – Nur

Mirdad kann es sagen. Bald wird Shamadam aus jedem Gedächtnis ausgelöscht sein. Wie schmerzlich, ach, wie schmerzlich ist es, ausgelöscht zu werden! Warum sage ich das? Nichts wird jemals aus Mirdads Gedächtnis ausgelöscht. Wer einmal in Mirdads Gedächtnis lebt, wird für immer leben.«

Eine lange Pause folgte, nach welcher der Älteste seinen Kopf hob, mich aus seinen tränenerfüllten Augen ansah und in kaum hörbarem Flüstern fortfuhr:

»Jetzt wirst du in die Welt hinuntersteigen. Aber du bist nackt, und die Welt verabscheut die Nacktheit. Selbst ihre Seele hüllt sie in Lumpen. Meine Kleider sind mir nicht mehr von Nutzen. Ich gehe in die Grotte, um sie auszuziehen, damit du deine Nacktheit damit bekleiden kannst, obwohl Shamadams Kleider niemandem passen als Shamadam. Mögen sie für dich keine Behinderung werden.«

Ich machte keine Bemerkung zu diesem Vorschlag, sondern nahm ihn mit frohem Schweigen an. Als der Älteste in die Grotte gegangen war, um sich zu entkleiden, wickelte ich das Buch aus und fing vorsichtig an, seine gelben Pergamentblätter zu wenden. Schnell wurde ich gefesselt von der ersten Seite, die ich zu lesen begann. Ich las immer weiter und vertiefte mich immer mehr. Im Unterbewußtsein wartete ich auf die Ankündigung des Ältesten, daß er sich entkleidet habe und mich rufe, damit ich mich anziehen könne. Aber Minuten verstrichen, und er rief mich nicht.

Schließlich erhob ich meine Augen von den Seiten des Buches, blickte in die Grotte und sah in der Mitte die Kleider des Ältesten auf einem Haufen liegen. Aber der Älteste selbst war nicht zu sehen. Ich rief mehrere Male nach ihm, jedesmal lauter. Es erfolgte keine Antwort. Ich war sehr beunruhigt und äußerst verwirrt. Die Grotte hatte keinen anderen Ausgang als den schmalen Eingang, an dem ich stand. Der Älteste war durch diesen Eingang nicht herausgekommen, dessen war ich ganz sicher ohne jeden Zweifel. War es eine Erscheinung gewesen? Aber ich hatte doch sein Fleisch und Bein mit meinem eigenen Fleisch und Bein gefühlt. Außerdem hielt ich das Buch in meinen Händen, und da waren die Kleider in der Grotte. Lag er vielleicht darunter? Ich ging hin und nahm sie Stück für Stück auf und kam mir dabei selbst lächerlich vor, als ich es tat. Viele solcher Kleiderstapel hätten nicht den massigen Ältesten bedeckt. War er auf irgendeine geheimnisvolle Weise aus der Grotte hinausgeschlüpft und in den schwarzen Abgrund gestürzt?

So schnell, wie dieser letzte Gedanke durch meinen Kopf geschossen war, stürzte ich nach draußen – plötzlich stand ich ein paar Schritte hinter dem Eingang wie angewurzelt, als ich mich einem großen Steinblock genau am Rand des Abgrundes gegenübersah. Der Steinblock war vorher nicht dagewesen. Er hatte die Form eines sich duckenden Tieres, dessen Kopf jedoch eine auffallende Ähnlichkeit mit einem Menschen hatte, mit groben und schweren Gesichtszügen, einem breiten und vorstehenden Kinn, die Kinnbacken fest geschlossen, die Lippen zusammengepreßt, die schielenden Augen in den leeren Norden spähend.

DAS BUCH

Dieses ist das Buch

des Mirdad

niedergeschrieben

von Naronda,

dem jüngsten und geringsten

seiner Gefährten

Ein Leuchtturm und ein Hafen

für jene, die sich

nach der Überwindung sehnen

Mögen alle anderen ihm fernbleiben!

KAPITEL 1

Mirdad gibt sich zu erkennen und spricht über Schleier und Siegel

Naronda: An jenem Abend waren die Acht um den Abendbrottisch versammelt, während Mirdad abseits stand und schweigend Anordnungen erwartete.

Eine der ältesten Regeln für die Gefährten bestand darin, so weit wie möglich den Gebrauch des Wortes *Ich* in ihrer Rede zu vermeiden. Gefährte Shamadam rühmte sich seiner Erfolge als Ältester. Er nannte viele Zahlen, um zu beweisen, wieviel Reichtum und Ansehen er der Arche eingebracht habe. Dabei gebrauchte er übermäßig oft das verbotene Wort. Gefährte Micayon tadelte ihn daher vorsichtig, worauf eine hitzige Erörterung über den Sinn dieser Regel und wer sie wohl auferlegt habe entstand, Vater Noah oder der erste Gefährte, also Sem. Die Hitzigkeit führte zu gegenseitigen Beschuldigungen und die Beschuldigungen zu einer allgemeinen Verwirrung, in der viel gesprochen und nichts verstanden wurde.

In dem Wunsch, diese Verwirrung in Fröhlichkeit zu verwandeln, wandte sich Shamadam an Mirdad und sagte mit offensichtlichem Spott:

»Seht, ein größerer als der Patriarch ist hier, Mirdad, zeige uns den Weg heraus aus diesem Wirrwarr von Worten.«

Aller Augen waren auf Mirdad gerichtet. Und groß waren unsere Überraschung und Freude, als er zum ersten Mal in sieben Jahren seinen Mund öffnete und also zu uns sprach:

Mirdad: Gefährten der Arche! Obwohl Shamadams Wunsch in Spott geäußert wurde, kündigt er, ohne es zu wissen, Mirdads feierlichen Entschluß an. Denn an dem Tag, an dem Mirdad in die Arche kam, wählte er genau diese Zeit und diesen Ort – genau diesen Umstand – um seine Siegel zu lösen, seine Schleier abzuwerfen und vor euch und der Welt unverhüllt dazustehen.

Mit sieben Siegeln hat Mirdad seine Lippen versiegelt. Mit sieben Schleiern hat Mirdad sein Gesicht verhüllt, damit er euch und die Welt lehren kann, sobald ihr reif dafür seid, wie ihr eure Lippen entsiegeln und eure Augen entschleiern könnt, um euch dadurch in der vollen Herrlichkeit, die euch eigen ist, selbst zu enthüllen.

Eure Augen sind mit viel zu vielen Schleiern verhüllt. Jedes Ding, auf das ihr schaut, ist nur ein Schleier.

Eure Lippen sind mit viel zu vielen Siegeln verschlossen. Jedes Wort, das ihr aussprecht, ist nur ein Siegel.

Denn Dinge sind ungeachtet ihrer Form und Art nur Schleier und Umhüllungen, mit denen das Leben umwickelt und verschleiert ist. Wie kann euch euer Auge, das selbst ein Schleier und eine Umhüllung ist, zu etwas anderem als Schleiern und Umhüllungen führen?

Und Worte, sind sie nicht Dinge, die in Buchstaben und Silben versiegelt sind? Wie kann eure Lippe, die selbst ein Siegel ist, etwas anderes als Siegel äußern?

Das Auge kann verschleiern, aber nicht die Schleier durchdringen. Die Lippe kann versiegeln, aber nicht die Siegel lösen.

Verlangt nicht mehr von diesen beiden. Das ist ihr Anteil an den Mühen des Körpers, und sie verrichten ihn gut. Denn indem sie Schleier vorziehen und Siegel anbringen, rufen sie euch laut zu: Kommt und sucht, was hinter den Schleiern ist, und forscht, was unter den Siegeln ist.

Um die Schleier zu durchdringen, habt ihr ein anderes Auge nötig als jenes, das von Wimpern, Augenlidern und Augenbrauen überschattet wird.

Um die Siegel zu lösen, habt ihr eine andere Lippe nötig als das bekannte Stückchen Fleisch unter eurer Nase.

Seht zuerst das Auge selbst auf die richtige Weise, wenn ihr die anderen Dinge richtig sehen wollt. Nicht mit dem Auge, sondern durch das Auge müßt ihr sehen, damit ihr alle Dinge dahinter erkennen könnt.

Sprecht erst richtig mit Lippe und Zunge, wenn ihr die anderen Worte richtig sprechen wollt. Nicht *mit* der Lippe und der Zunge, sondern *durch* sie müßt ihr sprechen, damit ihr alle dahinterliegenden Worte sprechen könnt.

Wenn ihr aber richtig sehen und sprechen würdet, dann würdet ihr nur euch selbst sehen und nur euch selbst äußern. Denn in allen Dingen und hinter allen Dingen wie auch in allen Worten und hinter allen Worten seid *ihr* der Seher und der Sprecher!

Wenn also euer Wort ein solches verwirrendes Rätsel ist, so deshalb, weil ihr das verwirrende Rätsel seid. Und wenn eure Rede ein solches jammervolles Durcheinander ist, so deshalb, weil ihr ein solches jammervolles Durcheinander seid.

Laßt die Dinge in Ruhe und müht euch nicht ab, sie zu ändern. Denn sie erscheinen, als was sie erscheinen nur, weil ihr erscheint, als was ihr erscheint. Sie sehen und sprechen nur, wenn ihr ihnen Gesicht und Sprache verleiht. Wenn sie eine hartherzige Sprache sprechen, gebt dann allein acht auf eure Zunge. Wenn sie häßlich aussehen, untersucht dann zuerst und zuletzt euer Auge.

Verlangt nicht von den Dingen, daß sie ihre Schleier ablegen. Entschleiert euch selbst, und die Dinge werden entschleiert sein. Verlangt ebensowenig, daß die Dinge ihre Siegel lösen. Entsiegelt euch selbst, und alles wird entsiegelt sein.

Der Schlüssel zu Selbstentschleierung und Selbstentsiegelung ist ein Wort, das ihr für ewig zwischen euren Lippen tragt. Es ist das flüchtigste und größte aller Worte. Mirdad hat es *das schöpferische Wort* genannt.

Naronda: Der Meister schwieg, und eine tiefe, spannungsgeladene Stille kam über alle. Schließlich sprach Micayon in leidenschaftlicher Ungeduld.

Micayon: Unsere Ohren verlangen nach *dem Wort*. Unsere Herzen sehnen sich nach dem Schlüssel. Sprich weiter, wir bitten dich, Mirdad, sprich weiter.

KAPITEL 2

Über das schöpferische Wort. Das Ich ist die Quelle und der Mittelpunkt aller Dinge

Mirdad: Wenn ihr Ich sagt, sprecht dann zugleich in euren Herzen: »Gott sei meine Zuflucht vor den Schmerzen des Ichs und mein Führer zur Seligkeit des Ichs.« Denn in jenem Wort, obwohl es so klein ist, liegt die Seele jedes anderen Wortes beschlossen. Erschließt es einmal, und euer Mund ist wohlriechend und die Zunge darin süß; jedes Wort darin wird von den Wonnen des Lebens überlaufen. Laßt es verschlossen, und euer Mund ist stinkend und die Zunge bitter; aus jedem Wort wird der Eiter fließen oder der Tod.

Denn Ich, o Mönche, ist das schöpferische Wort. Und ehe ihr nicht seine magische Kraft begreift und Meister über diese Kraft seid, werdet ihr allzu sehr geneigt sein zu stöhnen, wenn ihr singen wolltet, oder Streit führen, wenn ihr in Frieden sein wolltet, oder in dunkle Gefängnisse kriechen, wenn ihr euch ins Licht aufschwingen wolltet.

Euer Ich ist nur euer stilles und körperloses Daseinsbewußtsein, das Stimme und Körper bekommen hat. Es ist das Unhörbare in euch, das hörbar wurde, das Unsichtbare, das sichtbar wurde, damit ihr sehend das Unsichtbare seht und hörend das Unhörbare hört. Denn noch seid ihr an Auge und Ohr gebunden. Und wenn ihr nicht mit Augen seht und mit Ohren hört, seht und hört ihr überhaupt nichts.

Wenn ihr nur Ich denkt, laßt ihr ein Meer aus Gedanken in euren Köpfen aufsteigen. Dieses Meer ist die Schöpfung eures Ichs, das gleichzeitig Denker und Gedanke ist. Wenn ihr Gedanken habt, die stechen, durchbohren oder kratzen, wißt dann, daß allein das Ich in euch sie mit Stachel und Hauer und Kralle versehen hat.

Mirdad will euch jedoch lehren, daß das, was aufbauen kann, ebenso in der Lage ist, zu zerstören.

Wenn ihr nur Ich fühlt, erschließt ihr einen Quell der Gefühle in euren Herzen. Dieser Quell ist die Schöpfung eures Ichs, das gleichzeitig der Fühlende und das Gefühlte ist. Wenn Dornensträucher in euren Herzen sind, wißt dann, daß allein das Ich in euch sie darin Wurzel schlagen ließ.

Mirdad möchte jedoch, daß ihr auch versteht, daß das, was so schnell Wurzeln treiben lassen kann, ebenso schnell entwurzeln kann.

Allein wenn ihr Ich sagt, ruft ihr eine große Anzahl Worte ins Leben. Jedes Wort ist ein Symbol für ein Ding, jedes Ding ein Symbol für eine Welt, jede Welt ein Teil eines Universums. Dieses Universum ist die Schöpfung eures Ichs, das gleichzeitig Schöpfer und Geschöpf ist. Wenn in eurem Universum einige bösartige Gespenster sind, wißt, daß allein das Ich in euch sie ins Leben gerufen hat.

Mirdad möchte euch ebenso wissen lassen, daß das, was erschaffen kann, auch vernichten kann.

Wie der Schöpfer, so ist die Schöpfung. Kann jemand über sich selbst hinaus erschaffen oder weniger als sich selbst erschaffen? Sich selbst allein – nicht mehr, nicht weniger – wird der Schöpfer erzeugen.

Ein Urquell ist das Ich, dem alle Dinge entströmen und wohin sie wieder zurückkehren. So wie der Urquell ist, so ist auch der Strom.

Ein Zauberstab ist das Ich. Aber der Stab kann lediglich hervorbringen, was im Zauberer ist. Wie der Zauberer ist, so sind die Werke seines Stabes.

Darum: Wie euer Bewußtsein ist, so ist auch euer Ich. Wie euer Ich ist, so ist eure Welt. Wenn es klar und eindeutig ist, ist auch eure Welt klar und eindeutig; und dann werden eure Worte niemals ein Wirrwarr sein noch eure Taten jemals Brutstätten des Leides. Wenn es trübe und unsicher ist, ist eure Welt trübe und unsicher; und dann sind eure Worte nur Fallstricke und eure Taten Brutstätten des Leides.

Wenn das Ich beständig und duldsam ist, wird eure Welt beständig und duldsam sein; dann seid ihr mächtiger als die Zeit und weitreichender als der Raum. Ist es aber flüchtig und unbeständig, dann ist eure Welt flüchtig und unbeständig; und dann seid ihr wie ein Rauchwölkchen, das sich in der Sonne verflüchtigt.

Wenn das Ich eine Einheit ist, wird eure Welt eine Einheit sein; und dann seid ihr in immerwährendem Frieden mit allen Himmelsscharen und Erdenbewohnern. Ist es vielfältig, wird eure Welt vielfältig sein, und dann seid ihr ständig im Streit mit euch selbst und mit jedem Geschöpf in Gottes grenzenloser Welt.

Das Ich ist der Mittelpunkt eures Lebens, von dem die Dinge ausstrahlen, die eure gesamte Welt bedeuten und wo sie auch wieder zusammenlaufen. Ist es beständig, dann ist auch eure Welt beständig; dann kann keine Kraft von oben und keine Kraft von unten euch nach rechts oder nach links schwenken. Ist es unbeständig, dann ist auch eure Welt unbeständig; und dann seid ihr ein hilfloses Blatt, das in einem wilden Wirbelwind gefangen ist.

Und seht! Eure Welt ist beständig, ganz gewiß, aber nur in Unbeständigkeit. Und zuverlässig ist eure Welt, aber nur in Unzuverlässigkeit. Und entschlossen ist eure Welt, aber nur in Unentschlossenheit. Und aufrichtig ist eure Welt, aber nur in Unaufrichtigkeit.

Euer ist eine Welt, in der Wiegen zu Gräbern werden, und Gräber zu Wiegen; die Tage verschlingen die Nächte, und die Nächte bringen Tage hervor; der Friede erklärt den Krieg, und der Krieg fleht um Frieden; das Lächeln schwimmt in Tränen, und die Tränen glühen im Lächeln.

Euer ist eine Welt der fortwährenden Geburtswehen, in welcher der Tod als Hebamme mitwirkt.

Euer ist eine Welt des Seihens und Siebens, von deren Seihen und Sieben nicht zwei einander gleich sind. Und ihr seid immer bemüht, das Unseihbare zu seihen und das Unsiebbare zu sieben.

Euer ist eine in sich zersplitterte Welt, weil das Ich in euch so zersplittert ist.

Euer ist eine Welt der Schranken und Zäune, weil das Ich in euch aus Schranken und Zäunen besteht. Einige Dinge möchte es als sich selbst fremd ausschließen. Einige Dinge möchte es als sich selbst verwandt einschließen. Jedoch was außerhalb des Zauns ist, bricht immer wieder herein, und was innerhalb des Zauns ist, bricht immer wieder aus. Denn da sie Kinder derselben Mutter sind – eben eures Ichs – möchten sie nicht getrennt werden.

Und statt euch über ihre glückliche Vereinigung zu freuen, umgürtet ihr euch erneut zu der fruchtlosen Arbeit, das Untrennbare zu trennen. Anstatt die Gespaltenheit des Ichs aufzuheben, schnitzt ihr lieber weiter daran herum in der

Hoffnung, daraus einen Keil zu machen, den ihr zwischen das treiben könnt, was ihr für euer Ich haltet, und das, was ihr für etwas anderes als euer Ich haltet.

Darum sind der Menschen Worte in Gift getaucht. Darum sind ihre Tage so mit Sorgen angefüllt. Darum sind ihre Nächte so qualvoll vor Schmerz.

Mirdad, o Mönche, möchte die Gespaltenheit in eurem Ich aufheben, damit ihr in Frieden mit euch selbst leben könnt – mit allen Menschen – mit dem ganzen Universum.

Mirdad möchte das Gift aus eurem Ich entfernen, damit ihr die Süße der Einsicht schmecken könnt.

Mirdad möchte euch lehren, euer Ich so abzuwägen, daß ihr die Freude des vollkommenen Gleichgewichtes kennenlernt.

Naronda: Wiederum schwieg der Meister, und wieder fiel eine tiefe Stille über alle. Noch einmal brach Micayon das Schweigen und sagte:

Micayon: Wie Tantalusqualen sind deine Worte, Mirdad. Sie öffnen viele Türen, aber lassen uns auf der Schwelle stehen. Führe uns über die Schwelle – führe uns hinein.

KAPITEL 3

Die heilige Dreieinheit und das vollkommene Gleichgewicht

Mirdad: Wenn auch jeder von euch in seinem Ich im Mittelpunkt steht, so steht ihr doch alle in einem Ich im Mittelpunkt – eben in dem einen Ich Gottes.

Gottes Ich, ihr Mönche, ist Gottes ewiges, einziges Wort. In ihm ist Gott – das höchste Bewußtsein – manifestiert. Ohne es wäre Er ein absolutes Schweigen. Durch es ist der Schöpfer selbst erschaffen. Durch es hat der Formlos-Eine eine Vielheit der Formen angenommen, durch welche die Geschöpfe wieder zur Formlosigkeit hindurchgehen werden.

Um sich selbst zu fühlen, um sich selbst zu denken, um sich selbst zu sprechen, braucht Gott nicht mehr zu sagen als Ich. Deshalb ist Ich sein einziges Wort. Deshalb ist es *das Wort*.

Wenn Gott *Ich* sagt, bleibt nichts ungesagt. Sichtbare und unsichtbare Welten, geborene und ungeborene Dinge, vorübergehende Zeit und Zeit, die noch abrollen soll – alle, alle, nicht ein Sandkorn ausgenommen, sind damit ausgesprochen und in dieses Wort eingeschlossen. Durch es wurden alle Dinge gemacht. Durch es werden alle erhalten.

Wenn ein Wort keine Bedeutung hat, ist es nur ein Echo im Nichts.

Wenn seine Bedeutung nicht ewig die gleiche ist, bildet sie nur eine Krebsgeschwulst in der Kehle und einen Pickel auf der Zunge.

Gottes Wort ist kein Echo im leeren Raum noch eine Krebsgeschwulst in der Kehle noch ein Pickel auf der Zunge außer für jene, denen es an Einsicht mangelt. Denn Einsicht ist der Heilige Geist, der das Wort belebt und es zu Bewußtsein formt. Einsicht ist der Tragbalken der ewigen Waage, deren beide Schalen das Urbewußtsein und das Wort sind.

Das Urbewußtsein – das Wort – der Geist der Einsicht – seht, ihr Mönche, die *Dreiheit des Seins*, die Drei, die eins sind, das Eine, das Drei ist, alle gleich, gleich umfassend, gleich ewig, sich selbst im Gleichgewicht haltend, sich selbst erkennend, sich selbst erfüllend, niemals zunehmend noch abnehmend. Ewig in Frieden. Ewig dasselbe. Das ist, ihr Mönche, *das vollkommene Gleichgewicht*.

Der Mensch nennt es Gott, obwohl es zu wunderbar ist, um benannt zu werden. Dennoch ist dieser Name heilig, und heilig ist die Zunge, die ihn heilig hält.

Nun, was ist der Mensch anderes als ein Kind dieses Gottes? Kann er von Gott verschieden sein? Ist nicht die Eiche in der Eichel enthalten? Ist Gott nicht im Menschen verhüllt?

Darum ist auch der Mensch eine heilige Dreieinheit, ein Bewußtsein, ein Wort, eine Einsicht. Auch der Mensch ist ein Schöpfer gleich seinem Gott. Sein Ich ist seine Schöpfung. Warum ist er nicht so im Gleichgewicht wie sein Gott?

Wenn ihr die Antwort auf dieses Rätsel wissen wollt, hört dann gut zu, was Mirdad enthüllen wird.

KAPITEL 4

Der Mensch ist ein Gott in Windeln

Der Mensch ist ein Gott in Windeln. Die Zeit ist eine Windel. Der Raum ist eine Windel. Das Fleisch ist eine Windel und ebenfalls alle Sinne und die Dinge, die damit wahrnehmbar sind. Die Mutter weiß nur zu gut, daß die Windeln nicht der Säugling sind. Der Säugling jedoch weiß es nicht.

Der Mensch ist sich seiner Windeln nur zu bewußt, die sich von Tag zu Tag und von Alter zu Alter ändern. Daher ist sein Bewußtsein immer in Fluß; und daher ist sein Wort, das sein ausgedrücktes Bewußtsein ist, niemals klar und eindeutig; und daher ist seine Einsicht umnebelt; und daher ist sein Leben aus dem Gleichgewicht. Es ist ein dreifach verworrenes Durcheinander.

Darum fleht der Mensch um Hilfe. Seine herzzerreißenden Schreie hallen durch die Äonen wider. Die Luft ist schwer von seinen Klagen. Das Meer ist salzig von seinen Tränen. Die Erde ist durchfurcht von seinen Gräbern. Die Himmel sind betäubt von seinen Gebeten. Und das alles, weil er noch nicht die Bedeutung seines Ichs kennt, das für ihn gleichzeitig die Windel und das darin eingewickelte Baby ist.

Wenn der Mensch *Ich* sagt, spaltet er das Wort entzwei: seine Windel ist der eine Teil, Gottes unsterbliches Selbst ist der andere Teil. Kann der Mensch wirklich das Unteilbare teilen? Das verhüte Gott. Das Unteilbare kann keine Macht teilen – nicht einmal Gott. Des Menschen Unreife bildet sich die Teilung ein. Und der Mensch, das Kind, rüstet sich zum Kampf und erklärt dem unendlichen All-Selbst den Krieg in der Annahme, es sei der Feind seines Wesens.

In diesem ungleichen Kampf reißt der Mensch sein Fleisch in Fetzen und vergießt sein Blut in Strömen, während Gott als Vater-Mutter voller Liebe zusieht. Denn Er weiß wohl, daß der Mensch nur die schweren Schleier zerreißt und nur die bittere Galle vergießt, die ihn blind machen für sein Einssein mit dem Einen.

Das ist des Menschen Bestimmung – zu kämpfen und zu bluten und bewußtlos niederzusinken, um schließlich zu erwachen und die Gespaltenheit des Ichs mit seinem eigenen Fleisch zu überwinden und mit seinem Blut zu besiegeln.

Darum, ihr Mönche, wurdet ihr einst gewarnt – und sehr weise gewarnt – sparsam zu sein mit dem Gebrauch des Wortes *Ich*. Denn solange ihr damit die Windeln meint und nicht allein den Säugling, solange es für euch mehr ein Sieb als ein Schmelztiegel ist, genau so lange werdet ihr nur Eitelkeit sieben, und das allein, um den Tod zu ernten mit all seinen erzeugten Ängsten und Schmerzen.

KAPITEL 5

Über Schmelztiegel und Siebe.
Das Wort Gottes und das Wort des Menschen

Ein Schmelztiegel ist das Wort Gottes. Was es erzeugt, schmilzt es zu einer Einheit zusammen, nichts nimmt es als wertvoll an, nichts verwirft es als wertlos. Da es den Geist der Einsicht besitzt, weiß es vollkommen, daß seine Schöpfung und es selbst eins sind; daß das Verwerfen eines Teils das Verwerfen des Ganzen bedeutet; und das Ganze verwerfen, bedeutet, sich selbst zu verwerfen. Darum ist es für immer eins mit Zweck und Sinn.

Demgegenüber ist des Menschen Wort ein Sieb. Was es schafft, das führt es zum Streit. Es sucht ständig dieses als Freund heraus und verwirft jenes als Feind. Und nur zu oft wird der Freund von gestern zum Feind von heute, der Feind von heute zum Freund von morgen.

So wütet der grausame und fruchtlose Kampf des Menschen gegen sich selbst. Und das alles, weil dem Menschen der Heilige Geist fehlt, der ihn allein verstehen läßt, daß er und seine Schöpfung eins sind, daß das Hinauswerfen des Feindes das Hinauswerfen des Freundes bedeutet. Denn beide Worte »Feind« und »Freund« sind die Schöpfung seines Wortes – sein Ich.

Was euch mißfällt und ihr als böse verwerft, wird sicherlich von jemandem oder etwas anderem geliebt und als gut anerkannt. Kann ein Ding zugleich zwei einander ausschließende Dinge sein? Es ist weder das eine noch das andere, nur hat euer Ich es böse gemacht; ein anderes Ich hat es gut gemacht.

Habe ich nicht gesagt, daß alles, was erschaffen kann, auch vernichten kann? So wie ihr einen Feind schaffen könnt, so könnt ihr ihn vernichten oder umschaffen zu einem Freund. Aber dazu muß euer Ich notwendigerweise ein Schmelztiegel sein. Dazu habt ihr den Geist der Einsicht nötig. Darum sage ich euch: Wenn ihr um etwas bittet, dann bittet als erstes und als letztes um Einsicht.

Werdet niemals Siebende, meine Gefährten. Denn das Wort Gottes ist Leben, und das Leben ist ein Schmelztiegel, in dem alles zu einer unteilbaren Einheit verbunden ist; alles ist in vollkommenem Gleichgewicht, und alles ist seines Urhebers würdig: der heiligen Dreieinigkeit. Wieviel mehr muß es eurer würdig sein!

Werdet niemals Siebende, meine Gefährten, und ihr werdet in so ungeheurer Größe dastehen, so alles-durchdringend und so alles-umfassend, daß es keine Siebe gibt, in die ihr paßt.

Werdet niemals Siebende, meine Gefährten! Suchet zuerst die Kenntnis des Wortes, damit ihr euer eigenes Wort kennen könnt. Und wenn ihr euer Wort kennt, werdet ihr eure Siebe ins Feuer werfen. Denn euer Wort und das Wort Gottes sind eins, nur ist eures noch verschleiert. Mirdad möchte, daß ihr eure Schleier abwerft.

Gottes Wort ist zeitlose Zeit und raumloser Raum. Gab es wohl eine Zeit, in der ihr nicht bei Gott wart? Gibt es einen Ort, an dem ihr nicht in Gott seid? Warum macht ihr dann die Ewigkeit zu einer Kette aus Stunden und Jahreszeiten? Und warum wird der Raum in Zoll und Meilen aufgeteilt?

Gottes Wort ist ungeborenes Leben, daher unsterblich. Warum wird euer Leben von Geburt und Tod eingeschlossen? Lebt ihr nicht allein aus Gottes Leben? Und kann der Unsterbliche die Quelle des Todes sein?

Gottes Wort schließt alles in sich ein. Weder Schranken noch Zäune sind darin. Weshalb ist das eurige so durch Zaun und Schranke aufgeteilt?

Ich sage euch: Euer eigenes Fleisch und Bein sind nicht Bein und Fleisch von euch allein. Unzählbar sind die Hände, die mit euch in dieselben Fleischtöpfe aus Erde und Himmel eintauchen, woher euer Bein und Fleisch kommen und wohin sie zurückkehren.

Auch ist das Licht in euren Augen nicht allein das eurige. Es ist das Licht aller, welche die Sonne mit euch teilen. Was könnte euer Auge von mir sehen, wäre in mir kein Licht? Es ist mein Licht, das mich in eurem Auge sieht. Es ist euer Licht, das euch in meinem Auge sieht. Wäre ich vollkommene Dunkelheit, dann würde euer Auge, wenn es mich ansieht, vollkommene Dunkelheit sein.

Auch ist der Atem in eurer Brust nicht allein euer Atem. Alle, die atmen oder jemals geatmet haben, atmen in eurer Brust. Ist es nicht Adams Atem, der noch immer eure Lungen füllt? Ist es nicht Adams Herz, das noch immer in euren Herzen schlägt?

Auch sind eure Gedanken nicht eure Gedanken allein. Das Meer des gemeinsam Gedachten beansprucht sie als sein Eigentum; und so tun es alle denkenden Wesen, die dieses Meer mit euch teilen.

Auch sind eure Träume nicht eure Träume allein. Das ganze Universum träumt in euren Träumen.

Auch ist euer Haus nicht euer Haus allein. Es ist auch die Herberge eures Gastes und der Fliege, der Maus, der Katze und aller Geschöpfe, die das Haus mit euch teilen.

Hütet euch darum vor Absperrungen. Ihr sperrt nur die Täuschung ein, und die Wahrheit sperrt ihr aus. Und wenn ihr euch umwendet, um euch selbst innerhalb der Absperrung zu sehen, dann findet ihr euch dem Tod gegenüber, der nur ein anderer Name für die Täuschung ist.

Untrennbar, ihr Mönche, ist der Mensch von Gott, und darum untrennbar von seinen Mitmenschen und allen Geschöpfen, die aus dem Wort hervorgehen.

Das Wort ist der Ozean; ihr seid die Wolken. Und ist eine Wolke nicht nur eine Wolke dank des Ozeans, der sie enthält? Wahrlich töricht ist die Wolke, die ihr Leben vergeudet, indem sie versucht, sich im Raum festzuhalten, um ihre Form und Identität für immer zu bewahren. Was würde sie mit ihrem törichten Streben anderes ernten als enttäuschte Hoffnung und bittere Eitelkeit? Ohne sich selbst zu verlieren, kann sie sich selbst nicht finden. Ohne zu sterben und als Wolke zu verschwinden, kann sie in sich selbst nicht den Ozean finden, der ihr einziges Selbst ist.

Eine Gott tragende Wolke ist der Mensch. Wenn er sich nicht seines Selbstes entledigt, kann er sich nicht selbst finden. O welche Freude, leer zu sein!

Wenn ihr euch nicht für immer an das Wort verloren habt, könnt ihr das Wort nicht verstehen, das ihr seid – nämlich euer Ich. O welche Freude, so verloren zu sein.

Nochmals sage ich zu euch: Bittet um Einsicht. Wenn heilige Einsicht eure Herzen findet, wird es nichts in Gottes

Unermeßlichkeit geben, das euch nicht jedesmal, wenn ihr Ich aussprecht, eine frohe Antwort erteilt.

Und dann wird sogar der Tod nur eine Waffe in euren Händen sein, um den Tod zu überwinden. Und dann wird das Leben euren Herzen den Schlüssel zu seinem grenzenlosen Herzen übergeben. Das ist der goldene Schlüssel der Liebe.

Shamadam (auf Mirdads Stellung als Diener anspielend): Ich hätte mir nicht träumen lassen, daß soviel Weisheit aus einem Scheuertuch und einem Besen herausgewrungen werden könnte.

Mirdad: Alles ist eine Vorratskammer der Weisheit für den Weisen. Für den Unwissenden ist sogar die Weisheit eine Torheit.

Shamadam: Du hast eine kluge Zunge, ohne Zweifel. Ein Wunder, daß du sie so lange im Zaum gehalten hast. Deine Worte sind jedoch zu schwierig zum Anhören.

Mirdad: Meine Worte sind leicht, Shamadam. Es ist dein Ohr, das schwierig ist. Aber wehe denen, die hören und doch nicht hören, und wehe denen, die sehen und doch nicht sehen.

Shamadam: Ich höre und sehe nur zu gut, vielleicht zu viel. Jedoch möchte ich nicht eine solche Torheit hören, daß Shamadam gleich Mirdad ist; daß Meister und Diener gleich sind.

KAPITEL 6

Über Meister und Diener
Die Gefährten sagen ihre Meinung über Mirdad

Mirdad: Mirdad ist nicht Shamadams einziger Diener. Kannst du deine Diener zählen, Shamadam? Gibt es einen Adler oder einen Falken, gibt es eine Zeder oder eine Eiche, gibt es einen Berg oder einen Stern, gibt es einen Ozean oder einen See, gibt es einen Engel oder einen König, die Shamadam nicht dienen? Ist nicht die ganze Welt in Shamadams Dienst? Mirdad ist aber auch nicht Shamadams einziger Meister. Kannst du deine Meister zählen, Shamadam?

Gibt es einen Käfer oder einen Floh, gibt es eine Eule oder einen Sperling, gibt es eine Distel oder einen Zweig, gibt es einen Kieselstein oder eine Muschel, gibt es einen Tautropfen oder einen Teich, gibt es einen Bettler oder einen Dieb, denen Shamadam nicht dient? Steht Shamadam nicht im Dienst der ganzen Welt? Denn während sie ihre Arbeit tut, verrichtet sie auch die deine. Und während du deine Arbeit tust, verrichtest du auch die Arbeit der Welt.

Ja, das Haupt ist der Meister des Leibes. Aber nicht weniger ist der Leib der Meister des Hauptes. Nichts kann dienen, dem nicht durch Dienen gedient wird. Und nichts kann gedient werden, außer es dient dem Dienen.

Ich sage dir, Shamadam, und euch allen: Der Diener ist des Meisters Meister. Der Meister ist des Dieners Diener. Laßt nicht den Diener seinen Kopf beugen. Laßt nicht den Meister ihn hoch erheben. Zerbrecht den tödlichen Stolz des Meisters. Vernichtet die beschämende Scham des Dieners.

Denkt daran, daß es nur *ein* Wort gibt. Und ihr, als Silben in dem Wort, seid in Wirklichkeit nur eins. Keine Silbe ist edler als die andere, noch wesentlicher als die andere. Die vielen Silben sind nur eine einzige Silbe: nämlich das Wort. Solche einfachen Silben müßt ihr werden, wenn ihr die außergewöhnliche Verzückung jener unaussprechlichen Selbst-Liebe kennenlernen wollt, die eine Liebe für alle und für alles ist.

Nicht als ein Meister zu seinem Diener noch als ein Diener zu seinem Meister spreche ich nun zu dir, Shamadam, sondern als ein Bruder zu seinem Bruder. Warum bist du durch meine Worte so beunruhigt?

Verleugne mich, wenn du willst. Ich will dich nicht verleugnen. Sagte ich nicht vor einer Weile, daß das Fleisch auf meinem Rücken kein anderes ist als das auf deinem Rücken? Ich könnte dich nicht erstechen, ohne selbst zu bluten. So halte deine Zunge zurück, wenn du dein Blut schonen willst. Öffne mir dein Herz, wenn du es vor allem Leid verschließen willst.

Weit besser ist es, ohne Zunge zu sein, als eine zu haben, deren Worte Fallstricke und Dornen sind. Und Worte werden immer verwunden und verführen, bis die Zunge durch heilige Einsicht gereinigt ist.

Ich bitte euch, untersucht eure Herzen, ihr Mönche. Ich bitte euch, reißt alle Schranken darin nieder. Ich bitte euch, werft die Windeln ab, mit denen euer Ich immer noch umwickelt ist, damit ihr es als eins mit dem Wort Gottes erkennt, ewig in Frieden mit sich selbst und allen Welten, die daraus hervorgehen.

So lehrte ich Noah.

So lehre ich euch.

Naronda: Daraufhin zog Mirdad sich in seine Zelle zurück und ließ uns alle überaus beschämt zurück. Nach einer Zeitspanne bedrückenden Schweigens zerstreuten sich die Gefährten, wobei jeder beim Hinausgehen sein Urteil über Mirdad abgab.

Shamadam: Ein Bettler, der von einer Königskrone träumt.

Micayon: Er ist der blinde Passagier. Hat er nicht gesagt: »So lehrte ich Noah«?

Abimar: Eine Spule mit verworrenem Garn.

Micaster: Ein Stern eines anderen Firmamentes.

Bennoon: Er ist ein mächtiger Geist, verliert sich aber in Widersprüchen.

Zamora: Eine wundervolle Harfe, die in einer Tonart gespielt wurde, die wir nicht kennen.

Himbal: Ein unstetes Wort, das ein freundliches Ohr sucht.

KAPITEL 7

Micayon und Naronda führen ein nächtliches Gespräch mit Mirdad, der sie auf die kommende Sintflut hinweist und sie bittet, sich bereitzumachen

Naronda: Es war etwa um die zweite Stunde der dritten Nachtwache, als ich bemerkte, daß meine Zellentür geöffnet wurde und ich Micayon leise zu mir sagen hörte:

»Bist du wach, Naronda?«

»Der Schlaf hat meine Zelle diese Nacht nicht besucht, Micayon.«

»Auch auf meinen Augenlidern hat er nicht geruht. Und er, glaubst du, daß er schläft?«

»Meinst du den Meister?«

»Nennst du ihn schon Meister? Vielleicht ist er es. Ich kann nicht ruhen, bis ich weiß, wer er ist. Laß uns unverzüglich zu ihm gehen.«

Wir gingen auf Zehenspitzen aus meiner Zelle hinein in die Zelle des Meisters. Ein Strahlenbündel fahlen Mondlichts, das sich durch eine Öffnung hoch oben in der Mauer hereinstahl, fiel auf sein bescheidenes Bettzeug, das säuberlich auf dem Boden ausgebreitet war und ganz augenscheinlich in jener Nacht nicht berührt worden war. Der, den wir suchten, war nicht dort zu finden, wo wir ihn suchten.

Verwirrt, beschämt und enttäuscht wollten wir uns gerade zurückziehen, als plötzlich seine sanfte Stimme unser Ohr erreichte, bevor unsere Augen sein freundliches Gesicht in der Tür erkennen konnten.

Mirdad: Erschreckt nicht und setzt euch in Frieden nieder. Die Nacht löst sich auf den Gipfeln fast schon in Dämmerung auf. Die Stunde ist günstig für Aufklärungen.

Micayon (verwirrt und stammelnd): Vergib uns unser Eindringen. Wir haben die ganze Nacht nicht geschlafen.

Mirdad: Eine zu kurze Selbstvergessenheit ist der Schlaf. Besser ist es, das Selbst hellwach zu ertränken, als aus Fingerhüten vom Schlaf Vergessen zu nippen. Was sucht ihr bei Mirdad?

Micayon: Wir kamen, um herauszubekommen, wer du bist.

Mirdad: Wenn ich bei Menschen bin, bin ich ein Gott. Wenn ich bei Gott bin, bin ich ein Mensch. Verstehst du mich, Micayon?

Micayon: Du sprichst eine Gotteslästerung aus.

Mirdad: Gegen den Gott Micayons – vielleicht. Gegen den Gott Mirdads – niemals.

Micayon: Gibt es soviele Götter wie Menschen, daß du von einem für Micayon und einem anderen für Mirdad sprechen kannst?

Mirdad: Gott ist nicht vielfältig. Gott ist einer. Aber vielfältig und verschiedenartig sind doch die Schatten der Menschen. Solange die Menschen Schatten auf die Erde werfen, solange ist der Gott jedes Menschen nicht größer als sein Schatten. Nur die Schattenlosen sind vollständig im Licht. Nur die Schattenlosen kennen *einen* Gott. Denn Gott ist Licht, und nur das Licht ist fähig, das Licht zu erkennen.

Micayon: Sprich nicht in Rätseln zu uns. Zu schwach ist unsere Einsicht noch.

Mirdad: Alles ist ein Rätsel für den Menschen, der einen Schatten wirft. Denn ein solcher Mensch wandelt in geborgtem Licht, darum stolpert er über seinen eigenen Schatten.

Wenn ihr vor Einsicht strahlend werdet, dann werdet ihr keine Schatten mehr werfen. Aber bald wird Mirdad eure Schatten sammeln und sie in der Sonne verbrennen. Dann wird das, was jetzt ein Rätsel für euch ist, sich plötzlich an euch als eine so leuchtende Wahrheit offenbaren, daß jede Erklärung überflüssig ist.

Micayon: Möchtest du uns nicht sagen, wer du bist? Wenn wir vielleicht deinen Namen wüßten, deinen wirklichen Namen, deine Heimat und deine Vorfahren, dann würden wir dich umso besser verstehen.

Mirdad: O Micayon, genau so gut könntest du versuchen, einen Adler wieder in die Eierschale, aus der er einmal schlüpfte, zurückzuzwingen, wie Mirdad mit euren Ketten zu binden und in eure Schleier zu hüllen. Welcher Name könnte jedoch einen Menschen bezeichnen, der nicht mehr »in der Eierschale« ist? Welches Land kann einen Menschen enthalten, in dem ein Universum enthalten ist? Welche Vorfahren können Anspruch erheben auf einen Menschen, dessen einziger Vorfahre Gott ist? Wenn du mich gut kennenlernen willst, Micayon, dann lerne erst Micayon gut kennen.

Micayon: Vielleicht bist du ein Mythos, der das Kleid eines Menschen trägt.

Mirdad: Ja, die Menschen werden eines Tages sagen, daß Mirdad nur ein Mythos war. Aber ihr sollt bald wissen, wie wirklich dieser Mythos ist, wie viel wirklicher als irgendeine Art Wirklichkeit der Menschen. Die Welt denkt jetzt nicht an Mirdad. Mirdad denkt immer an die Welt. Die Welt wird bald an Mirdad denken.

Micayon: Bist du vielleicht der blinde Passagier?

Mirdad: Ich bin der blinde Passagier in jeder Arche, die

der Sintflut des Wahnes widersteht. Ich ergreife das Steuerruder, wann immer die Kapitäne nach mir um Hilfe rufen. Obwohl ihr es nicht wißt, haben eure Herzen bereits seit langem nach mir gerufen. Und seht, Mirdad ist hier, um euch sicher hinauszulotsen, damit ihr eurerseits die Welt aus der größten Sintflut, die es jemals gab, hinausleiten könnt.

Micayon: Wieder eine Sintflut?

Mirdad: Nicht um die Erde zu überschwemmen, sondern um den Himmel auf der Erde hervorzubringen, nicht um die Spur des Menschen auszulöschen, sondern um den Gott im Menschen zu enthüllen.

Micayon: Der Regenbogen schmückte noch vor ein paar Tagen unseren Himmel. Wie kannst du da von einer weiteren Flut sprechen?

Mirdad: Vernichtender als die Flut von Noah wird die bereits wütende Flut sein. Eine mit Wasser verschlungene Erde ist schwanger mit Frühlingsverheißung. Das ist aber nicht der Fall, wenn die Erde in ihr eigenes fiebriges Blut getaucht ist.

Micayon: Müssen wir denn das Ende erwarten? Denn uns wurde gesagt, daß die Ankunft des blinden Passagiers das Zeiches des Endes sein soll.

Mirdad: Seid unbesorgt um die Erde. Zu jung ist sie, und zu voll sind ihre Brüste. Sie wird noch mehr Generationen nähren, als ihr zählen könnt. Noch sorgt euch um den Menschen, den Herrn der Erde; denn er ist nicht zu vernichten. Ja, unauslöschbar ist der Mensch, ja, unerschöpflich ist der Mensch. Er wird als Mensch in die Schmiede gehen, aber als ein Gott daraus hervorgehen.

Seid standhaft! Macht euch bereit! Laßt eure Augen und Ohren und Zungen fasten, damit eure Herzen jenes heilige

Verlangen kennenlernen, das – einmal gestillt – euch für alle Zeit sättigt.

Ihr müßt stets so gesättigt sein, daß ihr auch die Bedürftigen sättigen könnt. Ihr müßt immer stark und standhaft sein, daß ihr die Wankelmütigen und Schwachen stützen könnt. Ihr müßt immer auf den Sturm vorbereitet sein, damit ihr allen vom Sturm gerüttelten Obdachlosen Schutz gewähren könnt. Ihr müßt stets leuchtend sein, damit ihr den Wanderern in der Finsternis Führer sein könnt.

Die Schwachen sind eine Bürde für die Schwachen. Aber für die Starken sind sie eine angenehme Last. Sucht die Schwachen heraus. Ihre Schwäche ist eure Stärke.

Die Hungrigen sind nur Hunger für die Hungrigen. Aber für die Gesättigten sind sie ein willkommener Ausweg. Sucht die Hungrigen heraus. Euer Gesättigtsein ist, was ihnen fehlt.

Die Blinden sind Hindernisse für die Blinden. Aber sie sind Meilensteine für die Sehenden. Sucht die Blinden auf. Ihre Dunkelheit ist euer Licht.

Naronda: In diesem Augenblick rief die Trompete zum Morgengebet.

Mirdad: Zamora bläst wieder einen neuen Tag ein – wieder ein Wunder für euch, das ihr vertun könnt zwischen Hinsetzen und Aufstehen, euren Magen füllen und ihn entleeren, eure Zungen mit eitlen Worten schärfen, und viele Dinge tun, die besser ungetan blieben, und die Dinge nicht tun, die getan werden müßten.

Micayon: Sollen wir denn nicht zum Gebet gehen?

Mirdad: Geht hin! Betet, so wie man es euch gelehrt hat. Betet ganz gleich wie – um irgend etwas. Geht hin! Tut alle Dinge, die euch zu tun befohlen sind, bis ihr euer eigener

Lehrer und euer eigener Gesetzgeber seid, und bis ihr lernt, jedes Wort zu einem Gebet, jede Tat zu einem Opfer zu machen. Geht hin in Frieden. Mirdad muß dafür sorgen, daß euer Frühstück reichlich und schmackhaft ist.

KAPITEL 8

Die Sieben suchen Mirdad im Adlerhorst auf, wo er sie warnt, nichts in der Dunkelheit zu tun

Naronda: An diesem Tag gingen Micayon und ich nicht zur Morgenandacht. Shamadam nahm unsere Abwesenheit zur Kenntnis und war sehr ungehalten, als er von unserem nächtlichen Besuch beim Meister hörte. Jedoch zeigte er seine Verstimmung nicht, sondern wartete auf eine andere Gelegenheit.

Die übrigen Gefährten waren über unser Verhalten sehr betroffen und wollten den Grund dafür kennenlernen. Einige meinten, der Meister habe uns abgeraten, zum Gebet zu gehen. Andere stellten neugierige Vermutungen auf über seine Identität, indem sie sagten, daß er uns des Nachts zu sich gerufen habe, um sich nur uns allein zu enthüllen. Keiner wollte glauben, daß er der blinde Passagier sei. Aber alle wollten ihn sehen und über viele Dinge befragen.

Es war des Meisters Gewohnheit, sobald er von seinen Verpflichtungen in der Arche frei war, seine freie Zeit in der am Schwarzen Abgrund überhängenden Grotte zu verbringen, die bei uns als der *Adlerhorst* bekannt war. Wir alle außer Shamadam suchten ihn dort am Nachmittag jenes Tages auf und fanden ihn in tiefer Meditation. Sein Antlitz strahlte, und es wurde noch leuchtender, als er seine Augen aufschlug und uns sah.

Mirdad: Wie schnell habt ihr euer Nest gefunden. Mirdad freut sich darüber um euretwillen.

Abimar: Die Arche ist unser Nest. Wie kannst du sagen, daß diese Grotte unser Nest sei?

Mirdad: Die Arche war einst ein Adlerhorst.

Abimar: Und heute?

Mirdad: Ist sie ein Maulwurfshügel, leider!

Abimar: Acht glückliche Maulwürfe mit Mirdad als neuntem!

Mirdad: Wie leicht ist es, sich lustig zu machen, wie schwer zu verstehen. Aber Spötterei hat immer den Spötter verspottet. Warum übst du deine Zunge vergeblich?

Abimar: Du machst dich über uns lustig, wenn du uns Maulwürfe nennst. Wodurch haben wir einen solchen Namen verdient? Haben wir das Feuer des Noah nicht brennend erhalten? Diese Arche, die einst eine Hütte für eine Handvoll Bettler war, haben wir sie nicht reicher gemacht als den reichsten Palast? Haben wir ihre Grenzen nicht so weit vorgeschoben, daß ein mächtiges Königreich daraus geworden ist? Wenn wir Maulwürfe sind, dann sind wir wahrlich Meistergräber.

Mirdad: Das Feuer des Noah brennt, aber nur auf dem Altar. Was nützt es euch, wenn ihr nicht selbst der Altar seid und eure Herzen das Brennholz und das Öl?

Die Arche ist jetzt mit Gold und Silber überladen; darum ächzt und stampft sie laut und ist nahezu am Untergehen. Dagegen war die Mutter-Arche mit Leben überladen und trug kein totes Gewicht; deswegen waren die Tiefen ihr gegenüber machtlos. Hütet euch vor totem Gewicht, meine Gefährten. *Alles* ist totes Gewicht für den Menschen, der fest an seine Göttlichkeit glaubt. Er hält die Welt in sich beschlossen, aber trägt ihr Gewicht nicht.

Ich sage euch: Wenn ihr euer Gold und euer Silber nicht über Bord werft, wird es euch mit sich in die Tiefe ziehen;

denn der Mensch wird von allem festgehalten, was er festhält. Laßt euren Griff auf die Dinge los, wenn ihr nicht in ihrem Griff sein wollt.

Setzt nicht für alles einen Preis an; denn das Geringste noch ist unschätzbar. Ihr setzt für einen Laib Brot einen Preis an. Warum bewertet ihr nicht auch die Sonne, die Luft, die Erde, das Meer und den Schweiß und Erfindergeist des Menschen, ohne den es kein Brot gäbe?

Setzt nicht für alles einen Preis an, damit ihr nicht dadurch den Preis für euer Leben festsetzt. Des Menschen Leben ist nicht mehr wert als das, was er für wertvoll hält. Gebt acht, daß ihr euer unschätzbares Leben nicht so billig erachtet wie Gold.

Die Grenzen der Arche habt ihr meilenweit hinausgeschoben. Hättet ihr sie bis zu den Grenzen der Erde ausgedehnt, so wäret ihr immer noch eingeschlossen und gefangen. Mirdad möchte, daß ihr euch mit der Unendlichkeit umgürtet und bedeckt. Das Meer ist nur ein von der Erde festgehaltener Tropfen, jedoch umgürtet und bedeckt es die Erde. Ein wieviel unermeßlicheres Meer ist der Mensch? Seid nicht so kindisch, ihn von Kopf bis Fuß zu messen und zu glauben, ihr hättet seine Grenzen gefunden.

Ihr mögt vielleicht Meistergräber sein, wie Abimar gesagt hat, aber nur wie der Maulwurf, der im Dunkeln wühlt. Je ausgearbeiteter sein Labyrinth ist, desto weiter ist sein Gesicht von der Sonne entfernt. Ich kenne eure Labyrinthe, Abimar. Ihr seid eine Handvoll, wie du sagst, und, wie man annimmt, frei von allen Versuchungen der Welt und Gott geweiht. Aber abwegig und dunkel sind die Pfade, die euch mit der Welt verbinden. Höre ich nicht eure Leidenschaften zischen und wüten? Sehe ich nicht euren Neid kriechen und sich winden, gerade auf dem Altar eures Gottes? Eine Handvoll mögt ihr sein. Aber ach, welche Kräfte ruhen doch in dieser Handvoll!

Wäret ihr in wirklicher Tat die Meistergräber, wie ihr es behauptet, dann hättet ihr bereits seit langem euren Weg nicht nur durch die Erde gegraben, sondern ebenso durch die Sonne und durch jede andere Sphäre, die das Firmament durchwirbelt.

Laßt die Maulwürfe ihre dunklen Gänge mit Schnauze und Pfote graben. Ihr braucht nicht mit der Wimper zu zucken, um euren königlichen Weg zu finden. Setzt euch in diesem Nest nieder und sendet eure Einbildungskraft aus. Sie ist euer göttlicher Führer zu den wunderbaren Schätzen des spurlosen Wesens, das euer Königreich ist. Folgt eurem Führer mit einem starken und unerschrockenen Herzen. Seine Fußspuren – und wären sie auf dem entferntesten Stern – werden für euch Zeichen und Sicherheit sein, daß ihr dort bereits eingepflanzt worden seid. Denn ihr könnt euch nichts vorstellen, wenn es nicht bereits in euch oder ein Teil von euch ist.

Ein Baum kann sich nicht weiter ausbreiten, als seine Wurzeln reichen. Der Mensch jedoch kann sich bis in die Unendlichkeit ausbreiten, weil er in der Ewigkeit wurzelt.

Setzt euch doch nicht selbst Grenzen. Breitet euch aus, bis es keine Gebiete mehr gibt, wo ihr nicht seid. Breitet euch aus, bis die ganze Welt dort ist, wo ihr gerade seid. Breitet euch aus, bis ihr Gott begegnet, wo ihr euch selbst begegnet. Breitet euch aus! Breitet euch aus!

Tut nichts im Dunkeln in der Annahme, daß die Dunkelheit eine undurchdringliche Decke sei. Wenn ihr euch nicht vor den Menschen schämt, die durch die Dunkelheit blind geworden sind, schämt euch dann wenigstens vor dem Glühwürmchen und der Fledermaus.

Es gibt keine Dunkelheit, meine Gefährten. Das Licht ist in so viele Helligkeitsgrade aufgeteilt, daß es den Bedürfnissen jedes Geschöpfes in der Welt entspricht. Euer hellichter Tag ist Dämmerung für den Phönix. Eure tiefe Nacht ist hellichter Tag für den Frosch. Wenn die Dunkelheit selbst unbedeckt ist, wie kann sie dann für irgend etwas eine Decke sein?

Versucht überhaupt nicht, irgend etwas zu verdecken. Wenn auch nichts eure Geheimnisse enthüllen würde, so doch die eigene Bedeckung. Weiß denn der Deckel etwa nicht, was im Topf ist? Wehe den mit Schlangen und Würmern gefüllten Töpfen, wenn ihre Deckel hochgehoben werden.

Ich sage euch: Kein Atemzug kommt aus eurer Brust, der nicht mit dem Wind das Innerste eurer Brust mitteilen würde. Kein Blick wird aus irgendeinem Auge geworfen, der nicht das ganze Auge mit sich trägt – seine Begierden und Befürchtungen, sein Lächeln und seine Tränen. Kein Traum ist jemals zu einer Tür hineingegangen, ohne gleichzeitig an jede andere Tür zu klopfen. Gebt darum acht auf eure Blicke. Gebt acht, welche Träume ihr zur Tür herein und welche ihr vorbeigehen laßt.

Wenn ihr jedoch von Sorge und Leid frei sein wollt, dann wird Mirdad euch gern den Weg zeigen.

KAPITEL 9

Der Weg zu einem Leben ohne Leiden. Die Gefährten wollen wissen, ob Mirdad der blinde Passagier ist

Micaster: Zeige uns den Weg.

Mirdad: Dieses ist der Weg zur Befreiung von Sorge und Leid:

Denkt so, als ob jeder eurer Gedanken in Feuerschrift am Firmament eingeätzt würde, damit alle Wesen und jedes Ding sie sehen können – denn so ist es in Wahrheit.

Sprecht so, als ob die ganze Welt nur ein einziges Ohr wäre, das hören wollte, was ihr sagt – und so ist es in Wahrheit.

Handelt so, als ob jede Tat auf euch zurückfallen sollte – und so geschieht es in Wahrheit.

Verlangt so, als ob ihr selbst das Verlangen wäret – und das seid ihr in Wahrheit.

Lebt so, als ob Gott selbst euch nötig hätte, um sein Leben zu leben – und das hat er in Wahrheit.

Himbal: Wie lange willst du uns noch im unklaren lassen? Du sprichst zu uns, wie noch kein Mensch und kein Buch je gesprochen haben.

Bennoon: Erkläre dich uns, damit wir wissen, mit welchem Ohr wir auf dich hören müssen. Wenn du der blinde Passagier bist, dann gib uns Beweise.

Mirdad: Gut hast du das gesagt, Bennoon, ihr habt zu viele Ohren, deshalb könnt ihr nicht hören. Hättet ihr nur eins, das hörte und verstünde, dann hättet ihr keine Beweise nötig.

Bennoon: Der blinde Passagier sollte kommen, um die Welt

zu richten, und wir von der Arche sollten mit ihm Recht sprechen. Sollen wir uns zum Jüngsten Gericht bereitmachen?

KAPITEL 10

Über Gericht und das Jüngste Gericht

Mirdad: In meinem Mund ist kein Gericht, sondern heilige Einsicht. Ich bin nicht gekommen, um die Welt zu richten, sondern vielmehr, um sie vom Gericht zu befreien. Denn Unwissenheit allein schmückt sich gern mit Perücke und Talar, um anderen das Gesetz vorzutragen und die Strafen zuzumessen.

Der schonungsloseste Richter der Unwissenheit ist die Unwissenheit selbst. Betrachtet den Menschen. Hat er sich nicht aus Unwissenheit selbst in zwei Hälften gespalten und dadurch den Tod über sich selbst und alles heraufbeschworen, woraus seine gespaltene Welt besteht?

Ich sage euch, es gibt nicht Gott und Mensch, sondern es gibt den Gott-Menschen oder den Menschen-Gott. Das ist eins. Wie mannigfaltig auch immer, wie geteilt auch immer, es ist für immer eins.

Gottes Einheit ist Gottes immerwährendes Gesetz. Es ist ein Gesetz, das sich selbst erfüllt. Es hat weder Gerichtshöfe noch Richter nötig, um sich nach außen bekanntzumachen noch um seine Würde und Macht hochzuhalten. Das Universum – das sichtbare wie auch das unsichtbare – ist nur ein einziger Mund, der es allen kundtut, die nur Ohren haben, um zu hören.

Ist nicht das Meer – obgleich weit und tief – ein einziger Tropfen?

Ist nicht die Erde – obgleich so weit ausgedehnt – eine einzige Kugel?

Sind nicht die Weltkugeln – obgleich unzählbar – ein einziges Universum?

Ebenso ist die Menschheit nur ein einziger Mensch. Ebenso ist der Mensch mit all seinen Welten eine vollständige Einheit.

Gottes Einheit, meine Gefährten, ist das einzige Gesetz des Daseins. Ein anderer Name dafür ist Liebe. Das zu wissen und sich daran zu halten, bedeutet, im Leben zu stehen. Wer jedoch einem anderen Gesetz folgt, steht im Nicht-Sein oder im Tod.

Das Leben ist ein Einsammeln. Der Tod ist ein Zerstreuen. Das Leben ist ein Zusammenbinden. Der Tod ist ein Auseinanderfallen. Darum schwebt der Mensch – der Dualist – zwischen diesen beiden. Denn er möchte einsammeln, aber nur durch Zerstreuen. Und er möchte binden, aber nur durch Entbinden. Beim Sammeln und Binden ist er in Übereinstimmung mit dem Gesetz, und »das Leben« ist seine Belohnung. Beim Zerstreuen und Entbinden sündigt er gegen das Gesetz, und der Tod ist sein bitterer Lohn.

Aber ihr, die ihr euch selbst verurteilt habt, wollt zu Gericht sitzen über Menschen, die sich gleich euch schon selbst verurteilt haben. Wie furchtbar sind die Richter und das Gericht!

Weniger furchtbar wären wahrlich zwei Galgenvögel, die sich gegenseitig zum Galgen verurteilten.

Weniger lächerlich wären zwei Ochsen in einem Joch, die zueinander sagten: »Ich möchte dich ins Joch bringen.«

Weniger scheußlich wäre es, wenn zwei Leichen in einem Grab sich gegenseitig zum Tode verurteilen würden.

Weniger erbarmungswürdig wären zwei Stockblinde, die sich gegenseitig die Augen auskratzten.

Meidet jeden Richterstuhl, meine Gefährten. Denn um ein Urteil über irgend jemand oder irgend etwas auszusprechen, müßt ihr nicht allein das Gesetz kennen und in Übereinstimmung damit leben, sondern auch die Zeugen hören. Wen wollt ihr in welchem Fall auch immer als Zeugen hören?

Wollt ihr den Wind vor Gericht laden? Denn der Wind unterstützt und fördert jedes Geschehnis unter dem Firmament.

Oder wollt ihr die Sterne vorladen? Denn sie sind vertraut mit allem, was auf der Welt geschieht.

Oder wollt ihr Vorladungen an alle Toten von Adam bis auf den heutigen Tag schicken? Denn alle Toten leben in den Lebenden.

Um in einem bestimmten Fall ein vollständiges Zeugnis zu haben, muß der Kosmos notwendigerweise Zeuge sein. Wenn ihr den Kosmos zu Gericht laden könntet, würdet ihr keine Gerichte mehr nötig haben. Ihr würdet von euren Richterstühlen herabsteigen und den Zeugen Richter sein lassen.

Wenn ihr alles wißt, werdet ihr niemanden richten. Wenn ihr in den Welten einsammeln könntet, würdet ihr nicht einmal einen von jenen verurteilen, die zerstreuen. Denn ihr würdet wissen, daß das Zerstreuen den Zerstreuer verurteilt. Und statt die zu verurteilen, die sich selbst gerichtet haben, würdet ihr euch bemühen, ihr Urteil aufzuheben.

Über und über ist der Mensch nun mit dem beladen, was er sich selbst auferlegt hat. Zu steinig und gewunden ist sein Weg. Jedes Urteil ist eine Last mehr, sowohl für den Richter als auch für den Verurteilten. Wenn ihr eure Lasten erleichtern wollt, verzichtet dann darauf, irgendeinen Menschen zu richten. Wenn ihr sie ganz von selbst auflösen wollt, geht dann unter und verliert euch für immer in dem Wort. Laßt die Einsicht eure Schritte lenken, wenn ihr wollt, daß euer Weg gerade und glatt ist. Kein Gericht bringe ich euch in meinem Mund, sondern heilige Einsicht.

Bennoon: Was ist das Jüngste Gericht?

Mirdad: An jedem Tag ist das Jüngste Gericht, Bennoon. Die Konten jedes Geschöpfes werden jeden Augenblick ausgeglichen. Nichts bleibt verborgen. Nichts bleibt ungewogen.

Es gibt keinen Gedanken, keine Handlung, keinen Wunsch, die nicht im Denker und im Handelnden und im Wünschenden aufgezeichnet werden. Kein Gedanke, kein Wunsch, keine Handlung gehen unfruchtbar in die Welt, sondern alle erzeugen nach ihrer Art und Natur. Was immer in Übereinstimmung mit Gottes Gesetz ist, wird zum Leben eingesammelt. Was immer dem entgegensteht, wird zum Tode eingesammelt.

Deine Tage sind einander nicht gleich, Bennoon. Einige sind heiter. Sie sind die Ernte der richtig gelebten Stunden. Einige sind mit Wolken bedeckt. Sie sind die Gaben der Stunden, die ihr halbschlafend im Tod und halbwachend im Leben verbracht habt.

Andere dagegen stürzen sich wie auf dem Sturm reitend auf euch, mit Blitzen in ihren Augen und Donner in ihren Nüstern. Sie schlagen euch von oben nieder; sie peitschen euch von unten; sie schleudern euch nach rechts und nach links; sie drücken euch flach auf die Erde und lassen euch in den Staub beißen und wünschen, daß ihr nie geboren worden wäret. Solche Tage sind die Frucht der Stunden, die in eigenwilligem Streit mit dem Gesetz verbracht wurden.

So ist es mit der Welt. Die Schatten, die sich bereits am

Himmel abzeichnen, sind nicht weniger unheilverkündend als jene, welche die Flut anmeldeten. Öffnet eure Augen und seht.

Wenn ihr die Wolken beobachtet, die auf dem Südwind nach Norden reisen, dann sagt ihr, daß sie euch Regen bringen. Warum seid ihr nicht ebenso klug beim Ablesen der Richtung der menschlichen Wolken? Könnt ihr nicht sehen, wie schnell sich die Menschen in ihren Netzen verstrickt haben?

Der Tag der Entwirrung steht bevor. Und welch ein fürchterlicher Tag ist das! Aus den Adern des Herzens und der Seele sind die Netze der Menschen im Laufe ach, so vieler Jahrhunderte gewoben worden. Um die Menschen aus ihren Netzen herauszureißen, muß notwendigerweise ihr eigenes Fleisch zerrissen werden; ihr ganzes Gebein muß notwendigerweise zerstört werden. Und die Menschen werden selbst das Zerreißen und Zerstören vollbringen.

Wenn die Deckel aufgehoben werden – und das werden sie sicherlich – und wenn die Töpfe an den Tag bringen, was immer sie enthalten – und das werden sie sicherlich – wo wollen die Menschen dann ihre Scham verbergen, und wohin wollen sie fliehen?

An jenem Tag werden die Lebenden die Toten beneiden, und die Toten werden die Lebenden verfluchen. Die Worte der Menschen werden in ihren Kehlen steckenbleiben, und das Licht wird auf ihren Augenlidern erstarren. Aus ihren Herzen werden Skorpione und Nattern hervorkommen, und sie werden voller Abscheu ausrufen: »Woher kommen diese Nattern und diese Skorpione?« Denn sie haben vergessen, daß sie selbst sie in ihren Herzen beherbergt und gezüchtet haben.

Öffnet eure Augen und seht. Hier in dieser Arche, die zum

Leuchtfeuer für eine sich abmühende Welt bestimmt war, ist mehr Schlamm, als ihr durchwaten könnt. Wenn das Leuchtfeuer ein Fallstrick geworden ist, wie furchtbar muß der Zustand der Menschen auf hoher See sein!

Mirdad wird euch eine neue Arche bauen. Hier in diesem Nest wird er sie gründen und aufrichten. Aus diesem Nest werdet ihr in die Welt hinausfliegen und den Menschen keine Ölzweige bringen, sondern das unerschöpfliche Leben. Dazu müßt ihr das Gesetz kennen und es halten.

Zamora: Wie können wir Gottes Gesetz kennen und es halten?

KAPITEL 11

Die Liebe ist das Gesetz Gottes. Mirdad errät eine Entfremdung zwischen zwei Gefährten, bittet um eine Harfe und singt die Hymne der neuen Arche

Mirdad: Die Liebe ist das Gesetz Gottes. Ihr lebt, um lieben zu lernen. Ihr liebt, um leben zu lernen. Keine andere Aufgabe wird vom Menschen verlangt.

Was ist Lieben für den Liebenden anderes, als das Geliebte für immer in sich aufzunehmen, damit beide eins sind? Und wen oder was soll man lieben? Soll man ein bestimmtes Blatt vom Baum des Lebens auswählen und ihm sein ganzes Herz schenken? Was ist dann mit dem Zweig, der das Blatt trägt? Was ist mit dem Stamm, der den Zweig hält? Was ist mit der Rinde, die den Stamm schützt? Was ist mit den Wurzeln, welche die Rinde, den Stamm, die Zweige und die Blätter nähren? Was ist mit der Erde, welche die Wurzeln umfängt? Was ist mit der Sonne und dem Meer und der Luft, welche die Erde fruchtbar machen?

Wenn ein kleines Blatt auf einem Baum eurer Liebe wert ist, wieviel mehr ist es dann der Baum in seiner Gesamtheit? Die Liebe, die einen Teil des Ganzen aussucht, verurteilt sich selbst zu Schmerz.

Ihr sagt: »Aber es gibt ganz unterschiedliche Blätter auf einem einzigen Baum. Einige sind gesund, einige krank; einige sind schön, einige häßlich; einige sind Riesen, einige Zwerge. Wie können wir da anders als heraussuchen und auswählen?«

Ich sage euch: Aus der Blässe des Kranken kommt die Frische des Gesunden hervor. Ich sage euch weiter, daß die Häßlichkeit Palette, Farbe und Pinsel für die Schönheit ist, und daß der Zwerg kein Zwerg geworden wäre, hätte er nicht von seiner Gestalt dem Riesen abgegeben.

Ihr seid der Baum des Lebens. Hütet euch davor, euch selbst zu teilen. Setzt nicht eine Frucht gegen eine andere, ein Blatt gegen ein anderes, einen Zweig gegen einen anderen; setzt auch nicht den Stamm gegen die Wurzeln, auch nicht den Baum gegen den Mutterboden. Genau das würdet ihr dann tun, wenn ihr einen Teil mehr als die anderen oder unter Ausschluß der anderen liebt.

Ihr seid der Baum des Lebens. Eure Wurzeln sind überall. Eure Zweige und Blätter sind überall. Eure Früchte sind in jedem Mund. Wie auch die Früchte auf jenem Baum, wie auch seine Zweige und Blätter, wie auch seine Wurzeln sein mögen, es sind *eure* Früchte; es sind *eure* Blätter und Zweige; es sind *eure* Wurzeln. Wenn ihr wollt, daß der Baum süße und wohlriechende Früchte trägt, wenn ihr ihn stets stark und grün haben wollt, dann habt acht auf den Saft, mit dem ihr die Wurzeln nährt.

Liebe ist der Saft des Lebens, während Haß der Eiter des Todes ist. Aber die Liebe muß wie das Blut ungehindert durch die Adern fließen. Bringt das Blut zum Stillstand, und es wird eine Gefahr und eine Plage. Und was ist der Haß anderes als unterdrückte Liebe oder verhinderte Liebe, die dadurch zu einem solch tödlichen Gift wird sowohl für den Ernährer als auch für das, was er ernährt, sowohl für den, der haßt als auch für das, was gehaßt wird?

Ein gelbes Blatt an eurem Lebensbaum ist nur ein Blatt,

von dem sich die Liebe abgewandt hat. Tadelt das gelbe Blatt nicht!

Ein verdorrter Zweig ist nur ein aus Mangel an Liebe dahinsiechender Zweig. Tadelt den verdorrten Zweig nicht!

Eine verfaulte Frucht ist nur eine mit Haß ernährte Frucht. Tadelt die verfaulte Frucht nicht. Tadelt vielmehr euer blindes und geiziges Herz, das den Saft des Lebens nur an wenige austeilen möchte und ihn vielen verweigern will und ihn dadurch auch sich selbst verweigert.

Keine Liebe ist möglich außer der Liebe für das Selbst. Kein Selbst ist wirklich außer dem allumfassenden Selbst. Darum ist Gott vollkommen Liebe, weil Er sich selbst liebt.

Solange ihr durch Liebe Schmerz erleidet, habt ihr weder euer wahres Selbst noch den goldenen Schlüssel der Liebe gefunden. Da ihr ein eintägiges Selbst liebt, ist eure Liebe eintägig.

Die Liebe des Mannes zur Frau ist keine Liebe. Sie ist ein sehr entferntes Zeichen dafür. Die Vaterliebe zum Kind ist nur die Schwelle zum heiligen Tempel der Liebe. Bis einmal jeder Mann jede Frau liebt und umgekehrt; bis einmal jedes Kind das Kind jedes Vaters ist und umgekehrt, laßt Männer und Frauen damit prahlen, daß Fleisch und Bein sich an Fleisch und Bein klammern, aber sprecht niemals den heiligen Namen Liebe dafür aus, denn das ist Gotteslästerung.

Ihr habt keine Freunde, solange ihr einen einzigen Menschen als Feind betrachtet. Wie kann ein Herz, in dem Feindschaft wohnt, eine sichere Herberge für die Freundschaft sein?

Ihr kennt die Freude der Liebe nicht, solange es Haß in euren Herzen gibt. Würdet ihr alles außer einen bestimmten kleinen Wurm mit dem Saft des Lebens ernähren, dann würde allein dieser gewisse kleine Wurm euer Leben verbittern. Denn indem ihr etwas oder jemanden liebt, liebt ihr in Wirklichkeit nur euch selbst. Ebenso haßt ihr, indem ihr etwas oder jemanden haßt, in Wahrheit nur euch selbst. Denn was ihr haßt, ist untrennbar verbunden mit dem, was ihr liebt, wie die Vorder- und Rückseite ein und derselben Münze. Wenn ihr ehrlich mit euch selbst sein wollt, dann müßt ihr das lieben, was ihr haßt und was euch haßt, bevor ihr das liebt, was ihr liebt und was euch liebt.

Liebe ist keine Tugend. Liebe ist eine Notwendigkeit, mehr als Brot und Wasser, mehr als Licht und Luft.

Laßt niemanden auf die Liebe stolz sein. Atmet vielmehr die Liebe ein und atmet sie so unbewußt und frei aus, wie ihr die Luft einatmet und wieder ausatmet.

Denn die Liebe braucht niemand, der sie erhöht. Die Liebe wird das Herz erhöhen, das ihrer würdig ist.

Sucht für die Liebe keine Belohnung. Die Liebe ist genug Belohnung für die Liebe, so wie der Haß genug Strafe für den Haß ist.

Führt auch keine Bücher über die Liebe. Denn die Liebe gibt nur sich selbst Rechenschaft.

Die Liebe leiht nicht und borgt nicht; die Liebe kauft nicht und verkauft nicht; aber wenn sie gibt, gibt sie alles; und wenn sie nimmt, nimmt sie alles. Sogar ihr Nehmen ist ein Geben. Sogar ihr Geben ist ein Nehmen. Darum ist sie stets dieselbe: heute, morgen und in aller Ewigkeit.

So wie ein mächtiger Strom, der sich ins Meer ergießt, stets wieder durch das Meer aufgefüllt wird, so müßt ihr euch selbst in die Liebe ergießen, damit ihr immer von Liebe erfüllt seid. Der Teich, der die Gabe des Meeres dem Meere vorenthalten wollte, wird zum stehenden Gewässer.

Es gibt kein »mehr« oder »weniger« in der Liebe. Sobald ihr versucht, die Liebe abzuwägen und zu messen, entgleitet sie euch und läßt nur bittere Erinnerungen zurück.

Auch gibt es kein »jetzt« und kein »dann«, kein »hier« und kein »dort« in der Liebe. Jede Jahreszeit ist geeignet für die Liebe. Jeder Ort ist ein passender Aufenthalt für die Liebe.

Liebe kennt keine Grenzen und Schranken. Eine Liebe, deren Lauf durch irgendein Hindernis gehemmt werden kann, ist des Namens Liebe nicht würdig.

Oft höre ich euch sagen, die Liebe sei blind, womit ihr meint, daß sie keinen Fehler in dem Geliebten erkennen kann. Diese Art Blindheit ist der Höhepunkt des Sehens. Wäret ihr nur immer so blind, daß ihr nirgendwo einen Fehler erblicken könntet.

Klar und durchdringend ist das Auge der Liebe. Darum sieht es keinen Fehler. Wenn die Liebe euer Sehvermögen gereinigt hat, dann werdet ihr nichts mehr sehen, was eurer Liebe unwürdig ist. Nur ein der Liebe beraubtes Auge findet stets Fehler. Welche Fehler es auch immer findet, es sind nur seine eigenen Fehler.

Liebe ergänzt. Haß löst auf. Diese riesige und schwere Masse aus Erde und Felsen, die ihr Altargipfel nennt, würde schnell auseinanderfallen, würde sie nicht von der Hand der Liebe zusammengehalten. Sogar eure Körper könnten, so vergänglich sie scheinen, sicherlich dem Verfall widerstehen, wenn ihr nur jede ihrer Zellen mit gleichem Eifer lieben würdet.

Liebe ist Friede, in dem des Lebens Melodien erklingen.

Haß ist Streit, der durch feindliche Trompetenstöße des Todes geschürt wird. Was möchtet ihr: Liebe und immerwährenden Frieden, oder Haß und immerwährenden Streit?

Die ganze Erde lebt in euch. Die Himmel und ihre Heerscharen leben in euch. Darum liebt die Erde und alles, was sie ernährt, wenn ihr euch selbst lieben wollt. Und liebt die Himmel und alle ihre Bewohner, wenn ihr euch selbst lieben wollt. Warum haßt du Naronda, Abimar?

Naronda: Alle waren überrascht über diese plötzliche Wendung in der Stimme und im Gedankengang des Meisters, während Abimar und ich auf die so direkte Frage wegen einer Entfremdung zwischen uns, die wir vor allen sorgfältig verborgen gehalten hatten, betroffen schwiegen. Wir waren der Meinung, daß sie von niemandem entdeckt worden war. Alle blickten in äußerster Verwunderung auf uns beide und warteten auf eine Antwort Abimars.

Abimar (mich vorwurfsvoll ansehend): Hast du es dem Meister erzählt, Naronda?

Naronda: Als Abimar »Meister« gesagt hatte, schmolz mein Herz in mir vor Freude. Denn wir hatten uns wegen dieses Wortes gestritten, lange bevor Mirdad sich enthüllt hatte. Ich vertrat die Meinung, daß er ein Lehrer sei, der gekommen ist, um die Menschen zu erleuchten; und Abimar hatte darauf bestanden, daß er nur ein gewöhnlicher Mensch sei.

Mirdad: Sieh nicht mißtrauisch auf Naronda, Abimar; denn er ist schuldlos an deinem Tadel.

Abimar: Wer hat es dir dann erzählt? Kannst du auch die Gedanken der Menschen lesen?

Mirdad: Mirdad braucht weder Spione noch Ausdeuter. Wenn du nur Mirdad so lieben würdest, wie er dich liebt, dann könntest du mit Leichtigkeit in seinen Gedanken lesen und ebenso in sein Herz sehen.

Abimar: Vergib einem blinden und tauben Menschen, Meister. Öffne mir Auge und Ohr, denn ich bin begierig zu sehen und zu hören.

Mirdad: Liebe ist der einzige Urheber des Wunders. Wenn du sehen willst, laß Liebe in der Pupille deines Auges sein. Wenn du hören willst, laß Liebe im Trommelfell deines Ohres sein.

Abimar: Aber ich hasse niemanden, auch nicht Naronda.

Mirdad: Nicht-Hassen ist noch keine Liebe, Abimar. Denn Liebe ist eine aktive Kraft; und wenn sie dich nicht bei jedem Schritt und Tritt führt, kannst du deinen Weg nicht finden; und wenn sie nicht jeden Wunsch und Gedanken erfüllt, werden deine Wünsche Brennesseln in deinen Träumen, deine Gedanken Klagelieder für deine Tage sein.

Nun ist mein Herz eine Harfe, und es treibt mich zu singen. Wo ist deine Harfe, guter Zamora?

Zamora: Soll ich gehen und sie holen, Meister?

Mirdad: Ja, Zamora.

Naronda: Zamora stand sogleich auf und holte die Harfe. Die übrigen sahen einander in höchster Verwirrung an und warteten still.

Als Zamora mit der Harfe zurückkam, nahm der Meister sie sanft aus seiner Hand. Zärtlich beugte er sich über sie, stimmte sorgfältig jede Saite und begann dann zu spielen und zu singen.

Mirdad:

Gott ist dein Kapitän, segle, meine Arche!
Und sind auch der Hölle Furien, die roten,
entfesselt über Lebenden und Toten
und verwandeln in geschmolzenes Blei die Welt
und fegen die Zeichen alle vom Himmelszelt,
Gott ist dein Kapitän, segle, meine Arche!

Liebe ist dein Kompaß, fahre, meine Arche!
Sollst nach Nord und Süd und Ost und Westen eilen
und deine großen Schätze mit allen teilen.
Dich tragen Wogenkämme und Sturmesschwingen,
wirst Seefahrern Licht in Finsternis bringen.
Liebe ist dein Kompaß, fahre, meine Arche!

Glaube ist dein Anker, ruhe, meine Arche!
Wenn der Donner brüllt und Blitze zucken hinab,
und die Berge selbst beben und stürzen herab,
und wenn die Menschen auch, von Kleinmut besessen,
sogar ihren heiligen Funken vergessen,
Glaube ist dein Anker, ruhe, meine Arche!

Naronda: Der Meister schwieg und beugte sich über die Harfe, wie eine von Liebe erfüllte Mutter sich über das Kind an ihrer Brust beugt. Und obwohl die Saiten nicht länger vibrierten, erklang die Harfe noch eine Weile weiter: »Gott ist dein Führer, segle, meine Arche!« Und obwohl die Lippen des Meisters geschlossen waren, erklang seine Stimme noch für eine Weile durch den ganzen Adlerhorst und schwang sich in Wellen hinauf zu den rauhen Gipfeln ringsum, hinunter zu den Bergen und Tälern unter uns, zu dem ruhelosen Meer in der Ferne, empor zu dem blauen Himmelsgewölbe über uns.

Es waren Sternenregen und Regenbogen in jener Stimme. Es klangen Erdbeben und Stürme darin neben säuselnden Winden und singenden Nachtigallen. Es waren wogende Meere darin mit sanften, taubeladenen Nebelschleiern. Und es schien, als ob die ganze Schöpfung in dankbarer Freude darauf lauschte.

Und es war, als ob die Kette der Milchberge mit dem Altargipfel in der Mitte sich plötzlich von der Erde losgelöst hätte und majestätisch, machtvoll und in sicherem Lauf in den Raum davontrieb.

Während der folgenden drei Tage sprach der Meister zu niemandem ein Wort.

KAPITEL 12

Über das schöpferische Schweigen
Die Sprache ist bestenfalls eine ehrliche Lüge

Naronda: Als die drei Tage vorüber waren, kamen wir Sieben wie auf einen unwiderstehlichen Befehl zusammen und begaben uns zum Adlerhorst. Der Meister begrüßte uns wie jemand, der bereits auf unser Kommen gewartet hatte.

Mirdad: Wieder einmal heiße ich euch in eurem Nest willkommen, meine jungen Vögel. Sprecht eure Gedanken und Wünsche vor Mirdad aus.

Micayon: Unser einziger Gedanke und Wunsch ist es, bei Mirdad zu sein, damit wir seine Wahrheit empfinden und hören können, vielleicht werden wir so schattenlos wie er. Sein Schweigen indessen bedrückt uns alle. Haben wir ihn auf irgendeine Weise beleidigt?

Mirdad: Nicht um euch von mir zu entfernen, habe ich drei Tage geschwiegen, sondern vielmehr, um euch mir näherzubringen. Ihr könnt mich nicht beleidigen. Wer immer den unbesiegbaren Frieden des Schweigens kennt, der kann niemals beleidigt werden noch jemanden beleidigen.

Micayon: Ist Schweigen besser als Sprechen?

Mirdad: Die Sprache ist bestenfalls eine ehrliche Lüge. Dagegen ist das Schweigen schlimmstenfalls eine nackte Wahrheit.

Abimar: Sollen wir daraus schließen, daß sogar Mirdads Worte, obwohl ehrlich, nur Lügen sind?

Mirdad: Ja gewiß, sogar Mirdads Worte sind nur Lügen

für alle, deren Ich nicht dem seinen gleich ist. Bis all eure Gedanken aus *einem* Steinbruch gebrochen werden und alle Wünsche derselben Quelle entspringen, werden eure Worte, obwohl ehrlich, nur Lügen sein.

Wenn euer Ich und das meine eins sind, so wie das meine und das Ich Gottes eins sind, werden wir uns von Worten befreien und uns in wahrheitserfülltem Schweigen vollkommen mitteilen.

Da aber euer Ich und das meine nicht gleich sind, bin ich gezwungen, einen Streit mit Worten gegen euch zu führen, damit ich euch mit euren eigenen Waffen schlagen und zu meinem Steinbruch und meiner Quelle führen kann.

Erst dann könnt ihr in die Welt hinausgehen, um sie zu überwinden und zu unterwerfen, so wie ich euch überwinden und unterwerfen werde. Erst dann werdet ihr fähig sein, die Welt zum Schweigen des höchsten Bewußtseins zu führen, zu dem Steinbruch des Wortes, zu der Quelle der heiligen Einsicht.

Erst wenn ihr so von Mirdad überwunden seid, könnt ihr in Wahrheit unangreifbare und mächtige Eroberer sein. Noch soll die Welt die Schande ihrer fortdauernden Niederlage abwaschen, bis sie durch euch besiegt ist.

Also gürtet euch zur Schlacht. Reinigt eure Schilde und Harnische und schärft eure Schwerter und Speere. Laßt das Schweigen eure Trommel schlagen und gleichzeitig die Standarte tragen.

Bennoon: Was ist das für ein Schweigen, das gleichzeitig Trommelschläger und Standartenträger sein kann?

Mirdad: Das Schweigen, in das ich euch hineinführen will, ist der unbegrenzte weite Raum, in dem Nichtsein in Sein und

Sein in Nichtsein übergeht. Es ist die Ehrfurcht erweckende Leere, in der jeder Ton geboren wird und verklingt und jede Form gebildet wird und vergeht, in der jedes Selbst eingetragen und ausgelöscht wird, wo nichts ist als *Es*.

Wenn ihr diese Leere und diesen weiten Raum nicht in schweigender Betrachtung durchquert, werdet ihr nicht wissen, wie wirklich euer Sein ist, wie unwirklich das Nichtsein. Auch werdet ihr nicht wissen, wie fest eure Wirklichkeit mit aller Wirklichkeit verbunden ist.

Dieses Schweigen sollt ihr durchwandern, damit ihr eure alte, enge Haut ablegen und euch ohne Fesseln und Behinderungen bewegen könnt.

Ich möchte, daß ihr eure Sorgen und Ängste, eure Leidenschaften und Verlangen, euren Ärger und eure Wollust dorthin treibt, damit ihr sehen könnt, wie sie nacheinander verschwinden, und dadurch eure Ohren von ihren unaufhörlichen Schreien befreien und euren Seiten den Schmerz ihrer scharfen Sporen ersparen könnt.

Ich möchte, daß ihr die Bogen und Pfeile dieser Welt dorthin werft, mit denen ihr Zufriedenheit und Freude zu erjagen hofft, aber in Wahrheit nichts als Ruhelosigkeit und Sorge gewinnt.

Ich möchte, daß ihr dort aus der dunklen und erstickenden Schale eures Selbstes in das Licht und die freie Luft des Selbstes herauskriecht.

Dieses Schweigen empfehle ich euch und nicht nur einen Stillstand eurer vom Sprechen abgenutzten Zungen.

Das fruchtbare Schweigen der Erde empfehle ich euch und nicht das furchtsame Schweigen des Verbrechers und des Schurken.

Das geduldige Schweigen der brütenden Henne empfehle ich euch, nicht das ungeduldige Gegacker ihrer ein Ei legenden Schwester. Die eine brütet einundzwanzig Tage lang und wartet in schweigendem Vertrauen auf die geheimnisvolle Hand, die das Wunder unter ihrer gefiederten Brust und ihren Flügeln vollbringt. Die andere stiebt aus ihrem Hühnerkorb von dannen und gackert wie verrückt, um anzukündigen, daß sie ein Ei gelegt hat.

Hütet euch vor gackernder Tugend, meine Gefährten! So wie ihr eurem Schamgefühl Schweigen auferlegt, so schweigt auch über eure Ehre. Denn eine gackernde Ehre ist schlimmer als eine schweigende Unehre, und lärmende Tugend ist schlimmer als stumme Bosheit.

Enthaltet euch des vielen Sprechens. Bei tausend gesprochenen Worten mag vielleicht eins sein, und nur eins, das in Wahrheit gesprochen werden muß. Die übrigen vernebeln nur den Verstand, betäuben das Ohr, ärgern die Zunge und blenden das Herz.

Wie schwierig ist es, das Wort zu sagen, das in Wahrheit gesprochen werden muß! Von tausend geschriebenen Worten mag vielleicht eins sein, und nur eins, das in Wahrheit geschrieben werden muß. Die übrigen sind vergeudete Tinte und vergeudetes Papier, und Minuten, denen bleierne Füße statt Lichtflügel gegeben wurden. Wie schwierig, o wie schwierig ist es, das Wort zu schreiben, das in Wahrheit geschrieben werden muß!

Bennoon: Was ist mit dem Gebet, Meister Mirdad? Wenn wir beten, sind wir gehalten, allzu viele Worte zu sagen und um viel zu viele Dinge zu bitten. Und doch erhalten wir selten etwas von dem, um das wir bitten.

KAPITEL 13

Über das Gebet

Mirdad: Ihr betet vergeblich, wenn ihr euch an irgendwelche anderen Götter wendet anstatt an euer eigenes Selbst. Denn in euch ist die Kraft des Anziehens, wie in euch die Kraft des Abstoßens ist. Und in euch sind die Dinge, die ihr anziehen wollt, wie auch die Dinge in euch sind, die ihr abstoßen wollt. Denn imstande sein, etwas zu empfangen, bedeutet auch, imstande sein, es zu verlieren.

Wo Hunger ist, da ist auch Nahrung. Wo Nahrung ist, da muß auch Hunger sein. Wer vom Hungergefühl geplagt wird, kann sich auch über den Segen der Sättigung freuen. Ja, der Bedarf schließt die Versorgung des Bedarfes ein.

Ist nicht der Schlüssel eine Rechtfertigung für das Schloß? Ist nicht das Schloß eine Rechtfertigung für den Schlüssel? Sind nicht beide, Schloß und Schlüssel eine Rechtfertigung für die Tür?

Fallt nicht jedesmal dem Schmied lästig, wenn ihr einen Schlüssel verloren oder verlegt habt. Der Schmied hat seine Arbeit getan, und er hat sie gut getan, und man muß nicht immer wieder dieselbe Arbeit von ihm verlangen. Tut ihr eure Arbeit und laßt den Schmied in Ruhe, denn wenn er einmal mit eurer Arbeit fertig ist, muß er anderen Geschäften nachgehen. Entfernt den Gestank und Abfall aus eurem Gedächtnis, und ihr werdet sicherlich den Schlüssel finden.

Als Gott, der Unaussprechliche, euch aussprach, sprach Er sich selbst in euch aus. So seid auch ihr unaussprechlich.

Gott hat euch nicht mit einem Teil seiner selbst versehen – denn Er ist unteilbar, sondern Er hat euch alle mit seiner ganzen, unteilbaren, unaussprechlichen Göttlichkeit ausgestattet. Könnt ihr ein größeres Erbe verlangen? Und wer oder was kann euch daran hindern, es in Besitz zu nehmen, als eure eigene Ängstlichkeit und Blindheit?

Anstatt dankbar für ihr Erbe zu sein und sich zu bemühen, es in Besitz zu nehmen, möchten einige Menschen – die blinden Undankbaren – aus Gott eine Art Abfallgrube machen, um ihre Zahnschmerzen und ihre Leibschmerzen, ihre Handelsverluste, ihre Streitigkeiten, ihre Rachegedanken und ihre schlaflosen Nächte hineinzuwerfen.

Andere möchten Gott als ihre private Schatzkammer nutzen, wo sie immer, wenn sie es wünschen, alles zu finden hoffen, was sie sich an flittergoldenem Geschmeide dieser Welt erbeten haben.

Wieder andere möchten aus Gott eine Art persönlichen Buchhalter machen. Er muß nicht nur darüber Buch führen, was sie schulden und was die anderen ihnen schulden, sondern muß ebenso ihre Schulden einkassieren und immer einen reichlichen und anständigen Saldo zu ihren Gunsten ausweisen.

Ja, mannigfaltig und verschiedenartig sind die Aufgaben, welche die Menschen Gott abtreten. Aber wenige Menschen scheinen zu bedenken, daß, wenn Gott tatsächlich mit so vielen Aufgaben belastet wäre, Er sie alle allein ausführen würde und niemanden benötigte, um Ihn anzustacheln oder an seine Aufgaben zu erinnern.

Erinnert ihr Gott an die Stunden, da die Sonne aufgehen und der Mond untergehen muß?

Erinnert ihr Ihn an das Getreidekorn, das in jenem Feld zu keimen beginnt?

Erinnert ihr Ihn an die Spinne, die ihren meisterhaften Unterschlupf spinnt?

Erinnert ihr Ihn an die jungen Vögel in jenem Sperlingsnest?

Erinnert ihr Ihn an die unzählbaren Dinge, die dieses grenzenlose Universum füllen?

Warum prägt ihr euer winziges Selbst mit all seinen nichtigen Nöten Seinem Gedächtnis ein? Seid ihr in Seinen Augen weniger begünstigt als Sperlinge, Korn und Spinnen? Warum nehmt ihr nicht wie sie eure Gaben in Empfang und geht eurer Arbeit nach ohne Lärm, ohne Kniebeugen, ohne die Arme auszustrecken und ohne ängstlich nach dem morgigen Tag auszublicken?

Und wo ist Gott, daß ihr eure Grillen und Eitelkeiten, eure Lobpreisungen und Klagen in Sein Ohr schreien müßtet? Ist Er nicht in euch und überall um euch? Ist Sein Ohr nicht eurem Mund viel näher als eure Zunge dem Gaumen?

Für Gott ist es genug, daß ihr den Samen seiner Göttlichkeit besitzt. Wenn Gott, nachdem Er euch den Samen seiner Göttlichkeit gegeben hat, ihn pflegen müßte und nicht ihr, welche Verdienste hättet ihr dann? Und was wäre eure Lebensaufgabe? Und wenn ihr keine Arbeit zu verrichten hättet, sondern Gott sie für euch tun müßte, welchen Sinn hätte dann euer Leben? Welchen Vorteil hätten all eure Gebete?

Geht nicht mit euren zahllosen Sorgen und Hoffnungen zu Gott. Fleht Ihn nicht an, daß Er für euch die Türen öffnen soll, für die Er euch mit Schlüsseln versorgt hat. Durchsucht vielmehr die ungeheure Größe eures Herzens. Denn in diesem ungeheuer großen Herzen könnt ihr den Schlüssel für jede Tür finden. Und in der ungeheuren Größe eures Herzens findet ihr alle Dinge, nach denen ihr dürstet und hungert, ganz gleich, ob sie schlecht oder gut sind.

Ein mächtiges Heer ist euch zur Verfügung gestellt, um eure geringste Bitte zu erfüllen. Wenn es ordentlich ausgerüstet, klug in Zucht gehalten und furchtlos befehligt wird, kann es Ewigkeiten überspannen und alle Schranken vor dem Ziel hinwegfegen. Wenn es schlecht ausgerüstet und zuchtlos ist, furchtsam geführt wird, verursacht es entweder große Unruhe oder weicht vor dem kleinsten Widerstand eilig zurück und erhält eine schwere Niederlage.

Dieses Heer, ihr Mönche, besteht aus nichts anderem als aus den sehr kleinen roten Blutkörperchen, die nun ruhig durch eure Adern fließen. Jedes von ihnen ist ein Wunder an Kraft, jedes einzelne ist ein vollständiger und gewissenhafter Nachweis über euer ganzes Leben und über alles Leben in seinen verborgensten Einzelheiten.

Im Herzen versammelt sich dieses Heer, vom Herzen aus entfaltet es sich. Darum ist das Herz so berühmt und so geehrt. Aus dem Herzen quellen eure Tränen der Freude und des Schmerzes empor. Zum Herzen eilen eure Ängste vor Leben und Tod.

Eure Begierden und Wünsche bilden die Ausrüstung dieses Heeres. Euer Verstand ist der Zuchtmeister, euer Wille der Exerziermeister und Befehlshaber.

Wenn ihr fähig seid, euer Blut mit einem beherrschenden Wunsch auszurüsten, der alle anderen Wünsche zum Schweigen bringt und in den Schatten stellt, und einem herrschenden Gedanken die Disziplin anvertraut und einem herrschenden Willen die Ausbildung und Befehlsleitung übertragt, dann könnt ihr sicher sein, daß dieser Wunsch erfüllt wird.

Wie erlangt ein Heiliger die Heiligkeit, wenn er nicht seinen Blutstrom von jedem Wunsch und Gedanken, der nicht zur Heiligkeit paßt, reinigt und ihn dann mit einem unwandelbaren Willen darauf richtet, kein anderes Ziel als die Heiligkeit zu suchen?

Ich sage euch, daß jeder heilige Wunsch, jeder heilige Gedanke und jeder heilige Wille von Adam bis auf diesen Tag dem so auf Heiligkeit gerichteten Menschen zu Hilfe eilen. Denn überall suchen die Wasser das Meer, so wie die Lichtstrahlen die Sonne suchen.

Wie kann ein Mörder seine Absichten ausführen, wenn er nicht sein Blut zu einer wahnsinnigen Mordlust aufpeitscht und seine Zellen in dichten Reihen unter dem vom Mord beherrschten Gedanken anführt und ihnen dann mit einem rücksichtslosen Willen befiehlt, den tödlichen Schlag zu führen?

Ich sage euch, daß jeder Mörder, von Kain bis auf den heutigen Tag, unaufgefordert herbeieilen wird, um den Arm des so mordtrunkenen Menschen zu stärken und zu festigen. Denn überall vereinigen Raben sich mit Raben und Hyänen mit Hyänen.

Beten bedeutet daher, dem Blut einen herrschenden Wunsch, einen herrschenden Gedanken, einen herrschenden Willen einzuflößen. Das Selbst muß so abgestimmt werden, daß es in vollkommene Harmonie mit dem gelangt, um das ihr betet.

Die Atmosphäre dieses Planeten, die sich in allen Einzelheiten in euren Herzen widerspiegelt, ist angefüllt von umherschweifenden Erinnerungen an alle Dinge, bei denen sie seit ihrer Entstehung Zeuge war. Kein Wort oder keine Tat, keinen Wunsch oder Seufzer, keinen flüchtigen Gedanken oder vorüberziehenden Traum, keinen Atem von Mensch oder Tier, keinen Schatten, keine Illusion gibt es, die nicht bis auf den heutigen Tag ihre geheimnisvollen Bahnen darin ziehen und bis zum Ende der Zeit ziehen werden. Stimmt euer Herz auf irgend etwas davon ab, und es wird sicherlich herbeieilen, um die Saiten zu bespielen.

Ihr braucht weder Lippe noch Zunge zum Beten. Vielmehr braucht ihr ein stilles, wachsames Herz, einen herrschenden Wunsch, einen herrschenden Gedanken und vor allem einen herrschenden Willen, der weder zweifelt noch zögert. Denn Worte sind fruchtlos, wenn das Herz nicht in jeder Silbe anwesend und bewußt ist. Und wenn das Herz anwesend und bewußt ist, dann geht die Zunge lieber schlafen und versteckt sich hinter versiegelten Lippen.

Auch habt ihr keine Tempel zum Beten nötig. Wer in seinem Herzen keinen Tempel finden kann, der findet auch niemals sein Herz in irgendeinem Tempel.

Doch sage ich dieses nur zu euch und zu denen, die euch gleich sind, jedoch nicht zu jedem Menschen. Denn die meisten Menschen irren bis jetzt noch umher. Sie haben das Bedürfnis zu beten, aber sie kennen den Weg nicht. Sie können nur mit Worten beten, und sie können keine Worte finden, wenn sie ihnen nicht in den Mund gelegt werden. Sie sind hilflos und von Angst erfüllt, wenn sie die Weite ihrer Herzen durchsuchen sollen, werden aber innerhalb Tempelmauern und in einer Herde von Geschöpfen wie sie selbst ruhig und getröstet.

Laßt sie ihre Tempel errichten. Laßt sie ihre Gebete sprechen.

Aber euch und jedem Menschen rate ich, um Einsicht zu bitten. Wer nach etwas anderem als danach hungert, wird niemals gesättigt werden.

Erinnert euch daran, daß der Schlüssel zum Leben das schöpferische Wort ist. Der Schlüssel zum schöpferischen Wort ist die Liebe. Der Schlüssel zur Liebe ist die Einsicht. Füllt eure Herzen damit auf, und spart eurer Zunge die Mühe vieler Worte. Erspart eurem Verstand das Gewicht vieler Gebete, und befreit euer Herz von allen Bindungen an Götter, die euch mit einem Geschenk zum Sklaven machen wollen, die euch mit einer Hand liebkosen, nur um euch mit der anderen zu schlagen, die zufrieden und freundlich sind, wenn ihr sie lobt, aber zornig und rachedurstig, wenn ihr sie tadelt, die euch nicht hören, wenn ihr nicht ruft, und euch nichts geben, wenn ihr nicht bittet, und wenn sie euch gegeben haben, dieses nur allzu oft bedauern, deren Weihrauch eure Träne ist, deren Ruhm eure Schande ist.

Ja, befreit euer Herz von all diesen Göttern, damit ihr darin den einen Gott finden könnt, der euch für immer sättigt, wenn Er euch mit sich selbst erfüllt hat.

Bennoon: Einmal nennst du den Menschen allmächtig, dann stellst du ihn als einen Pflichtvergessenen hin. Du läßt uns bis jetzt immer noch im unklaren.

KAPITEL 14

Gespräch zwischen zwei Erzengeln und Gespräch zwischen zwei Erzdämonen bei der zeitlosen Geburt des Menschen

Mirdad: Bei der zeitlosen Geburt des Menschen hatten zwei Erzengel am oberen Pol des Universums das folgende Gespräch:

Es sagte der erste Erzengel: Ein wunderbares Kind wurde der Erde geboren, und die Erde strahlt im Licht.

Es sagte der zweite Erzengel: Ein glorreicher König wurde dem Himmel geboren, und der Himmel erzittert vor Freude.

Erster: Er ist die Frucht der Vereinigung zwischen Himmel und Erde.

Zweiter: Er ist die ewige Vereinigung: der Vater, die Mutter und das Kind.

Erster: In ihm ist die Erde erhöht.

Zweiter: In ihm ist der Himmel gerechtfertigt.

Erster: Der Tag schläft in seinen Augen.

Zweiter: Die Nacht wacht in seinem Herzen.

Erster: Seine Brust beherbergt viele Stürme.

Zweiter: Seine Kehle ist eine Tonleiter des Gesangs.

Erster: Seine Arme umspannen die Berge.

Zweiter: Seine Finger greifen nach den Sternen.

Erster: Meere toben in seinem Gebein.

Zweiter: Sonnen beschreiben ihre Bahn in seinen Adern.

Erster: Eine Schmiede und eine Gießform ist sein Mund.

Zweiter: Ein Hammer und ein Amboß seine Zunge.
Erster: Um seine Füße liegen die Ketten von morgen.
Zweiter: In seinem Herzen ist der Schlüssel zu diesen Ketten.
Erster: Aber die Wiege dieses Kindes ist der Staub.
Zweiter: Aber es ist eingewickelt in Ewigkeiten.
Erster: Wie Gott kennt es jedes Geheimnis der Zahlen. Wie Gott weiß es das Mysterium der Worte.
Zweiter: Alle Zahlen kennt es außer der heiligen Eins, welche die erste und die letzte ist. Alle Worte kennt es außer dem schöpferischen Wort, welches das erste und das letzte ist.
Erster: Jedoch wird es einmal die Zahl und das Wort kennen.
Zweiter: Nicht bevor seine Füße die jungfräulichen Gebiete des Raumes betreten haben, noch bevor es seine Augen über die öden Gewölbe der Zeit erhoben hat.
Erster: O wunderbar, zu wunderbar ist dieses Kind der Erde.
Zweiter: O glorreich, zu glorreich ist dieser König des Himmels.
Erster: Der Namenlose nannte ihn Mensch.
Zweiter: Und er nannte den Namenlosen Gott.
Erster: Mensch ist das Wort Gottes.
Zweiter: Gott ist das Wort des Menschen.
Erster: Glorie sei ihm, dessen Wort Mensch ist.
Zweiter: Glorie sei ihm, dessen Wort Gott ist.
Erster: Jetzt und in Ewigkeit.
Zweiter: Hier und überall.

So sprachen die beiden Erzengel am oberen Pol des Universums bei der zeitlosen Geburt des Menschen.

Zur gleichen Zeit hatten zwei Erzdämonen am unteren Pol des Universums das folgende Gespräch:

Es sagte der erste Erzdämon: Ein tapferer Kämpfer ist in unser Heer eingetreten. Mit seiner Hilfe werden wir siegen.

Es sagte der zweite Erzdämon: Ein jämmerlicher und winselnder Feigling, sage eher. Und Verrat lagert auf seiner Braue. Schrecklich ist er in seiner Feigheit und seinem Verrat.

Erster: Furchtlos und wild ist sein Auge.

Zweiter: Voller Tränen und mutlos ist sein Herz. Fürchterlich ist er in seiner Mutlosigkeit und seinen Tränen.

Erster: Scharf und beharrlich ist sein Verstand.

Zweiter: Träge und schwach ist sein Ohr. Gefährlich ist er in seiner Trägheit und in seinem Stumpfsinn.

Erster: Schnell und genau ist seine Hand.

Zweiter: Zögernd und langsam ist sein Fuß. Schrecklich ist seine Langsamkeit, und beunruhigend sein Zögern.

Erster: Unser Brot soll Stahl für seine Nerven sein, unser Wein Feuer für sein Blut.

Zweiter: Mit unseren Brotkästen wird er uns steinigen. Unsere Weinkrüge wird er auf unseren Köpfen zerschlagen.

Erster: Seine Gier nach unserem Brot und sein Durst nach unserem Wein werden sein Kampfwagen im Streit sein.

Zweiter: Mit unstillbarem Hunger und unlöschbarem Durst wird er unbesiegbar werden und einen Aufstand in unserem Lager erregen.

Erster: Aber der Tod wird sein Wagenlenker sein.

Zweiter: Mit dem Tod als Wagenlenker wird er unsterblich werden.

Erster: Wird der Tod ihn zu etwas anderem als zum Tod führen?

Zweiter: Ja, so müde wird der Tod von seinem anhaltenden Wimmern werden, daß er ihn schließlich in das Lager des Lebens fahren wird.

Erster: Wird denn der Tod ein Verräter des Todes werden?

Zweiter: Nein, das Leben wird dem Leben treu sein.

Erster: Seinen Gaumen werden wir mit seltenen und köstlichen Früchten reizen.

Zweiter: Er wird nach Früchten verlangen, die nicht auf diesem Pol gewachsen sind.

Erster: Seine Augen und seine Nase werden wir mit glänzenden und wohlriechenden Blumen verlocken.

Zweiter: Sein Auge wird andere Blumen suchen und seine Nase einen anderen Duft.

Erster: Wir werden seine Ohren mit süßen, aber fernen Melodien plagen.

Zweiter: Sein Ohr wird auf einen anderen Chor gerichtet sein.

Erster: Furcht wird ihn zu unserem Sklaven machen.

Zweiter: Hoffnung wird ihn vor Furcht bewahren.

Erster: Leid wird ihn uns unterwerfen.

Zweiter: Glaube wird ihn vom Leiden befreien.

Erster: Wir werden seinen Schlaf mit verwirrenden Träumen umhüllen und seinen Wachzustand mit rätselhaften Schatten bedecken.

Zweiter: Seine Vorstellungskraft wird die Rätsel auflösen und die Schatten verschwinden lassen.

Erster: Im übrigen können wir ihn zu den unsrigen zählen.

Zweiter: Zähle ihn zu den unsrigen, wenn du willst; aber zähle ihn auch zu unseren Gegnern.

Erster: Kann er denn gleichzeitig für uns und gegen uns sein?

Zweiter: Er ist ein einsamer Streiter auf dem Schlachtfeld. Sein einziger Gegner ist sein Schatten. Wohin der Schatten sich bewegt, dahin geht auch die Schlacht. Er ist für uns, wenn sein Schatten vor ihm ist. Er ist gegen uns, wenn sein Schatten hinter ihm ist.

Erster: Sollen wir ihn dann nicht für ewig mit seinem Rücken der Sonne zugekehrt halten?

Zweiter: Aber wer wird die Sonne für ewig in seinem Rücken halten?

Erster: Ein Rätsel ist dieser Kämpfer.

Zweiter: Ein Rätsel ist dieser Schatten.

Erster: Heil dem einsamen Ritter!

Zweiter: Heil dem einsamen Schatten!

Erster: Heil ihm, wenn er für uns ist!

Zweiter: Heil ihm, wenn er gegen uns ist!

Erster: Jetzt und in Ewigkeit.

Zweiter: Hier und überall.

So sprachen die beiden Erzdämonen am unteren Pol des Universums bei der zeitlosen Geburt des Menschen.

KAPITEL 15

Shamadam versucht, Mirdad aus der Arche zu verweisen. Der Meister spricht über Beleidigen und Beleidigtwerden und vom Erfassen der Welt in heiliger Einsicht

Naronda: Kaum hatte der Meister ausgesprochen, als die schwere Gestalt des Ältesten im Eingang des Adlerhorstes erschien und Luft und Licht auszusperren schien. Im gleichen Augenblick schoß mir der Gedanke durch den Kopf, daß die Gestalt am Eingang niemand anders als einer der beiden Erzdämonen war, von denen der Meister uns gerade erzählt hatte.

Die Augen des Ältesten sprühten Feuer, und sein Bart sträubte sich, als er auf den Meister zuging und ihn beim Arm packte in dem augenscheinlichen Versuch, ihn nach draußen zu zerren.

Shamadam: Ich habe soeben den fürchterlichen Abschaum deiner ekelhaften Gedanken gehört. Dein Mund ist eine Giftspritze! Deine Anwesenheit ist ein schlechtes Vorzeichen. Als Ältester dieser Arche befehle ich dir, noch in diesem Augenblick hinauszugehen.

Naronda: Obgleich der Meister schmächtig von Gestalt war, blieb er in vollkommener Ruhe stehen, als ob er ein Riese wäre und Shamadam nur ein Säugling. Sein Gleichmut war erstaunlich, als er Shamadam ansah und sagte:

Mirdad: Nur der hat die Macht, jemanden hinauszubefehlen, der die Macht hat, jemanden hereinzubitten. Hast du mich hereingebeten, Shamadam?

Shamadam: Dein erbärmlicher Zustand rührte mein Herz. Aus Mitleid ließ ich dich herein.

Mirdad: Meine Liebe wurde durch deinen erbärmlichen Zustand gerührt, Shamadam. Und siehe, ich bin hier, und mit mir ist meine Liebe. Aber ach, du bist weder hier noch da. Dein Schatten allein huscht hin und her. Und ich bin gekommen, um alle Schatten einzusammeln und sie in der Sonne zu verbrennen.

Shamadam: Ich war der Älteste dieser Arche lange, bevor dein Atem die Luft entweihte. Wie kann deine niederträchtige Zunge sagen, ich sei nicht hier?

Mirdad: Bevor diese Berge da waren, war Ich, und Ich werde sein, lange nachdem sie zu Staub zerfallen sind. Ich bin die Arche, der Altar und das Feuer. Ehe ihr nicht in mir geborgen seid, werdet ihr eine Beute des Sturms bleiben. Ehe ihr euch nicht vor mir opfert, werdet ihr nicht die Befreiung von den scharfen Messern der zahllosen Schlächter des Todes kennenlernen. Solange mein sanftes Feuer euch nicht verzehrt, werdet ihr Brennstoff für das grausame Feuer der Hölle sein.

Shamadam: Habt ihr das alle gehört? Habt ihr es nicht gehört? Helft mir, Gefährten! Laßt uns diesen gotteslästerlichen Betrüger in den Abgrund hinunterwerfen.

Naronda: Wieder stürzte Shamadam auf den Meister zu und packte ihn am Arm, um ihn hinauszuzerren. Aber der Meister wich weder zurück noch regte er sich; auch keiner der Gefährten machte die geringste Bewegung. Nach einer beklemmenden Stille fiel Shamadams Kopf auf seine Brust, und er schlich aus dem Adlerhorst hinaus, indem er vor sich hinmurmelte: »Ich bin der Älteste dieser Arche. Ich werde die mir durch Gott verliehene Autorität verteidigen.«

Der Meister dachte lange nach und wollte nicht sprechen. Aber Zamora konnte nicht länger schweigen.

Zamora: Shamadam hat unseren Meister beleidigt. Was willst du, Meister, das wir mit ihm tun sollen? Befiehl uns, und wir werden zuschlagen.

Mirdad: Betet für Shamadam, meine Gefährten. Das ist alles, was ich möchte. Betet, daß seine Augen entschleiert werden mögen und sein Schatten hinweggenommen wird. Es ist ebenso leicht, das Gute anzuziehen wie das Böse, ebenso leicht, sich auf die Liebe einzustellen wie auf den Haß.

Zieht aus dem grenzenlosen Raum, aus der ungeheuren Größe eurer Herzen Segnungen auf die Welt herab. Denn jeder Segen für die Welt ist für euch ein Segen.

Betet für das Wohl aller Geschöpfe. Denn jedes Gute für jedes Geschöpf ist euer Gutes, ebenso wie das Übel jedes Geschöpfes euer Übel ist.

Seid ihr nicht alle gleichsam bewegliche Sprossen der unendlichen Leiter des Seins? Wer in die Sphäre der heiligen Freiheit hinaufsteigen will, muß notgedrungen auf die Schultern der anderen steigen. Und sie wiederum müssen ihre Schultern zu Sprossen machen, auf denen andere hinaufsteigen.

Was ist Shamadam anderes als eine Sprosse der Leiter eures Seins? Wollt ihr nicht eure Leiter stark und sicher machen? Achtet daher auf jede Sprosse und haltet sie sicher und stark.

Was ist Shamadam anderes als ein Stein im Fundament eures Lebens? Und was seid ihr anderes als Steine in seinem Lebensgebäude und dem jeder anderen Kreatur? Sorgt dafür, daß Shamadam ein fehlerfreier Stein ist, wenn ihr euer Gebäude völlig fehlerfrei haben wollt. Seid selbst fehlerfrei, damit jene, in deren Leben ihr eingebaut werdet, ihr Gebäude ohne einen Fehler errichten.

Glaubt ihr, nur mit zwei Augen ausgerüstet zu sein? Ich sage euch, daß jedes sehende Auge, ob auf der Erde, über ihr oder unter ihr, eine Erweiterung eures eigenen Auges bedeutet. Soweit die Sicht eures Nachbarn klar ist, so weit ist auch eure Sicht klar. Soweit die Sicht eures Nachbarn getrübt ist, so weit ist eure Sicht ebenfalls getrübt.

In jedem Blinden seid ihr eines Augenpaares beraubt, das andernfalls eure Augen verstärken würde. Behütet das Sehvermögen eures Nachbarn, damit ihr selbst umso klarer sehen könnt. Behütet euer eigenes, damit euer Nachbar nicht stolpert und vielleicht eure eigene Tür versperrt.

Zamora denkt, Shamadam habe mich beleidigt. Wie kann Shamadams Unwissenheit meine Einsicht aus der Fassung bringen?

Ein trüber Bach kann leicht einen anderen Bach trüben. Aber kann ein trüber Bach das Meer trüben? Das Meer wird freudig den Schlamm aufnehmen und auf seinem Grund ausbreiten und dem Bach dafür klares Wasser zurückgeben.

Ihr könnt einen Quadratfuß der Erde, vielleicht eine Meile verunreinigen oder unfruchtbar machen. Aber wer kann die Erde verunreinigen oder unfruchtbar machen? Die Erde nimmt die Unreinheiten aller Menschen und Tiere an und gibt ihnen dafür süße Früchte, duftende Blumen und Getreide und Gräser im Überfluß.

Ein Schwert kann sicherlich das Fleisch verwunden. Aber kann es die Luft verwunden, wie scharf die Schneide und wie stark der Arm dahinter auch sei?

Es ist der Stolz des kleinen und beschränkten Selbstes, aus

blinder und gieriger Unwissenheit erzeugt, der beleidigen und beleidigt werden kann, der die Beleidigung mit einer Beleidigung rächen und den Schmutz mit Schmutz abwaschen will.

Die von Hoffart besessene Welt wird euch in ihrer Selbstbetäubung mit Kränkungen überhäufen. Sie wird die blutdürstigen Hetzhunde ihrer brüchigen Gesetze, ihrer verfaulten Glaubensbekenntnisse und modrigen Ehren auf euch loslassen. Sie wird euch zu Feinden der Ordnung und Vertretern des Chaos und des Verderbens erklären. Sie wird eure Straßen mit Schlingen bedecken und eure Betten mit Brennesseln versehen. Sie wird Verfluchungen in eure Ohren schreien und euch ihre Verachtung ins Gesicht speien.

Laßt dann euer Herz nicht schwach werden. Seid vielmehr weit und tief wie das Meer und segnet jene, die euch fluchen.

Seid großzügig und ruhig wie die Erde und verwandelt die Unreinheiten der Menschenherzen in reine Gesundheit und Schönheit.

Seid frei und nachgiebig wie die Luft. Das Schwert, das euch verwunden sollte, wird schließlich den Glanz verlieren und rosten. Der Arm, der euch verletzen wollte, wird schließlich müde und einhalten.

Die Welt, die euch nicht kennt, kann euch nicht erfassen. Darum wird sie euch knurrend empfangen. Aber ihr, die ihr die Welt kennt, könnt sie erfassen. Darum müßt ihr ihren Zorn mit Freundlichkeit besänftigen und ihre Verleumdung in liebevoller Einsicht ertränken. Und Einsicht wird den Kampf gewinnen.

So lehrte ich Noah.

So lehre ich euch.

Naronda: Daraufhin gingen die Sieben schweigend auseinander, denn wir hatten verstehen gelernt, daß stets, wenn der Meister mit diesen Worten endete: »So lehrte ich Noah«, es ein Zeichen war, daß er nicht weitersprechen wollte.

KAPITEL 16

Über Gläubiger und Schuldner. Was ist Geld? Rustidion wird von seiner Schuld der Arche gegenüber freigesprochen

Naronda: Eines Tages, als die Sieben und der Meister vom Adlerhorst in die Arche zurückkehrten, sahen sie, wie Shamadam am Tor ein Stück Papier über einem Mann schwenkte, der zu seinen Füßen gebeugt lag, und hörten, wie er mit zorniger Stimme sagte: »Deine Pflichtvergessenheit erschöpft meine Geduld. Ich kann nicht länger nachsichtig sein. Zahle jetzt oder verkomme im Gefängnis.«

Wir erkannten in dem Mann Rustidion, einen der vielen Pächter der Arche, welcher der Arche eine gewisse Summe Geld schuldig war. Er ging ebenso sehr unter der Armut gebückt wie unter der Last der Jahre; und er flehte den Ältesten an, ihm noch etwas Zeit zu lassen, um die Pacht zu bezahlen, da er unlängst seinen einzigen Sohn und seine einzige Kuh innerhalb einer Woche verloren habe und seine alte Frau infolgedessen einen Schlaganfall erlitt. Aber Shamadams Herz blieb ungerührt.

Der Meister ging auf Rustidion zu und sagte, indem er ihn sanft beim Arm nahm:

Mirdad: Steh auf, mein Rustidion. Auch du bist ein Ebenbild Gottes, und Gottes Ebenbild soll nicht gezwungen werden, sich vor einem Schatten zu beugen.

Dann wandte er sich an Shamadam: Zeige mir den Schuldschein.

Naronda: Shamadam, der einen Augenblick zuvor so wütend gewesen war, wurde zum Erstaunen aller folgsam wie ein Lamm und überreichte dem Meister demütig das Papier, welches der Meister nahm und lange genau prüfte, während Shamadam dumpf zusah und nichts sagte, als sei er gelähmt.

Mirdad: Kein Geldverleiher war der Gründer dieser Arche. Hinterließ er euch Geld, damit ihr es mit Wucherzins ausleiht? Hinterließ er euch Güter, um damit Handel zu treiben, oder Ländereien, um sie zu verpachten und ihren Ertrag zu horten? Vermachte er euch eurer Brüder Schweiß und Blut und vermachte er euch dann Gefängnisse für jene, deren Schweiß ihr bis zum letzten Tropfen ausgepreßt, deren Blut ihr bis zum letzten Tropfen ausgesogen habt?

Eine Arche, einen Altar und ein Licht hinterließ er euch – nichts mehr: Eine Arche, die sein lebendiger Körper ist, einen Altar, der sein unerschrockenes Herz ist, ein Licht, das sein brennender Glaube ist. Und diese befahl er euch, unangetastet und rein zu bewahren inmitten einer Welt, die nach der Pfeife des Todes tanzt und sich im Pfuhl der Ungerechtigkeit wälzt, weil sie keinen Glauben besitzt.

Damit die Sorge für den Körper euren Geist nicht ablenken kann, wurde euch erlaubt, von der Mildtätigkeit der Gläubigen zu leben. Und niemals, seit die Arche vom Stapel gelassen wurde, hat es einen Mangel an Mildtätigkeit gegeben.

Aber seht, diese Mildtätigkeit habt ihr nun in einen Fluch verwandelt, sowohl für euch selbst als auch für die Mildtätigen. Denn mit ihren eigenen Gaben unterjocht ihr die Geber. Ihr geißelt sie mit demselben Faden, den sie für euch spinnen. Ihr zieht sie nackt aus und nehmt ihnen das Tuch, das sie für euch weben. Ihr hungert sie mit eben dem Brot aus, das sie für euch backen. Ihr baut Gefängnisse für sie aus den Steinen, die sie für euch hauen und bearbeiten. Ihr macht Joche und Särge für sie aus dem Holz, das sie für eure Wärme schlagen. Ihren Schweiß und ihr eigenes Blut leiht ihr ihnen mit Wucherzins zurück.

Denn was ist Geld anderes als Schweiß und Blut der Menschen, welche von den Listigen in Scherflein und Münzen geschlagen werden, um damit die Menschen zu fesseln? Und was sind Reichtümer anderes als Schweiß und Blut der Menschen, von jenen gespeichert, die am wenigsten schwitzen und bluten, um damit die Rücken jener zu quälen, die am meisten schwitzen und bluten?

Wehe und nochmals wehe über die, welche ihr ganzes Sinnen und Trachten darauf richten und Tage und Nächte damit zubringen, Reichtümer zu sammeln! Denn sie wissen nicht, was sie sammeln.

Den Schweiß von Huren, Mördern und Dieben, den Schweiß von Schwindsüchtigen, Aussätzigen und Gelähmten, den Schweiß der Blinden und der Lahmen und der Verstümmelten mit dem des Ackermanns und seines Ochsen, und des Schafhirten und seiner Schafe, und dem des Schnitters und des Ährenlesers – das alles und noch viel mehr häufen die Sammler von Reichtümern auf.

Das Blut des Waisenkindes und des Verbrechers, des Gewaltherrschers und des Märtyrers, des Bösen und des Gerechten, des Räubers und des Beraubten, das Blut des Scharfrichters und derer, die er hinrichtet, das Blut der Blutegel und Betrüger und derer, die sie aussaugen und betrügen – das alles und noch viel mehr häufen die Sammler von Reichtümern auf.

Ja, wehe und nochmals wehe über die, deren Reichtümer und Handelsgüter aus Schweiß und Blut der Menschen entstehen! Denn Schweiß und Blut werden am Ende ihren Preis fordern. Und schrecklich wird dieser Preis sein und furchtbar die Eintreibung.

Ausleihen und noch dazu mit Zinsen! Das ist allerdings Undankbarkeit, die zu unverschämt ist, als daß sie verziehen werden kann.

Was habt ihr zum Ausleihen? Ist nicht sogar euer Leben ein Geschenk? Würde Gott euch für die geringste seiner Gaben Zinsen auferlegen, womit würdet ihr bezahlen?

Ist nicht diese Welt eine gemeinschaftliche Schatzkammer, in die jeder Mensch, jedes Ding alles, was sie haben, zum Unterhalt aller hineinträgt?

Leiht euch die Lerche ihren Gesang und der Frühling seine sprühenden Wasser?

Verleiht die Eiche ihren Schatten und die Palme ihre honigsüßen Datteln?

Gibt das Schaf euch seine Wolle und die Kuh ihre Milch gegen Zinsen?

Verkaufen die Wolken euch ihren Regen und die Sonne ihre Wärme und ihr Licht?

Was wäre euer Leben ohne diese Dinge und Myriaden anderer Dinge? Und wer von euch kann sagen, welcher Mensch, welches Ding am meisten und welches am wenigsten in die Schatzkammer der Welt hineingetragen hat?

Kannst du, Shamadam, Rustidions Beiträge zur Schatzkammer der Arche berechnen? Dennoch willst du ihm seine eigenen Beiträge wieder ausleihen – vielleicht nur einen geringen Teil davon – und ihn außerdem mit Zinsen belasten.

Dennoch würdest du ihn ins Gefängnis schicken und ihn dort verkommen lassen.

Wofür verlangst du Zinsen von Rustidion? Kannst du nicht sehen, wie vorteilhaft dein Lehen für ihn gewesen ist? Was für eine bessere Bezahlung willst du haben als einen toten Sohn, eine tote Kuh und eine gelähmte Frau? Was für höhere Zinsen kannst du fordern als diese so verschlissenen Lumpen auf einem so gebeugten Rücken?

Oh, reibe deine Augen, Shamadam! Wach auf, bevor auch von dir verlangt wird, deine Schulden mit Zinsen zu bezahlen und, wenn du es nicht kannst, du ins Gefängnis geworfen wirst, um dort zu verkommen.

Dasselbe sage ich zu euch allen, Gefährten: Reibt eure Augen und wacht auf.

Gebt, wenn ihr könnt, und alles, was ihr könnt. Aber leiht niemals aus, damit nicht alles, was ihr habt, auch euer Leben, ein Darlehen wird und das Darlehen plötzlich verfällt und ihr als zahlungsunfähig befunden und ins Gefängnis geworfen werdet.

Naronda: Der Meister blickte dann wieder auf das Papier in seiner Hand und zerriß es bedachtsam in Stücke, die er in den Wind streute. Dann wandte er sich an Himbal, den Schatzmeister, und sagte zu ihm:

Mirdad: Gib Rustidion, was er braucht, um sich zwei Kühe zu kaufen, und sorge für seine Frau und ihn selbst bis ans Ende ihrer Tage.

Und du, Rustidion, gehe hin in Frieden. Du bist von deiner Schuld befreit. Sorge dafür, daß du niemals ein Gläubiger wirst. Denn die Schuld dessen, der ausleiht, ist bei weitem größer und schwerer, als die Schuld dessen, der borgt.

KAPITEL 17

Shamadam nimmt in seinem Kampf gegen Mirdad Zuflucht zu Bestechung

Naronda: Viele Tage war der Vorfall mit Rustidion das wichtigste Thema in der Arche. Micayon, Micaster und Zamora lobten den Meister mit Eifer; Zamora sagte, daß es ihn schon beim Anblick und Berühren von Geld ekelte. Bennoon und Abimar sprachen sich ruhig dafür und dagegen aus. Dagegen schalt Himbal offen, indem er sagte, daß die Welt nie ohne Geld auskommen könne, und daß Reichtum Gottes gerechter Lohn für Sparsamkeit und Fleiß sei, ebenso wie Armut Gottes sichtbare Strafe für Faulheit und Verschwendungssucht sei, und daß bis zum Ende der Zeiten unter den Menschen Gläubiger und Schuldner sein würden.

Inzwischen war Shamadam geschäftig, sein Ansehen als Ältester wiederherzustellen. Eines Tages rief er mich zu sich und sprach zu mir in der Abgeschiedenheit seiner Zelle wie folgt:

»Du bist der Schreiber und Geschichtsforscher dieser Arche, und du bist der Sohn eines armen Mannes. Dein Vater hat kein Land, jedoch sieben Kinder und eine Frau, für die er arbeiten muß, um sie mit dem Allernötigsten versehen zu können. Verzeichne kein Wort über diesen unglücklichen Zwischenfall, damit sich nicht jene, die nach uns kommen werden, über Shamadam lustig machen. Wende dich ab von diesem ruchlosen Mirdad, und ich werde deinen Vater zu einem freien Grundbesitzer machen, seine Kornspeicher füllen und ihn mit Geld überhäufen.«

Darauf antwortete ich, daß Gott für meinen Vater und seine Familie viel besser sorgen würde, als Shamadam es jemals könne. Was Mirdad anbeträfe, so würde ich ihm als meinem Meister und Erlöser angehören und eher mein Leben preisgeben als ihn verlassen. Und was die Chronik der Arche beträfe, so würde ich sie in gutem Glauben und nach bestem Wissen und Können weiterführen.

Ich erfuhr später, daß Shamadam ähnliche Vorschläge jedem einzelnen der Gefährten gemacht hatte; aber wie erfolgreich sie waren, konnte ich nicht sagen. Es war jedoch auffallend, daß Himbal den Adlerhorst nicht mehr so beständig aufsuchte wie vorher.

KAPITEL 18

Mirdad errät den Tod von Himbals Vater und die damit verbundenen Umstände. Er spricht über den Tod. Die Zeit ist der größte Gaukler. Das Rad der Zeit, sein Radkranz und seine Achse

Naronda: Viel Wasser war die Berge hinunter ins Meer geflossen, als die Gefährten mit Ausnahme Himbals wieder einmal um den Meister im Adlerhorst versammelt waren. Der Meister sprach über den Allwillen. Aber plötzlich hielt er inne und sagte:

Mirdad: Himbal ist in Not und würde gern zu uns um Hilfe kommen, aber seine Füße sind zu beschämt, um ihn hierherzutragen. Geh hin und hilf ihm, Abimar.

Naronda: Abimar ging hinaus und kam bald mit Himbal zurück, der verzweifelt schluchzte und sehr unglücklich aussah.

Mirdad: Komm zu mir, Himbal. O Himbal, Himbal! Weil dein Vater gestorben ist, läßt du Traurigkeit an deinem Herzen nagen und dein Blut in Tränen verwandeln. Was würdest du tun, wenn deine ganze Familie stürbe? Was würdest du tun, wenn alle Väter und Mütter und alle Schwestern und Brüder aus dem Bereich deiner Hände und Augen verschwinden würden?

Himbal: Ach Meister! Mein Vater starb einen gewaltsamen Tod. Ein Stier, den er erst kürzlich gekauft hatte, durchbohrte gestern abend seinen Leib und zerschmetterte seinen Schädel. Es wurde mir gerade erst durch den Boten mitgeteilt. Weh ist mir. Oh, weh ist mir.

Mirdad: Er starb, so scheint es, gerade zu dem Zeitpunkt, als die Glücksgötter dieser Welt ihm zulächeln wollten.

Himbal: So ist es, Meister, genau so ist es.

Mirdad: Sein Tod schmerzt dich umso heftiger, weil der Stier von dem Geld gekauft wurde, das du ihm geschickt hattest.

Himbal: Es ist so, Meister. Es ist genau so. Du scheinst alles zu wissen.

Mirdad: Und dieses Geld war der Preis für deine Liebe zu Mirdad.

Naronda: Himbal konnte nicht weitersprechen, denn Tränen erstickten seine Stimme.

Mirdad: Dein Vater ist nicht tot, Himbal. Auch seine Form und sein Schatten sind noch nicht tot. Aber tot sind fürwahr deine Sinne für deines Vaters veränderte Form und seinen Schatten. Denn es gibt so feine Formen mit so schwachen Schatten, daß das grobe Auge des Menschen sie nicht wahrzunehmen vermag.

Der Schatten einer Zeder im Wald ist nicht dem Schatten der Zeder gleich, die zu einem Schiffsmast geworden ist oder zu einem Pfeiler in einem Tempel oder zu einem Galgengerüst. Auch ist der Schatten jener Zeder in der Sonne nicht der gleiche wie im Licht des Mondes oder der Sterne oder im purpurnen Morgennebel. Und doch lebt die Zeder, ganz gleich in welcher Umformung, weiter als Zeder, obwohl die Zedern im Wald sie nicht mehr als ihre Schwester von einst erkennen.

Kann eine Seidenraupe auf dem Blatt eine Schwester erkennen, die sich gerade in den silbernen Kokon einspinnt? Oder kann die letztere eine Schwester in dem fliegenden Seidenspinner sehen?

Kann ein Weizenkorn in der Erde seine Verwandtschaft mit dem Weizenhalm über der Erde erkennen?

Können die Dünste in der Luft oder die Wasser im Meer die Eiszapfen in einem Bergspalt als Geschwister erkennen?

Kann die Erde in einem Meteor, der ihr aus der Weite des Raumes zugeschleudert wurde, einen Schwester-Stern erkennen?

Kann die Eiche sich selbst in der Eichel sehen?

Weil dein Vater sich nun in einem Licht befindet, an das dein Auge nicht gewöhnt ist, und in einer Form, die du nicht erkennen kannst, behauptest du, daß dein Vater nicht mehr ist. Des Menschen stoffliches Selbst muß jedoch, ganz gleich wohin es auch gebracht und wie es auch verändert wird, stets einen Schatten werfen, bis es völlig im Licht des göttlichen Selbst des Menschen aufgelöst sein wird.

Ein Stück Holz, auch wenn es heute ein grüner Zweig auf einem Baum und morgen ein Kleiderhaken an einer Wand ist, bleibt weiter Holz und verändert sich in Form und Schatten, bis es durch das innere Feuer verzehrt wird. Ebenso wird der Mensch weiter ein Mensch sein, ganz gleich ob lebendig oder tot, bis der Gott in ihm ihn verzehrt; das bedeutet, bis er seine Einheit mit dem Einen versteht. Aber das kann nicht in dem kurzen Augenblick erfüllt werden, den die Menschen so gern als eine Lebenszeit bezeichnen.

Alle Zeit ist Lebenszeit, meine Gefährten. Es gibt keine Halte- und Anfangspunkte in der Zeit, noch gibt es da

Karawansereien, wo Reisende absteigen können, um sich zu erfrischen und auszuruhen.

Die Zeit ist ein zusammenhängendes Ganzes, das sich selbst überbrückt. Die Nachhut ist stets mit der Vorhut verbunden. Nichts hat ein Ende und wird in der Zeit verabschiedet; und nichts wird begonnen und beendet. Die Zeit ist ein Rad, das durch die Sinne erschaffen wurde und durch die Sinne in der Leere des Raumes zum Drehen gebracht wurde.

Ihr nehmt die verwirrende Veränderung der Jahreszeiten wahr und glaubt deshalb, daß alles der Veränderung unterworfen ist. Aber ihr gesteht gleichzeitig, daß die Kraft, welche die Jahreszeiten kommen und gehen läßt, immerwährend die gleiche ist.

Ihr nehmt das Wachstum der Dinge und deren Verfall wahr, und ihr erklärt verzagend, daß der Verfall das Ende aller wachsenden Dinge ist. Aber ihr gesteht ein, daß die Kraft, die Wachstum und Verfall hervorruft, selbst weder wächst noch verfällt.

Ihr nehmt die Geschwindigkeit des Windes im Verhältnis zur Brise wahr, und ihr sagt, daß der Wind bei weitem der schnellste ist. Aber trotzdem gebt ihr zu, daß der Beweger des Windes und der Beweger der Brise der gleiche ist und weder mit dem Wind dahinrauscht noch mit der Brise herumschlendert.

Wie leichtgläubig ihr seid! Wie schnell fallt ihr auf jeden Streich herein, den eure Sinne euch spielen! Wo ist eure Einbildungskraft? Denn damit allein könnt ihr erkennen, daß alle Veränderungen, die euch verwirren, nichts als ein Gaukelspiel sind.

Wie kann der Wind schneller sein als die Brise? Verhilft

nicht die Brise dem Wind zum Leben? Trägt nicht der Wind die Brise mit sich?

Ihr, die ihr über die Erde wandert, warum meßt ihr die Entfernungen, die ihr zurücklegt, in Schritten und in Meilen? Ob ihr nun langsam geht oder schnell, ihr werdet durch die Geschwindigkeit der Erde in die Räume und Regionen davongetragen, wohin die Erde ihrerseits getragen wird. Ist darum eure Gangart nicht die gleiche wie die Gangart der Erde? Wird nicht die Erde ihrerseits von anderen Körpern davongetragen, und gleicht ihre Geschwindigkeit nicht deren Geschwindigkeit?

Ja, das Langsame ist die Mutter des Schnellen. Das Schnelle ist der Träger des Langsamen. Das Schnelle und das Langsame sind an jedem Punkt in Zeit und Raum untrennbar.

Wie könnt ihr sagen, Wachstum ist Wachstum und Verfall ist Verfall, und das eine ist der Feind des anderen? Ist jemals etwas entstanden, das nicht aus etwas Verfallenem entstanden ist? Ist jemals etwas verfallen, das nicht aus etwas Wachsendem hervorgegangen ist?

Wachst ihr selbst nicht durch fortwährendes Verfallen? Verfallt ihr nicht durch fortwährendes Wachsen?

Sind nicht die Toten der Untergrund der Lebenden und die Lebenden die Kornkammern der Toten?

Wenn das Wachstum das Kind des Verfalls ist und der Verfall das Kind des Wachstums, wenn das Leben die Mutter des Todes ist und der Tod die Mutter des Lebens, dann müßten sie wahrlich eins sein an jedem Punkt in Zeit und Raum. Wahrlich müßte eure Freude am Lebenden und Wachsenden so töricht sein wie euer Kummer um Sterbendes und Verfallendes.

Wie könnt ihr sagen, daß nur der Herbst die Jahreszeit der Trauben ist? Ich sage, daß die Traube auch im Winter reif ist, wenn sie nur als schläfriger Saft unmerklich pulsiert und ihre Träume in der Rebe träumt, und auch im Frühling, wenn sie in zarten Büscheln von winzigen smaragdfarbenen Perlen hervorkommt, und auch im Sommer, wenn die Büschel sich ausbreiten und die Perlen anschwellen und ihre Wangen vom Gold der Sonne gefärbt werden.

Wenn jede Jahreszeit die anderen drei in sich trägt, dann wären wahrlich alle Jahreszeiten eins an jedem Punkt in Zeit und Raum. Ja, die Zeit ist der größte Gaukler, und die Menschen sind die größten Narren.

Fast wie das Eichhörnchen auf dem Rad wird der Mensch, der das Rad der Zeit in Bewegung gesetzt hat, so von der Bewegung gefesselt und getragen, daß er sich selbst nicht mehr als Beweger erkennt und auch nicht »die Zeit findet«, das Jagen der Zeit anzuhalten.

Fast wie die Katze, die ihre Zunge beim Lecken eines Schleifsteines blutig leckt und dabei meint, das aufgeleckte Blut komme aus dem Schleifstein, so leckt der Mensch sein eigenes, am Radkranz der Zeit vergossenes Blut auf und kaut bedächtig auf seinem eigenen, an den Speichen der Zeit zerrissenen Fleisch herum in der Meinung, es sei das Blut und das Fleisch der Zeit.

Das Rad der Zeit dreht sich in der Leere des Raumes. Auf dem Radkranz sind alle Dinge durch die Sinnesorgane erkennbar, die nicht in der Lage sind, außerhalb Zeit und Raum etwas zu erkennen. So erscheinen und verschwinden die Dinge andauernd. Was für den einen an einem bestimmten Punkt in Zeit und Raum verschwindet, erscheint für einen anderen an einem anderen Punkt. Was für den einen oben ist, ist für den anderen unten. Was für den einen Tag ist, ist für den anderen Nacht, entsprechend dem »Wann« und »Wo« des Zuschauers.

Eins ist die Straße des Lebens und des Todes, o Mönche, auf dem Kranz des Rades der Zeit. Denn Bewegung in einem Kreis kann niemals ein Ende erreichen noch sich jemals selbst erschöpfen. Alle Bewegung in der Welt ist eine Bewegung in einem Kreis.

Wird denn der Mensch sich niemals aus dem Kreislauf der Zeit befreien? Der Mensch wird es, weil er der Erbe von Gottes heiliger Freiheit ist.

Das Rad der Zeit dreht sich, aber seine Achse ist für immer in Ruhe. Gott ist die Achse des Rades der Zeit. Obwohl sich alle Dinge in Zeit und Raum um Ihn drehen, ist Er dennoch für immer zeitlos, raumlos und in Ruhe. Obwohl alle Dinge aus seinem Wort hervorgehen, ist dennoch sein Wort so zeitlos und raumlos wie Er selbst.

In der Achse ist alles in Frieden. Auf dem Radkranz ist alles in Aufruhr. Wo möchtet ihr lieber sein?

Ich sage euch: Zieht euch vom Radkranz der Zeit auf die Achse zurück und erspart euch selbst die Übelkeit der Bewegung. Laßt die Zeit sich um euch drehen; aber dreht ihr euch nicht mit in der Zeit.

KAPITEL 19

Logik und Glaube. Selbstverleugnung ist Selbstbehauptung. Wie das Rad der Zeit zum Stillstand gebracht werden kann. Weinen und Lachen

Bennoon: Vergebt mir, Meister. Aber eure Logik verwirrt mich mit ihrer Unlogik.

Mirdad: Das ist kein Wunder, Bennoon, du bist »der Richter« genannt worden. Du pflegst die Logik eines Falles zu untersuchen, bevor du ihn entscheiden kannst. Du bist nun so lange Richter gewesen und hast noch nicht herausgefunden, daß der einzige Gebrauch der Logik darin besteht, den Menschen von der Logik zu befreien und ihn zum Glauben zu führen, der weiter zur Einsicht führt?

Logik ist Unreife, die ihre Netze aus Altweibersommer webt mit dem Ziel, damit das Untier des Wissens zu fangen. Wenn die Logik mündig wird, erwürgt sie sich selbst in ihren Netzen und wird dann in Glauben umgewandelt, der das tiefere Wissen ist.

Logik ist eine Krücke für den Lahmen; aber eine Last für die Schnellfüßigen; und eine noch größere Last für die Beflügelten.

Logik ist Glaube im kindlichen Zustand. Glaube ist mündig gewordene Logik. Wenn deine Logik mündig wird, Bennoon, was bald der Fall sein wird, dann wirst du nicht länger von Logik sprechen.

Bennoon: Um uns vom Radkranz der Zeit in die Achse zurückzuziehen, müssen wir notgedrungen uns selbst verleugnen. Kann man sein eigenes Dasein verleugnen?

Mirdad: Dazu müßt ihr tatsächlich das Selbst verleugnen, das ein Spielzeug in den Händen der Zeit ist, und das Selbst behaupten, das gegen die Gaukeleien der Zeit geschützt ist.

Bennoon: Kann die Verleugnung des einen Selbstes die Behauptung eines anderen sein?

Mirdad: Ja, das Selbst verleugnen bedeutet, das Selbst behaupten. Wenn man der Veränderlichkeit gegenüber tot ist, dann ist man zur Unveränderlichkeit geboren. Die meisten Menschen leben, um zu sterben. Glücklich sind jene, die sterben, um zu leben.

Bennoon: Aber dem Menschen ist seine Identität lieb. Wie kann er in Gott versinken und sich dennoch seiner Identität bewußt sein?

Mirdad: Ist es ein Verlust für den Bach, sich in das Meer zu verlieren und sich so als Meer bewußt zu sein? Für den Menschen bedeutet das Verlieren seiner Identität nur das Verlieren seines Schattens und das Finden des schattenlosen Wesens seines Daseins.

Micaster: Wie kann der Mensch, ein Geschöpf der Zeit, sich aus dem Griff der Zeit befreien?

Mirdad: So wie der Tod euch vom Tod befreien und das Leben euch vom Leben erlösen wird, so wird die Zeit euch aus der Zeit entlassen.

Der Mensch wird der Veränderung so müde, daß alles in ihm sich nach etwas sehnen wird – und zwar mit unauslöschlicher Leidenschaft – das mächtiger ist als die Veränderung. Und sicherlich wird er es in sich selbst finden.

Glücklich sind jene, die sich sehnen, denn sie befinden sich bereits auf der Schwelle zur Freiheit. Diese suche ich, und für diese spreche ich. Habe ich euch nicht auserwählt, weil ich euer Rufen hörte?

Aber wehe denen, die in den Umdrehungen der Zeit mitschwingen und darin ihre Freiheit und ihren Frieden zu finden suchen. Kaum lachen sie über eine Geburt, da müssen sie schon wieder über den Tod weinen. Kaum sind sie gefüllt, da sind sie schon wieder leer. Kaum haben sie die Friedenstaube gefangen, da verwandelt sie sich in ihren Händen in einen Kriegsadler. Je mehr sie zu wissen glauben, je weniger wissen sie in Wahrheit. Je weiter sie vorrücken, umso weiter gehen sie zurück. Je höher sie steigen, umso tiefer fallen sie.

Für diese Menschen werden meine Worte wie verschwommenes und verwirrendes Gemurmel sein; wie Gebete in einem Irrenhaus werden sie sein, und wie Fackeln, die für Blinde angezündet sind. Erst wenn auch sie sich nach Freiheit sehnen, werden sie ihre Ohren für meine Worte öffnen.

Himbal (weinend): Nicht nur meine Ohren habt ihr geöffnet, Meister, sondern auch mein Herz. Vergebt dem tauben und blinden Himbal von gestern.

Mirdad: Hemme den Lauf deiner Tränen, Himbal. Eine Träne wird nicht zu einem Auge, das jenseits der Gebiete der Zeit und des Raumes nach Horizonten sucht.

Laßt jene, welche lachen, wenn sie von den listigen Fingern der Zeit gekitzelt werden, weinen, wenn ihre Haut von ihren Nägeln zerfetzt wird.

Laßt jene, welche im Glanz der Jugend tanzen und singen, über die Runzeln des Alters weinen und klagen.

Laßt die Spaßvögel auf dem Karneval der Zeit ihre Häupter bei ihren Begräbnissen mit Asche bedecken. Aber ihr müßt immer heiter sein. Sucht im Kaleidoskop der Veränderung nur das, was sich nicht verändert.

Nichts in der Zeit ist eine Träne wert. Nichts ist ein Lächeln wert. Ein lachendes Gesicht und ein weinendes Gesicht sind gleich unziemlich und verzerrt. Wollt ihr das Salz der Tränen vermeiden? Vermeidet dann die Verzerrungen des Lachens. Eine Träne wird, wenn sie sich verflüchtigt hat, zu einem Gekicher. Ein Gekicher wird, wenn es sich verdichtet, zu einer Träne.

Seid weder flüchtig bei der Freude noch verdichtet beim Schmerz, sondern seid heiter und gleichförmig bei beiden.

KAPITEL 20

Wohin gehen wir nach unserem Sterben? Über die Reue

Micaster: Meister, wohin gehen wir nach unserem Sterben?

Mirdad: Wo bist du nun, Micaster?

Micaster: Im Adlerhorst.

Mirdad: Glaubst du, daß dieser Adlerhorst groß genug ist, um dich zu enthalten? Glaubst du, daß diese Erde die einzige Heimat des Menschen ist?

Eure Körper werden, obwohl sie von Zeit und Raum umschlossen werden, von allem gebildet, was sich in Zeit und Raum befindet. Alles, was in euch von der Sonne stammt, lebt in der Sonne. Alles, was in euch von der Erde stammt, lebt in der Erde. Ebenso ist es mit allen anderen Himmelskörpern und den unerforschten Räumen dazwischen.

Die Törichten allein glauben gern, daß des Menschen einzige Wohnstatt die Erde sei und daß die Myriaden im Raum schwebenden Körper nur Verzierungen für die Wohnstatt des Menschen und Zerstreuungen für seine Augen sind.

Der Morgenstern, die Milchstraße, die Plejaden sind nicht weniger als die Erde Heimstätten für den Menschen. Jedesmal, wenn sie einen Strahl in sein Auge senden, heben sie ihn zu sich empor. Jedesmal, wenn er unter ihnen wandelt, zieht er sie zu sich herunter.

Alle Dinge sind im Menschen verkörpert, und der Mensch ist seinerseits in allen verkörpert. Das Universum ist nur ein einziger Körper. Verbinde dich mit seinem kleinsten Teilchen, und du verbindest dich mit allen.

Da ihr beständig sterbt, wenn ihr lebt, so lebt ihr beständig, wenn ihr tot seid, wenn nicht in diesem Körper, dann in igendeinem Körper einer anderen Form. Aber ihr lebt fortwährend in einem Körper, bis ihr in Gott aufgelöst seid, was bedeutet, bis ihr alle Veränderung überwindet.

Micaster: Kehren wir auf diese Erde zurück, wenn wir von Veränderung zu Veränderung reisen?

Mirdad: Das Gesetz der Zeit ist Wiederholung. Was einmal in der Zeit erschien, muß immer wieder erscheinen, die Abstände können beim Menschen lang oder kurz sein, je nach der Kraft, mit der der Mensch die Wiederholung begehrt und will.

Wenn ihr aus dem Kreislauf, der als Leben bekannt ist, hinübergeht in den als Tod bekannten Kreislauf und mit euch ungestillten Durst nach der Erde und unbefriedigten Hunger nach ihren Leidenschaften tragt, dann wird der Magnet der Erde euch an ihren Busen ziehen. Die Erde wird euch säugen und die Zeit euch entwöhnen Leben auf Leben und Tod auf Tod, bis ihr euch selbst für immer aus eigenem Willen und Entschluß entwöhnt.

Abimar: Hat unsere Erde auch Macht über euch, Meister? Denn ihr erscheint als einer der Unsrigen.

Mirdad: Ich komme, wann ich will, und ich gehe, wann ich will. Ich komme, um die Bewohner der Erde aus der Knechtschaft der Erde zu befreien.

Micayon: Ich möchte für immer der Erde entwöhnt sein. Wie kann ich das erreichen, Meister?

Mirdad: Dadurch, daß du die Erde und all ihre Kinder liebst. Wenn Liebe der einzige Rückstand all eurer Abrechnungen mit der Erde ist, dann wird euch die Erde aus ihrer Schuld entlassen.

Micayon: Aber Liebe ist Gebundenheit, und Gebundenheit ist Knechtschaft.

Mirdad: Nein, Liebe allein bedeutet Freiheit von Gebundenheit. Wenn ihr alles liebt, seid ihr an nichts gebunden.

Zamora: Kann man durch Liebe die Wiederholung seiner Vergehen gegen die Liebe vermeiden und so das Rad der Zeit anhalten?

Mirdad: Das könnt ihr durch die Reue erreichen. Ein Fluch, der eurer Zunge entschlüpfte, wird eine andere Wohnung suchen, wenn er zurückkommt und entdeckt, daß eure Zunge mit liebevollen Segnungen bedeckt ist. So wird die Liebe die Wiederholung jenes Fluches abwenden.

Ein wollüstiger Blick wird ein wollüstiges Auge suchen, wenn er zurückkehrt und entdeckt, daß das Mutterauge mit liebevollen Blicken bis an den Rand gefüllt ist. So wird die Liebe die Wiederholung des wollüstigen Blickes verhindern.

Ein boshafter Wunsch, der von einem boshaften Herzen ausgesandt wurde, wird anderswo ein Nest suchen, wenn er zurückkehrt und entdeckt, daß das Mutterherz übervoll ist von liebevollen Wünschen. So wird die Liebe die Wiedergeburt jenes boshaften Wunsches vereiteln. Das ist Reue.

Die Zeit kann euch nur mit Liebe antworten, wenn die Liebe als einziges in euch übriggeblieben ist. Wenn nur ein Ding an jedem Ort und zu jeder Zeit wiederholt wird, dann wird es beständig alle Zeit und allen Raum erfüllen und so beide vernichten.

Himbal: Aber da ist noch etwas, das mein Herz beunruhigt und meine Einsicht verdunkelt, Meister: Warum ist mein Vater gerade diesen Tod und keinen anderen gestorben?

KAPITEL 21

Der heilige All-Wille. Warum die Dinge geschehen, wie sie geschehen und wann sie geschehen

Mirdad: Wie seltsam, daß ihr, Kinder der Zeit und des Raumes, euch noch nicht bewußt geworden seid, daß die Zeit das universelle Gedächtnis ist, das auf den Tafeln des Raumes aufgezeichnet ist.

Wenn ihr, die ihr durch eure Sinnesorgane begrenzt seid, euch dennoch an bestimmte Dinge zwischen Geburt und Tod erinnern könnt, um wieviel mehr kann das die Zeit, die vor eurer Geburt war und unbegrenzt über euren Tod hinaus andauert?

Ich sage euch, daß die Zeit sich überhaupt an alles erinnert – nicht nur an das, von dem ihr eine lebhafte Erinnerung habt, sondern auch an alles, dessen ihr euch vollständig unbewußt seid.

Denn es gibt in der Zeit kein Vergessen, nein, nicht der geringsten Bewegung oder des leisesten Hauches oder der kürzesten Laune. Alles, was im Gedächtnis der Zeit aufbewahrt wird, ist tief in die Dinge des Raumes eingekerbt.

Sogar die Erde, über die ihr geht, die Luft, die ihr einatmet, die Häuser, in denen ihr wohnt, können euch sofort die kleinsten Einzelheiten aus der Chronik eures Lebens enthüllen, Vergangenes, Gegenwärtiges und Zukünftiges, wenn ihr nur die Ausdauer hättet, sie zu lesen, und den Scharfsinn, die Bedeutung zu erfassen.

Im Leben wie im Tod, auf der Erde wie auch jenseits der Erde seid ihr niemals allein, sondern in ständiger Gesellschaft der Dinge und Wesen, die teil an eurem Leben und Sterben haben, wie ihr Anteil an ihrem Leben und Sterben habt. Wie ihr teilhabt an ihnen, so haben sie teil an euch, und wie ihr sie sucht, so suchen sie euch.

Der Mensch hat Einfluß auf alles, und alle Dinge haben Einfluß auf den Menschen. Der Austausch geht ununterbrochen vonstatten. Aber ein erbärmlich schlechter Buchführer ist das mangelhafte Gedächtnis des Menschen. Nicht so das fehlerlose Gedächtnis der Zeit, das genau Buch führt über die Beziehungen des Menschen zu seinen Mitmenschen und allen anderen Wesen im Universum und ihn zwingt, jeden Augenblick seine Konten auszugleichen – Leben auf Leben und Tod auf Tod.

Ein Blitz würde niemals in ein Haus einschlagen, wenn das Haus ihn nicht selbst anzöge. Das Haus ist für seinen Einsturz ebenso verantwortlich wie der Blitz.

Ein Stier würde niemals einen Menschen aufspießen, wenn der Mensch ihn nicht dazu herausgefordert hätte. Und in Wahrheit ist der Mensch mehr für sein eigenes Blut verantwortlich als der Stier.

Der Ermordete wetzt den Dolch des Mörders, und beide führen den verhängnisvollen Streich aus. Der Beraubte gibt dem Räuber die Richtung an, und beide begehen den Raub.

Ja, der Mensch lädt sein eigenes Unglück ein und beschwert sich dann über die lästigen Gäste, weil er vergessen hat, wie, wann und wo er die Einladungen ausschrieb und versandte. Aber die Zeit vergißt es nicht; und die Zeit stellt zur rechten Zeit jede Einladung der richtigen Adresse zu; die Zeit führt jeden Eingeladenen zur Wohnung des Gastgebers.

Ich sage euch, protestiert nicht gegen irgendeinen Gast, ganz gleich, wer er ist, damit er seinen gekränkten Stolz nicht durch zu langes Verweilen rächt oder dadurch, daß er euch häufiger besucht, als er es anderswo für angebracht hält.

Seid freundlich und gastfrei zu all euren Gästen, wie auch ihre Miene und ihr Verhalten sein mag; denn sie sind in Wahrheit nur eure Gläubiger. Gebt insbesondere den Verrufenen noch mehr, als ihnen zusteht, damit sie dankbar und zufriedengestellt weggehen, und sollten sie euch nochmals besuchen, als Freunde und nicht als Gläubiger zurückkommen. Behandelt jeden Gast, als ob er ein Ehrengast sei, damit ihr sein Vertrauen gewinnt und die verborgenen Beweggründe seines Besuches erfahrt.

Nehmt ein Unglück an, als ob es ein Glück wäre. Denn ein einmal verstandenes Unglück ist bald in ein Glück verwandelt, während ein falsch verstandenes Glück schnell zu einem Unglück wird.

Ihr wählt eure Geburt und euren Tod, ebenso deren Zeit und Ort und Umstände – trotz eures eigensinnigen Gedächtnisses, das ein Netz aus Lügen ist, mit großen Löchern und Rissen.

Die sogenannten Weisen erklären, daß die Menschen in keiner Weise für ihre Geburt oder ihren Tod verantwortlich sind. Die Trägen, die aus der schmalen Augenhöhle auf Zeit und Raum schielen, möchten gern die meisten Ereignisse in Zeit und Raum als Zufälligkeiten abtun. Hütet euch vor ihrem Wahn und Betrug, meine Gefährten!

Es gibt keinen Zufall in Zeit und Raum, sondern alle Dinge sind durch den Allwillen geordnet, der weder in irgendeiner Sache irrt noch etwas übersieht.

So wie Regentropfen sich zu Quellen sammeln und Quellen überfließen und sich zu Bächen und kleinen Flüssen treffen, und kleine Flüsse und Bäche sich selbst als Zuflüsse zu den größeren Strömen anbieten, und mächtige Ströme ihre Wasser in die Meere tragen, und die Meere sich im noch größeren Ozean versammeln, so fließt jeder Wille jedes Geschöpfes, unbeseelt oder beseelt, als Zufluß in den Allwillen.

Ich sage euch, daß jedes Ding einen Willen hat. Sogar der Stein, der augenscheinlich so taub, stumm und leblos wirkt, ist nicht ohne einen Willen. Sonst würde er nicht bestehen, und er würde nichts anziehen, und nichts würde ihn anziehen. Sein Bewußtsein, Wollen und Sein mag sich in der Stärke von dem des Menschen unterscheiden, aber nicht in der Substanz.

Von wieviel Leben eines einzigen Tages könnt ihr in Wahrheit behaupten, ihr wäret euch dessen bewußt gewesen? In der Tat nur eines sehr kleinen Teils.

Wenn ihr, die ihr mit Verstand und Gedächtnis ausgerüstet seid, und mit den Mitteln, Gefühle und Gedanken aufzuschreiben, vom größeren Teil des Lebens eines einzelnen Tages euch unbewußt seid, warum wundert ihr euch dann, daß der Stein sich seines Lebens und Willens so unbewußt ist? Und so wie ihr lebt und euch so viel bewegt, ohne euch des Lebens und Bewegens bewußt zu sein, so wollt ihr auch so vieles, ohne euch des Wollens bewußt zu sein. Jedoch der Allwille ist sich eures Unbewußtseins und des jeden Geschöpfes im Universum bewußt.

Während er sich hingibt, so wie es sein Wunsch in jedem

Augenblick der Zeit und an jedem Punkt des Raumes ist, gibt der Allwille jedem Menschen und jedem Ding das zurück, was immer sie gewollt haben, nicht mehr, nicht weniger, ganz gleich, ob sie es bewußt oder unbewußt getan haben. Aber die Menschen, die das nicht wissen, sind nur zu oft erschreckt über das, was ihr Anteil aus dem alles enthaltenden Sack des Allwillens ist. Und die Menschen protestieren in Niedergeschlagenheit und machen das unbeständige Schicksal für ihre Bestürzung verantwortlich.

Nicht das Schicksal, ihr Mönche, ist unbeständig, denn Schicksal ist nur ein anderer Name für den Allwillen. Es ist des Menschen Wille, der bis jetzt noch zu unbeständig, zu launisch und zu unsicher in seiner Ausrichtung ist. Er stürzt heute nach Osten und morgen nach Westen. Hier stempelt er dieses Ding als etwas Gutes und dort brandmarkt er es als etwas Übles. Jetzt nimmt er diesen Menschen als Freund auf, nur um ihn später als Feind zu bekämpfen.

Euer Wille darf nicht unbeständig sein, meine Gefährten. Wißt, daß alle eure Beziehungen zu Dingen und Menschen bestimmt werden von dem, was ihr von ihnen wollt und sie von euch. Und was ihr von Menschen und Dingen wollt, bestimmt, was sie von euch wollen.

Deshalb sagte ich zuvor zu euch und sage es jetzt: Gebt acht darauf, wie ihr atmet und wie ihr sprecht, und was ihr wünscht, denkt und tut. Denn euer Wille ist sogar in jedem Atemzug verborgen, in jedem Wort, in jedem Wunsch und Gedanken und jeder Tat. Und was vor euch verborgen ist, ist immer dem Allwillen offenbar.

Wollt von niemandem eine Freude, die dem anderen ein Schmerz ist, damit eure Freude euch nicht mehr schmerzt als der Schmerz. Noch wollt von irgendeinem Ding etwas Gutes, das für das Betreffende etwas Übles ist, damit ihr nicht für euch selbst etwas Übles wollt.

Sondern wollt von allen Menschen und allen Dingen ihre Liebe; denn damit allein werden eure Schleier hinweggenommen und wird Einsicht in euren Herzen erwachen. Weiht so euren Willen in die wunderbaren Geheimnisse des Allwillens ein.

Ehe ihr euch nicht aller Dinge bewußt werdet, könnt ihr euch nicht ihres Willens in euch bewußt sein noch eures Willens in ihnen.

Ehe ihr euch nicht eures Willens in allen Dingen und ihres Willens in euch bewußt seid, könnt ihr nicht die Geheimnisse des Allwillens erkennen.

Ehe ihr nicht die Geheimnisse des Allwillens kennt, solltet ihr ihm nicht euren Willen entgegenstellen; denn ganz gewiß werdet ihr der Verlierer sein. Ihr werdet aus jeder Begegnung mit Narben bedeckt und von Bitterkeit erfüllt hervorgehen. Ihr wollt euch rächen und fügt doch nur neue Narben zu den alten und bringt den Becher der Bitterkeit zum Überfließen.

Ich sage euch: Nehmt den Allwillen an, wenn ihr die Niederlage in Sieg verwandeln wollt. Nehmt, ohne zu murren, alle Dinge an, die euch aus dem geheimnisvollen Sack zufallen; nehmt sie in Dankbarkeit und in dem Glauben an, daß sie euer gerechter und gebührender Anteil am Allwillen sind. Nehmt sie mit dem Willen an, ihren Wert und ihre Bedeutung zu verstehen. Denn wenn ihr erst die verborgenen Wege eures eigenen Willens versteht, dann versteht ihr auch den Allwillen.

Nehmt an, was ihr nicht versteht, damit es euch helfen kann, es verstehen zu lernen. Ärgert euch darüber, und es wird euch ein verwirrendes Rätsel bleiben.

Laßt euren Willen eine Magd beim Allwillen sein, bis die Einsicht den Allwillen zu einem Diener eures Willens macht.

So lehrte ich Noah.

So lehre ich euch.

KAPITEL 22

Mirdad befreit Zamora von seinem Geheimnis und spricht über Mann und Frau, Ehe und Ehelosigkeit und den Überwinder

Mirdad: Naronda, mein zuverlässiges Gedächtnis! Was sagen dir diese Lilien?

Naronda: Nichts, was ich hören kann, mein Meister.

Mirdad: Ich höre sie sagen: »Wir lieben Naronda und bieten ihm zum Zeichen unserer Liebe gern unsere wohlriechenden Seelen an.« Naronda, mein beständiges Herz, was sagen dir die Wasser in diesem Teich?

Naronda: Nichts, was ich hören kann, mein Meister.

Mirdad: Ich höre sie sagen: »Wir lieben Naronda, deshalb löschen wir seinen Durst und den Durst seiner geliebten Lilien.« Naronda, mein immer wachsames Auge! Was sagt dir dieser Tag mit allem, was er so zärtlich in seinen sonnendurchglühten Armen wiegt?

Naronda: Nichts, was ich hören kann, mein Meister.

Mirdad: Ich höre ihn sagen: »Ich liebe Naronda; darum wiege ich ihn mit all meinen anderen geliebten Kindern so sanft in meinen sonnendurchglühten Armen.« Ist Narondas Leben mit so viel zu lieben und geliebt zu werden darin nicht zu reich, als daß eitle Träume und Gedanken darin nisten und brüten können?

Wahrlich, der Mensch ist der Liebling des Universums. Alle Dinge sind froh, ihn verwöhnen zu können. Aber es gibt nur wenige Menschen, die durch ein solches Umhegtwerden nicht verdorben werden, und noch weniger Menschen, die nicht die Hände beißen, die sie verwöhnen.

Für den Unverdorbenen ist sogar ein Schlangenbiß ein liebevoller Kuß. Aber für den Verdorbenen ist sogar ein liebevoller Kuß ein Schlangenbiß. Ist es nicht so, Zamora?

Naronda: So sprach der Meister, als er, Zamora und ich an einem sonnigen Nachmittag ein Blumenbeet im Garten der Arche begossen. Zamora, der die ganze Zeit ziemlich zerstreut, niedergeschlagen und mutlos war, wurde gleichsam wachgerüttelt durch die Frage des Meisters und war sehr bestürzt.

Zamora: Wovon der Meister sagt, daß es wahr ist, das muß wahr sein.

Mirdad: Ist es in deinem Fall nicht wahr, Zamora? Bist du nicht durch viele liebevolle Küsse vergiftet worden? Wirst du jetzt nicht gequält in der Erinnerung an deine vergiftete Liebe?

Zamora (indem er sich zu des Meisters Füßen wirft und Tränen aus seinen Augen strömen): O Meister! Wie kindisch und vergeblich von mir oder irgendeinem Menschen, vor deinen Augen ein Geheimnis selbst in den tiefsten Schlupfwinkeln des Herzens zu verstecken!

Mirdad (Zamora aufrichtend): Wie kindisch und vergeblich, es selbst vor diesen Lilien zu verbergen!

Zamora: Ich weiß, daß mein Herz noch nicht rein ist, weil meine Träume aus der vergangenen Nacht unrein waren. Heute will ich mein Herz reinigen. Ich will es nackt ausbreiten vor euch, mein Meister; vor Naronda; vor diesen Lilien und den Regenwürmern, die um ihre Wurzeln kriechen. Ich will meine Seele von meinem niederschmetternden Geheimnis entlasten. Laßt diese sanfte Brise es zu jedem Geschöpf auf dieser Welt tragen.

Ich liebte ein Mädchen in meiner Jugend. Schöner als der Morgenstern war sie. Ihr Name war für meine Zunge bei weitem süßer als der Schlaf für meine Augenlider. Als ihr zu uns über das Gebet und den Blutstrom spracht, war ich – so glaubte ich – der erste, der die heilende Substanz eurer Worte in sich hineintrank. Denn Hoglahs Liebe – das war der Name des Mädchens – war der Herrscher meines Blutes, und ich wußte, was gut beherrschtes Blut vermochte.

Mit Hoglahs Liebe war die Ewigkeit mein. Ich trug sie wie einen Trauring. Und sogar den Tod zog ich an wie einen Panzer. Ich fühlte mich älter als alle vergangenen Tage und jünger als der letzte noch kommende morgige Tag. Meine Arme stützten die Himmel, und meine Füße trieben die Erde an, während in meinem Herzen viele lodernde Sonnen waren.

Aber Hoglah starb, und Zamora, der flammende Phönix, wurde zu einem Aschenhaufen, ohne daß ein neuer Phönix aus der kalten und leblosen Asche emporstieg. Zamora, der furchtlose Löwe, wurde ein verängstigter Hase. Zamora, die Säule des Himmels, wurde ein elendes Wrack in einem Pfuhl stehenden Wassers.

Ich rettete von Zamora, was ich konnte, und begab mich zu dieser Arche, um mich selbst lebendig in den Erinnerungen und Schatten der Sintflut zu begraben. Zu meinem Glück kam ich hier gerade an, als einer der Gefährten diese Welt verlassen hatte, und ich wurde aufgenommen.

Seit fünfzehn Jahren haben die Gefährten dieser Arche Zamora gesehen und gehört, aber Zamoras Geheimnis haben sie weder gehört noch gesehen. Vielleicht wissen die alten

Mauern und dunklen Gänge der Arche etwas davon. Vielleicht haben die Bäume, die Blumen und die Vögel in diesem Garten etwas davon gemerkt. Aber sicherlich können die Saiten meiner Harfe euch, o Meister, mehr von meiner Hoglah erzählen, als ich es kann.

Gerade begannen eure Worte, Zamoras Asche zu erwärmen und zu schüren, und ich war beinahe der Geburt des neuen Zamora gewiß, als Hoglah meine Träume besuchte, mein Blut in Brand setzte und mich an die nackten Felsen der Wirklichkeit dieses Tages schleuderte wie eine ausgebrannte Fackel, eine totgeborene Verzückung, einen Haufen lebloser Asche. O Hoglah, Hoglah!

Vergebt mir, Meister. Ich kann meine Tränen nicht zurückhalten. Kann Fleisch irgend etwas anderes sein als Fleisch? Habt Mitleid mit meinem Fleisch! Habt Mitleid mit Zamora.

Mirdad: Mitleid hat sogar Mitleid nötig. Mirdad hat keins. Aber Liebe im Überfluß hat Mirdad für alle Dinge, auch für das Fleisch und mehr noch für den Geist, der die gröbere Form des Fleisches nur deshalb annimmt, um es zu seiner eigenen Formlosigkeit zu verschmelzen. Mirdads Liebe wird Zamora aus seiner Asche erheben und ihn zu einem Überwinder machen. Denn ich verkündige den Überwinder – den einsgewordenen Menschen und Meister über sich selbst.

Der durch die Liebe zu einer Frau gefangene Mann und die durch die Liebe zu einem Mann gefangene Frau sind gleichermaßen ungeeignet für die kostbare Krone der Freiheit. Aber der Mann und die Frau, die durch die Liebe ein Wesen geworden sind, unzertrennlich, nicht zu unterscheiden, sind wahrlich zu diesem Lohn berechtigt.

Nicht das ist Liebe, die den Liebenden unterjocht. Nicht

das ist Liebe, die sich von Fleisch und Blut ernährt. Nicht das ist Liebe, welche die Frau zum Mann hinzieht, nur, um noch mehr Frauen und noch mehr Männer zu erzeugen und dadurch die Knechtschaft im Fleisch fortzusetzen.

Den Überwinder verkündige ich – den Phönix-Menschen, der zu frei ist, um nur Mann zu sein, zu veredelt, um nur Frau zu sein.

So wie in den dichteren Sphären des Lebens Mann und Frau eins sind, so sind sie es in den dünneren Sphären des Lebens. Der Zwischenraum ist nur ein Abschnitt der Ewigkeit, der von der Illusion der Dualität beherrscht wird. Jene, die weder vor- noch zurückblicken können, sind der Meinung, daß dieser Abschnitt der Ewigkeit selbst die Ewigkeit ist. Sie klammern sich an den Wahn der Dualität, als ob diese des Lebens innerster Kern und Inhalt sei, und wissen nicht, daß das Gesetz des Lebens die Einheit ist.

Eine Stufe in der Zeit ist die Dualität. So wie sie aus der Einheit hervorgeht, so führt sie wieder zur Einheit zurück. Je schneller ihr dieses Stadium durchquert, je eher erreicht ihr die Freiheit.

Was sind Mann und Frau anderes als der eine Mensch, der sich seiner Einheit unbewußt ist und so entzweigespalten und gezwungen ist, die bittere Galle der Dualität zu schlucken, daß er sich nach dem Nektar der Einheit sehnen kann, und im Sehnen sie mit einem festen Willen sucht, sie im Suchen findet und im Bewußtsein ihrer vortrefflichen Freiheit besitzt?

Laßt den Hengst nach der Stute wiehern und die Hindin nach dem Bock rufen. Die Natur selbst spornt sie an und segnet und begrüßt ihre Tat; denn vorerst kennen sie keine höhere Bestimmung als die Instandhaltung ihrer Art.

Laßt Männer und Frauen, die noch nicht weit vom Dasein des Hengstes und der Stute, des Bockes und der Hindin entfernt sind, einander in der dunklen Abgeschiedenheit des Fleisches suchen. Laßt sie die Zügellosigkeit des Schlafzimmers mit den Zügeln der Ehe verbinden. Laßt sie ihre Freude an der Fruchtbarkeit und Trächtigkeit ihrer Leiber haben. Laßt sie ihre Art fortpflanzen. Die Natur selbst freut sich, wenn sie ihr Pate und ihre Hebamme sein kann; und sie bereitet ihnen Betten aus Rosen und vergißt auch nicht die Dornen.

Die suchenden Männer und Frauen müssen jedoch ihre Einheit verwirklichen, gerade während sie noch im Fleisch sind, nicht durch die Gemeinschaft des Fleisches, sondern durch den Willen zur Befreiung aus dem Fleisch und all den Behinderungen auf ihrem Weg zur vollkommenen Einheit und heiligen Einsicht.

Man hört die Menschen so oft von der »menschlichen Natur« sprechen, als ob sie ein starres Element sei, genau bemessen und bestimmt, erschöpfend erforscht und auf allen Seiten fest umgrenzt von etwas, das man das Geschlecht nennt.

»Die geschlechtlichen Leidenschaften zu befriedigen, ist die menschliche Natur. Aber ihren heftigen Sturm zu zügeln und ihn als Mittel zur Überwindung des Geschlechtes zu benutzen, ist entschieden gegen die menschliche Natur und führt schließlich zu Leiden.« So sagen sie. Hört nicht auf ihr Geschwätz!

Zu ausgedehnt ist der Mensch und zu unwägbar seine Natur. Zu verschieden sind seine Talente und zu unerschöpflich seine Kräfte. Hütet euch vor denen, die versuchen, ihm Grenzen zu setzen.

Das Fleisch fordert sicherlich vom Menschen einen schweren Tribut. Aber er zahlt ihn nur für eine gewisse Zeit. Wer von euch möchte in aller Ewigkeit ein Lehnsmann sein? Welcher Lehnsmann träumt nicht davon, das Joch seines Fürsten abzuwerfen und sich dann von der Tributzahlung zu befreien?

Der Mensch wurde nicht dazu geboren, ein Lehnsmann zu sein, auch nicht der seines Menschseins. Der Mensch sehnt sich immer nach Freiheit von der Lehnsherrschaft jeglicher Art. Und er wird der Freiheit sicherlich teilhaftig werden.

Was ist eine Blutsverwandtschaft für einen Menschen, der überwinden will? Eine Bindung, die mit dem Willen zerbrochen werden muß.

Der Überwinder fühlt sein Blut mit allem Blut verwandt. Deshalb ist er an keines gebunden.

Laßt die Nichtsucher ihre Rasse fortpflanzen. Die Sucher haben eine andere Rasse zu verbreiten: nämlich die Rasse der Überwinder.

Die Rasse der Überwinder wird nicht durch die Geschlechtsorgane hervorgebracht. Vielmehr steigt sie aus keuschen Herzen auf, deren Blut durch einen unerschrockenen Willen zur Überwindung befehligt wird.

Ich weiß, daß ihr und viele andere gleich euch auf der ganzen Welt das Gelübde der Keuschheit abgelegt habt. Trotzdem seid ihr weit davon entfernt, keusch zu sein, wie Zamoras Traum der letzten Nacht beweist.

Nicht jene sind keusch, die klösterliche Tracht angelegt und sich selbst hinter dicken Mauern und massiven Eisentoren eingeschlossen haben. Mancher Mönch und manche Nonne sind unzüchtiger als die Unzüchtigsten, obwohl ihr Fleisch ganz wahrheitsgemäß beschwören kann, daß es sich niemals mit anderem Fleisch verbunden hat. Sondern keusch sind jene, deren Herzen und Häupter keusch sind, ob sie sich nun in Klöstern oder auf öffentlichen Marktplätzen aufhalten.

Verehrt die Frau, meine Gefährten, und heiligt sie – nicht als die Mutter der Rasse noch als Gattin oder Geliebte, sondern als die Zwillingsgestalt des Mannes und seine ebenbürtige Teilhaberin an den langen Mühen und Leiden des zweifachen Lebens. Denn ohne sie kann der Mann nicht das Gebiet der Dualität durchschreiten. Er wird in ihr seine Einheit finden, und sie wird in ihm ihre Freiheit von der Dualität finden. Die beiden werden zu gegebener Zeit eins werden, nämlich der Überwinder, der weder Mann noch Frau ist: der vollkommene Mensch.

Den Überwinder verkündige ich euch, den einsgewordenen Menschen und Meister über sich selbst. Jeder von euch wird ein Überwinder geworden sein, ehe Mirdad sich aus eurer Mitte erhebt.

Zamora: Es betrübt mein Herz, euch von eurem Fortgehen sprechen zu hören. Wenn jemals der Tag kommt, daß wir euch suchen und nicht finden, dann wird Zamora seinem Leben bestimmt ein Ende bereiten.

Mirdad: Du kannst viele Dinge wollen, Zamora, du kannst alle Dinge wollen. Aber eines kannst du nicht wollen, und das ist, deinem Willen ein Ende zu setzen, welcher der Wille des Lebens ist, der Allwille. Denn das Leben, welches das Sein ist, kann niemals sein eigenes Nicht-Sein wollen, noch kann das Nicht-Sein einen Willen haben. Nein, nicht einmal Gott kann Zamora ein Ende bereiten.

Und was mein Fortgehen von euch anbetrifft, so wird gewiß der Tag kommen, an dem ihr mich im Fleisch sucht und nicht findet. Denn ich habe außerhalb dieser Erde Arbeit zu verrichten. Aber nirgendwo lasse ich meine Arbeit unvollendet zurück. Seid daher guten Mutes. Mirdad wird nicht von euch scheiden, bevor er euch zu Überwindern gemacht hat: zu einsgewordenen Menschen und vollkommenen Meistern über sich selbst.

Wenn ihr die Meisterschaft über euer Selbst und die Einheit erlangt habt, dann werdet ihr Mirdad als ständigen Bewohner in euren Herzen finden, und sein Name wird niemals seinen Glanz in eurem Gedächtnis verlieren.

So lehrte ich Noah.

So lehre ich euch.

KAPITEL 23

Mirdad heilt Sim-Sim und spricht über das Alter

Naronda: Sim-Sim, die älteste Kuh in den Ställen der Arche, war seit fünf Tagen krank und rührte weder Futter noch Wasser an. Shamadam ließ einen Schlachter holen, da er es für klüger hielt, die Kuh zu schlachten und Nutzen aus dem Verkauf ihres Fleisches und ihrer Haut zu ziehen, als sie sterben zu lassen und nichts mehr für sie zu bekommen.

Als der Meister davon hörte, wurde er sehr nachdenklich und eilte geradewegs in den Stall und zu Sim-Sims Stand. Die Sieben folgten ihm auf dem Fuße.

Sim-Sim stand traurig und fast bewegungslos, mit hängendem Kopf, halbgeschlossenen Augen und gesträubtem, glanzlosem Fell da. Ab und zu bewegte sie kaum merklich ein Ohr, um eine lästige Fliege zu vertreiben. Ihr großes Euter hing schlaff und leer zwischen ihren Schenkeln; denn Sim-Sim waren gegen Ende ihres langen und fruchtbaren Lebens die süßen Schmerzen der Mutterschaft versagt. Ihre Hüftknochen sprangen grimmig und verlassen wie zwei Grabsteine vor. Ihre Rippen und Rückenwirbel konnte man leicht zählen. Ihr langer, dünner Schwanz mit seinem schweren Haarbüschel am Ende hing starr und steif herunter.

Der Meister näherte sich dem kranken Tier und fing an, es zwischen den Hörnern, den Augen und unter dem Kinn zu streicheln. Manchmal ließ er seine Hand über Rücken und Bauch gleiten, während er die ganze Zeit mit ihr sprach, wie man zu einem menschlichen Wesen sprechen würde:

Mirdad: Warum kaust du nicht wieder, meine freigebige Sim-Sim? So viel hat Sim-Sim gegeben, daß sie vergaß, sich selbst etwas zum Wiederkäuen übrigzulassen. Und viel hat Sim-Sim noch zu geben. Ihre schneeweiße Milch läuft bis auf den heutigen Tag purpurrot durch unsere Adern. Ihre kräftigen Kälber ziehen schwere Pflüge durch unsere Felder und helfen uns so, manchen hungrigen Mund zu sättigen. Ihre anmutigen Rinder füllen unsere Weiden mit ihren Jungen. Sogar ihr Abfall schmückt unsere Tafel mit saftigen Gemüsen aus dem Garten und köstlichen Früchten von den Obstbäumen.

Unsere Schluchten erklingen und hallen noch wider von dem starken Gebrüll unserer guten Sim-Sim. Unsere Quellen spiegeln noch ihr gütiges und liebliches Gesicht wider. Unser Boden hütet und bewacht noch gewissenhaft die unauslöschlichen Abdrücke ihrer Hufe.

Allzu froh sind unsere Gräser, Sim-Sim zu füttern. Allzu erfreut ist unsere Sonne, sie zu liebkosen. Allzu glücklich sind unsere Brisen, über ihr weiches und glänzendes Fell zu gleiten. Nur zu dankbar ist Mirdad, daß er sie durch die Wüste des Alters hindurchführen und ihr Führer zu anderen Weiden im Land anderer Sonnen und Brisen sein kann.

Viel hat Sim-Sim gegeben, und viel hat sie genommen; aber noch mehr hat Sim-Sim zu geben und zu nehmen.

Micaster: Kann Sim-Sim eure Worte verstehen, daß ihr zu ihr sprecht, als ob sie einen menschlichen Verstand hätte?

Mirdad: Es ist nicht das Wort, das zählt, mein guter Micaster. Es ist das, was in dem Wort vibriert. Und dafür ist sogar ein Tier empfänglich. Außerdem sehe ich aus dem sanftmütigen Auge Sim-Sims eine Frau auf mich blicken.

Micaster: Was für einen Sinn hat es, so zu der alten sterbenden Sim-Sim zu sprechen? Hofft ihr, dadurch die Verwüstungen des Alters aufzuhalten und Sim-Sims Tage zu verlängern?

Mirdad: Eine fürchterliche Last ist das Alter, sowohl für den Menschen als auch für das Tier. Und die Menschen haben es doppelt so schlimm gemacht durch ihre nachlässige Grausamkeit. An ein soeben geborenes Kind verschwenden sie ihre äußerste Sorge und Zuneigung. Aber für einen Menschen, der die Last des Alters trägt, haben sie mehr Gleichgültigkeit als Sorge, und mehr Widerwillen als Mitgefühl. Sie können es in ihrer Ungeduld genau so wenig erwarten, einen Säugling zum Mann heranwachsen wie einen alten Mann vom Grab verschlungen zu sehen.

Die ganz Jungen und die ganz Alten sind gleichermaßen hilflos. Aber die Hilflosigkeit der Jungen ruft die liebevolle, opferbereite Hilfe aller auf, während die Hilflosigkeit der Alten nur auf Befehl die widerwillige Hilfe weniger erhält. In Wahrheit verdienen die Alten mehr Mitgefühl als die Jungen.

Wenn das Wort langsam und laut gesprochen werden muß, um Zugang zu einem Ohr zu finden, das einst empfindsam und flink für das leiseste Flüstern war,

wenn das einst klare Auge ein Tanzboden für die seltsamsten Flecken und Schatten wird,

wenn der einst beflügelte Fuß ein Bleiklumpen und die Hand, die einst das Leben formte, eine zerbrochene Form wird,

wenn das Knie aus dem Gelenk gesprungen ist und der Kopf wie eine Marionette auf dem Hals schaukelt, wenn die Mühlsteine herausgefallen sind und die Mühle selbst eine eingefallene Höhle geworden ist,

wenn das Aufstehen bedeutet, vor Furcht zu schwitzen, wieder hinzufallen, und das Sitzen mit dem schmerzvollen Zweifel verbunden ist, vielleicht nie mehr aufstehen zu können,

wenn Essen und Trinken immer mit der Furcht vor den Folgen des Essens und Trinkens verbunden ist, aber nicht mehr essen und trinken das Heranpirschen des verhaßten Todes bedeutet,

ja, wenn das Alter über einen Menschen gekommen ist, dann ist die Zeit gekommen, meine Gefährten, ihm Ohren und Augen zu ersetzen, ihm Hände und Füße zu geben und seine abnehmenden Kräfte mit Liebe aufzufrischen, um ihm das Gefühl zu schenken, daß er in seinen welkenden Jahren dem Leben nicht weniger bedeutet als in seiner wachsenden Kindheit und Jugend.

Achtzig Jahre mögen nicht mehr als ein Augenzwinkern in der Ewigkeit sein. Aber ein Mensch, der sich achtzig Jahre lang ausgegeben hat, ist viel mehr als ein Augenzwinkern. Er ist Nahrung für alle, die aus seinem Leben ernten. Und aus welchem Leben wird nicht von allen geerntet?

Erntet ihr nicht auch in diesem Augenblick aus dem Leben jedes Mannes und jeder Frau, die jemals über diese Erde gegangen sind? Was ist eure Sprache anderes als die Ernte aus ihrer Sprache? Was sind eure Gedanken anderes als die Nachlese ihrer Gedanken? Eure eigenen Kleider und Wohnungen, eure Nahrung, eure Werkzeuge, eure Gesetze, eure Überlieferungen und Gebräuche, sind sie nicht die Kleider, die Wohnungen, die Nahrung, die Werkzeuge, die Gesetze, die Uberlieferungen und Gebräuche jener, die vor euch gewesen und gestorben sind?

Nicht nur ein Ding erntet ihr zu einer Zeit, sondern alle Dinge und zu allen Zeiten! Ihr seid der Sämann, die Ernte, die Schnitter, das Feld und der Dreschboden. Wenn eure Ernte armselig ist, schaut euch den Samen an, den ihr in anderen gesät habt, und den Samen, den ihr ihnen erlaubt habt, in euch zu säen. Schaut euch ebenso den Schnitter und seine Sichel an, und das Feld und den Dreschboden.

Ein alter Mann, dessen Leben ihr geerntet und in Vorratskammern geborgen habt, ist sicherlich eurer äußersten Fürsorge würdig. Solltet ihr mit Gleichgültigkeit seine Jahre verbittern, die noch reich an Dingen sind, die geerntet werden können, dann wird das, was ihr von ihm eingesammelt und geborgen habt, und das, was ihr noch einsammeln werdet, sicherlich in eurem Mund bitter sein. So ist es auch mit einem alt werdenden Tier.

Es ist nicht recht, von der Ernte Nutzen zu ziehen, und dann den Sämann und das Feld zu verfluchen.

Seid freundlich zu den Menschen jeder Rasse und Zone, meine Gefährten. Sie sind die Nahrung auf eurer Reise zu Gott. Aber seid ganz besonders freundlich zu den Menschen in ihren alten Tagen, damit nicht durch Unfreundlichkeit eure Nahrung verdorben wird und ihr das Ziel eurer Reise niemals erreicht.

Seid freundlich zu den Tieren jeder Art und jeden Alters. Sie sind eure stummen, aber sehr treuen Helfer bei den langen und schwierigen Vorbereitungen für die Reise. Aber seid besonders freundlich zu den Tieren, wenn sie alt sind, damit nicht durch eure Herzenshärte ihre Treue in Untreue und ihre

Hilfe in eine Behinderung umgewandelt wird. Es ist eine arge Undankbarkeit, aus Sim-Sims Milch Vorteil zu ziehen und, wenn sie keine mehr geben kann, das Schlachtmesser an ihren Hals zu legen.

Naronda: Kaum hatte der Meister seine Worte beendet, als Shamadam mit dem Schlachter hereinkam. Der Schlachter ging sogleich auf Sim-Sim zu. Kaum hatte er sie gesehen, als wir hörten, wie er in fröhlichem Spott ausrief: »Wie könnt ihr sagen, daß diese Kuh krank sei und im Sterben liege? Sie ist gesünder als ich, abgesehen davon, daß sie ausgehungert ist – das arme Tier – und ich nicht. Gebt ihr zu fressen.«

Groß war in der Tat unser Erstaunen, als wir Sim-Sim anschauten und sie wiederkäuen sahen. Sogar Shamadams Herz wurde weich, und er ordnete an, daß die beste und köstlichste Kuhnahrung für Sim-Sim gebracht würde. Und Sim-Sim fraß mit Appetit.

KAPITEL 24

Ist es erlaubt zu töten, um zu essen?

Als Shamadam und der Schlachter fortgegangen waren, fragte Micayon den Meister:

Micayon: Meister, ist es nicht erlaubt zu töten, um zu essen?

Mirdad: Sich vom Tod zu ernähren, heißt, Nahrung für den Tod zu werden. Wer vom Schmerz anderer lebt, wird eine Beute des Schmerzes werden. So hat der Allwille es bestimmt. Wisse das und wähle deinen Weg, Micayon!

Micayon: Wenn ich die Wahl hätte, würde ich wählen, wie ein Phönix vom Aroma der Dinge zu leben, nicht von ihrem Fleisch.

Mirdad: In der Tat eine ausgezeichnete Wahl. Glaube mir, Micayon, daß der Tag kommen wird, an welchem die Menschen vom Aroma der Dinge, welches ihr Geist ist, leben werden, und nicht von ihrem Fleisch und Blut. Und dieser Tag ist für die Sucher nicht mehr fern.

Denn die Sucher wissen, daß das Leben im Fleisch nur eine Brücke zum fleischlosen Leben ist.

Die Sucher wissen, daß die groben und unzulänglichen Sinne nur Gucklöcher in die Welt des unendlich feinen und vollkommenen Sinnes sind.

Die Sucher wissen, daß sie jedes Fleisch, welches sie zerreißen, unvermeidlich früher oder später mit ihrem eigenen Fleisch wiederherstellen müssen; und jeden Knochen, den sie zerstören, müssen sie mit ihren eigenen Knochen wieder aufbauen. Jeden Blutstropfen, den sie vergießen, müssen sie mit ihrem eigenen Blut wieder auffüllen. Denn das ist das Gesetz des Fleisches.

Die Sucher wollen von der Gebundenheit an dieses Gesetz frei werden. Darum setzen sie ihre körperlichen Bedürfnisse auf ein Minimum herab und verringern dadurch ihre Schuld dem Fleisch gegenüber, die in Wahrheit eine Schuld aus Schmerz und Tod ist.

Der Sucher verbietet es sich aus eigenem Willen und Verlangen, während der Nichtsucher auf andere wartet, die es ihm verbieten. Viele Dinge, die für den Nichtsucher erlaubt sind, macht der Sucher für sich selbst zu unerlaubten Dingen.

Während der Nichtsucher nach immer mehr Dingen greift, um sie in seinen Beutel oder seinen Bauch zu stecken, geht der Sucher seinen Weg ohne einen Beutel und mit einem Bauch, der frei ist vom Blut und den Zuckungen irgendeines anderen Geschöpfes.

Was der Nichtsucher an Masse gewinnt oder zu gewinnen glaubt, gewinnt der Sucher an Leichtigkeit des Geistes und an Lieblichkeit des Verstehens.

Von zwei Menschen, die ein grünendes Feld betrachten, schätzt der eine seinen Ertrag in Scheffeln und berechnet den Preis der Scheffel in Silber und Gold. Der andere trinkt die grünende Pracht des Feldes mit seinem Auge und küßt in Gedanken jedes Blättchen und verbrüdert sich in seiner Seele mit jeder Wurzel, jedem Kieselstein und jedem Klumpen Erde. Ich sage euch, der letztere ist der rechtmäßige Eigentümer jenes Feldes, obwohl es dem anderen, rein dem Geld nach betrachtet, gehört.

Von zwei Menschen, die in einem Haus wohnen, ist der eine der Eigentümer und der andere nur ein Gast. Der Eigentümer verbreitet sich weitläufig über die Kosten des Gebäudes, seine Unterhaltung und über die Werte der Vorhänge, der Wandteppiche und des anderen Schmuckes und Mobiliars. Dagegen segnet der Gast in seinem Herzen die Hände, die den Stein gebrochen, behauen und gebaut haben, und die Hände, welche die Vorhänge und Wandteppiche gewebt haben, und die Hände, die in den Wald eingedrungen sind und ihn in Fenster und Türen und in Stühle und Tische verwandelt haben. Und er ist begeistert, indem er die schöpferische Hand lobt, die diese Dinge ins Dasein rief.

Ich sage euch, der Gast ist der beständige Bewohner jenes Hauses, während der angebliche Eigentümer nur ein Lasttier ist, welches das Haus auf seinem Rücken trägt, aber nicht darin wohnt.

Von zwei Menschen, die mit einem Kalb die Milch seiner Mutter teilen, betrachtet der eine das Kalb mit dem Gedanken, daß sein zartes Fleisch eine gute Mahlzeit für ihn und seine Freunde bei der Feier seines kommenden Geburtstages sein würde. Der andere denkt an das Kalb als seinen Milchbruder und ist von Zuneigung für das junge Tier und seine Mutter erfüllt.

Ich sage euch, der letztere wird wirklich von dem Fleisch jenes Kalbes ernährt; der erstere dagegen wird vergiftet.

Ja, viele Dinge werden in den Bauch gesteckt, die ins Herz gesteckt werden sollten. Viele Dinge werden in der Tasche und in der Speisekammer eingeschlossen, die in Auge und Nase eingeschlossen werden sollten. Viele Dinge werden mit den Zähnen vertilgt, die mit dem Verstand vertilgt werden sollten.

Sehr wenig benötigt der Körper zu seiner Erhaltung. Je weniger ihr ihm gebt, desto mehr gibt er euch dafür zurück. Je mehr ihr ihm gebt, desto weniger gibt er euch dafür zurück. Wahrlich, die Dinge außerhalb eurer Speisekammer und eures Bauches erhalten euch mehr, als wenn sie in eurer Speisekammer und in eurem Bauch sind.

Aber da ihr noch unfähig seid, allein vom Duft der Dinge zu leben, nehmt unbesorgt, was ihr braucht – aber nicht mehr, als ihr braucht – aus dem großzügigen Herzen der Erde. Denn die Erde ist so gastfrei und liebevoll, daß ihr Herz immer vor ihren Kindern ausgebreitet liegt.

Wie sollte die Erde auch anders sein können, und wohin – außerhalb ihrer selbst – sollte sie gehen, um sich zu ernähren? Die Erde muß die Erde ernähren, und die Erde ist keine geizige Gastgeberin, sondern ihre Tafel ist immer reichlich gedeckt für alle.

Auf die gleiche Weise, wie die Erde euch an ihren Tisch einlädt, ohne euch irgend etwas vorzuenthalten, auf die gleiche Weise müßt ihr die Erde an euren Tisch einladen und zu ihr in höchster Liebe und Aufrichtigkeit sagen:

»O unaussprechliche Mutter! So wie du dein Herz vor mir ausgebreitet hast, damit ich davon nehmen kann, was ich brauche, so breite ich mein Herz vor dir aus, damit du nehmen kannst, was du brauchst.«

Wenn dieser Geist euch führt, wenn ihr vom Herzen der Erde eßt, dann ist es unwichtig, was ihr eßt. Aber wenn euch wirklich dieser Geist leitet, dann solltet ihr die Weisheit und die Liebe besitzen, der Erde keines ihrer Kinder zu rauben, besonders nicht jene, die so weit gekommen sind, die Freude des Lebens und den Schmerz des Todes fühlen zu können, jene, die im Gebiet der Dualität angekommen sind. Denn auch sie müssen ihren Weg langsam und mühevoll zur Einheit gehen. Und ihr Weg ist länger als der eure. Hemmt sie auf ihrem Weg, und sie werden euch auf eurem Weg hemmen.

Abimar: Da alle lebenden Wesen dazu bestimmt sind, durch die eine oder andere Ursache zu sterben, warum sollte ich irgendwelche Bedenken haben, die Ursache zum Tod irgendeines Tieres zu sein?

Mirdad: Obwohl es wahr ist, daß alle Lebewesen zum Sterben verurteilt sind, so doch wehe dem, der die Todesursache irgendeines Lebewesens ist!

Wie du mich nicht beauftragen würdest, Naronda zu töten, weil du weißt, daß ich ihn sehr liebe und daß keine Blutgier in meinem Herzen ist, gleicherweise würde der Allwille keinen Menschen beauftragen, einen Mitmenschen zu töten, oder ein Tier, es sei denn, daß er ihn als Instrument zum Töten für geeignet hält.

Solange die Menschen so sind, wie sie sind, so lange wird es Diebstähle, Räubereien, Lügen, Kriege, Morde und jegliche Art dunkler und übler Leidenschaften unter ihnen geben. Aber wehe dem Dieb und dem Räuber, wehe dem Lügner und Kriegsherrn, dem Mörder und jedem Menschen, der dunkle und üble Leidenschaften in seinem Herzen beherbergt. Denn jene, die von Weh erfüllt sind, werden vom Allwillen als Boten des Wehs gebraucht.

Aber ihr, meine Gefährten, müßt eure Herzen von allen dunklen und üblen Leidenschaften reinigen, damit der Allwille euch für geeignet hält, der leidenden Welt die freudevolle Botschaft von der Befreiung vom Leiden zu bringen, die Botschaft von der Überwindung, die Botschaft von der Freiheit durch Liebe und Einsicht.

So lehrte ich Noah.

So lehre ich euch.

KAPITEL 25

Der Tag des Weinstocks und seine Vorbereitung. Mirdad wird am Vorabend vermißt

Naronda: Der Tag des Weinstocks kam näher, und wir von der Arche, der Meister eingeschlossen, waren zusammen mit einer Schar freiwilliger Helfer von außerhalb Tag und Nacht damit beschäftigt, alles für das große Fest vorzubereiten. Der Meister schaffte mit so viel Eifer und ohne mit seinen Kräften zu sparen, daß sogar Shamadam mit augenscheinlicher Befriedigung davon sprach.

Die riesigen Keller der Arche mußten geputzt und geweißt und zahlreiche große Weinkrüge und Fässer gereinigt und hergerichtet werden, um den neuen Wein aufzunehmen, während ebenso viele Krüge und Fässer mit dem Wein der Ernte des letzten Jahres säuberlich ausgestellt werden mußten, damit die Käufer ihren Inhalt schmecken und prüfen könnten. Denn es ist Sitte, an jedem Tag des Weinstocks den Wein des vorhergehenden Jahres zu verkaufen.

Die geräumigen Innenhöfe der Arche mußten aufgeräumt und vorbereitet werden. Viele hundert Zelte und Buden mußten darin aufgestellt und aufgebaut werden, in denen die Pilger wohnen und die Händler ihre Waren während der einwöchigen Dauer der Festlichkeiten ausstellen könnten.

Die große Weinpresse mußte in Ordnung gebracht werden, um die großen Mengen an Weintrauben aufzunehmen, die der Arche von ihren vielen Pächtern und Gönnern auf Eseln, Maultieren und Kamelrücken gebracht wurden. Ungeheure

Mengen Brot mußten gebacken und andere Vorräte vorbereitet werden, damit sie an jene verkauft werden konnten, deren Vorräte ausgegangen oder die ganz ohne Vorräte gekommen waren.

Der Tag des Weinstocks, der ursprünglich ein Erntedankfest war, wurde durch Shamadams ungewöhnlichen Geschäftsgeist und Scharfsinn auf eine Woche ausgedehnt und in eine Art Jahrmarkt verwandelt, zu dem Männer und Frauen aller Lebensstufen von nah und fern in jährlich wachsender Zahl herbeiströmten. Fürsten und Arme, Bauern und Handwerker, Gewinn- und Vergnügungssüchtige und solche mit anderen Zielen; Trunkenbolde und Abstinenzler, fromme Pilger und gottlose Vagabunden, Menschen aus Tempeln und Menschen aus dem Wirtshaus – mit Herden von Lasttieren – das ist die buntscheckige Horde, die zweimal im Jahr in die Ruhe des Altargipfels eindringt, am Tag des Weinstocks im Herbst und am Tag der Arche im Frühjahr.

Kein Pilger kommt bei diesen beiden Gelegenheiten mit leeren Händen zur Arche; sondern alle bringen Gaben der einen oder anderen Art mit, angefangen mit einer Weintraube oder einer Ananas bis zu einer Perlenschnur oder einem Diamanthalsband, während von allen Händlern eine Steuer von zehn Prozent auf alle Verkäufe erhoben wird.

Es ist Sitte, daß der Älteste am Eröffnungstag der Festlichkeiten, sitzend auf einer hohen Rednerbühne unter einem großen, mit Weintrauben behangenen Baum, die Menge willkommen heißt und segnet, ihre Gaben segnet und entgegennimmt und dann mit ihnen den ersten Becher der neuen Weinlese trinkt. Er gießt sich dabei einen Becher aus einem großen ausgehöhlten Flaschenkürbis ein, gibt diesen Kürbis dann weiter an einen der Gefährten, damit er daraufhin an die Menschenmenge weitergegeben werden kann, wobei er jedesmal wieder gefüllt wird, wenn er leer ist. Wenn alle ihre Becher gefüllt haben, bittet er sie, die Becher zu erheben und mit ihm die Hymne an den heiligen Weinstock zu singen, die schon von Vater Noah und seiner Familie gesungen worden sein soll, als sie zum ersten Mal vom Blut des Weinstocks probierten. Sobald die Hymne gesungen ist, leert die Menge ihre Becher mit lauten Freudenrufen und geht dann auseinander, um ihren verschiedenen Geschäften und Vergnügungen nachzugehen. Und dieses ist die Hymne an den heiligen Weinstock:

Heil dem heiligen Weinstock!

Heil der Wurzel wunderbar,
die nährt ihre Schößlinge zart
und füllt die reifenden Früchte fein
mit dem neuen belebenden Wein.
Heil dem heiligen Weinstock!

Und ihr, ihr Waisen der Flut,
ihr im Schlamm verlorenes Strandgut,
kostet das Blut, das euch gegeben,
und preiset die gütigen Reben.
Heil sei dem heiligen Weinstock!

Ihr Geiseln, aus Lehm gemacht,
ihr irrenden Pilger in der Nacht,
Weg und Erlösung, die sind allein
in der göttlichen Pflanze, dem Wein.
Heil dem heiligen Weinstock!

Am Morgen des Tages vor der Eröffnung der Festlichkeiten wurde der Meister vermißt. Die Sieben waren äußerst beunruhigt und leiteten sofort eine gründliche Suche ein. Den ganzen Tag und die ganze Nacht suchten sie mit Fackeln und Laternen in der Arche und ihrer Umgebung; aber sie konnten keine Spur des Meisters finden. Shamadam zeigte sich so besorgt und schien so aufgeregt, daß keiner ihn verdächtigte, seine Hand bei dem geheimnisvollen Verschwinden im Spiel zu haben. Aber alle waren davon überzeugt, daß der Meister irgendeinem bösen Anschlag zum Opfer gefallen war.

Die großen Festlichkeiten hatten begonnen, aber die Sieben waren stumm vor Traurigkeit und bewegten sich wie Schatten umher. Die Menge hatte die Hymne gesungen und den Wein getrunken, und der Älteste war von der Rednertribüne herabgestiegen, als eine Stimme ertönte, die hoch über dem Getöse und Stimmengewirr der Menge ausrief: »Wir wollen Mirdad sehen! Wir wollen Mirdad hören!«

Wir erkannten die Stimme Rustidions, der alles verbreitet hatte, was der Meister gesagt und getan hatte. Rasch wurde sein Ruf von der Menge aufgenommen, und der Schrei nach dem Meister wurde so allgemein und ohrenbetäubend, daß sich unsere Augen mit Tränen füllten und unsere Kehlen wie in einem Schraubstock eingeklemmt waren.

Plötzlich hörte der Tumult auf, und eine große Stille kam über die Menge. Kaum konnten wir unseren Augen glauben, als wir aufblickten und den Meister, der mit einem Wink seiner Hand um Stille bat, auf der Rednertribüne stehen sahen.

KAPITEL 26

Mirdad hält eine flammende Ansprache an die Pilger zum Tag des Weinstocks und befreit die Arche von einigem toten Gewicht

Mirdad: Seht hier, Mirdad, den Weinstock, dessen Ernte noch nicht eingeholt ist, dessen Blut noch nicht getrunken wurde.

Schwer ist Mirdad von seiner Ernte. Aber ach, die Erntearbeiter sind in anderen Weingärten beschäftigt.

Bis zum Ersticken voll ist Mirdad von einem Überfluß an Blut. Aber die Mundschenke und die Trinker sind von anderen Weinen stark betrunken.

Männer des Pfluges, der Hacke und des Baummessers, ich segne eure Pflüge und Hacken und Baummesser. Was habt ihr bis auf den heutigen Tag gepflügt und gehackt und beschnitten?

Habt ihr die traurig brachliegenden Gründe eurer Seelen gepflügt, die mit allem möglichen Unkraut bedeckt zu einer regelrechten Wildnis geworden sind, wo greuliches Getier und scheußliche Reptilien gedeihen und sich vermehren?

Habt ihr die schädlichen Wurzeln ausgehackt, die im Dunkeln eure Wurzeln umschlingen und ersticken und so eure Früchte bereits in der Knospe verderben?

Oder habt ihr eure eigenen Zweige abgeschnitten, die von geschäftigen Würmern ausgehöhlt oder durch die Angriffe der Parasiten ausgetrocknet sind?

Wohl habt ihr gelernt, eure Weingärten aus Erde zu pflügen und zu hacken und zu beschneiden. Aber der unirdische

Weingarten, der ihr selbst seid, liegt jämmerlich unbebaut und ohne Frucht da.

Wie nutzlos sind alle eure Mühen, wenn ihr nicht vor dem Weingarten zuerst den Weingärtner pflegt.

Männer mit den Schwielen an den Händen! Ich segne eure Schwielen!

Freunde des Richtlots und des Zollstocks, Gefährten von Hammer und Amboß, Weggenossen von Meißel und Säge, wie geschickt und erfahren ihr alle in eurem erwählten Handwerk seid!

Ihr wißt, wie man die Fläche und die Tiefe der Dinge bestimmt. Aber eure eigene Tiefe und Fläche wißt ihr nicht zu finden.

Gewandt formt ihr ein rohes Stück Eisen mit Hammer und Amboß. Aber den ungeformten Menschen wißt ihr nicht mit dem Hammer des Willens auf dem Amboß der Einsicht zu formen! Auch habt ihr vom Amboß nicht die unschätzbare Lehre gelernt, wie man sich schlagen läßt, ohne den geringsten Gedanken an Zurückschlagen aufkommen zu lassen.

Gewandt seid ihr mit dem Meißel und der Säge gleicherweise in Holz wie in Stein. Aber einen ungeschlachten und knorrigen Menschen versteht ihr nicht fügsam und freundlich zu machen.

Wie äußerst nutzlos sind all eure Handwerke, wenn ihr sie nicht zuerst beim Handwerker selbst anwendet.

Ihr Männer, die ihr um des Gewinns willen Handel treibt mit dem, was die Menschen von den Gaben ihrer Mutter Erde und den Erzeugnissen der Hände ihrer Mitmenschen benötigen!

Ich segne die Lebensbedürfnisse, die Gaben und die Erzeugnisse und segne auch den Handel. Aber der Gewinn selbst, der in Wahrheit ein Verlust ist, findet keinen Segen in meinem Mund.

Wenn ihr in der verhängnisvollen Stille der Nacht die Bilanz aus dem Ertrag des Tages zieht, was rechnet ihr dann zum Gewinn und was zum Verlust? Setzt ihr als Gewinn die Summe an, die ihr über den Herstellungspreis hinaus erhalten habt? Dann war der Tag wahrlich wertlos, den ihr für eine Geldsumme – ganz gleich wie groß – verschachert habt. Und verloren waren für euch all seine unendlichen Reichtümer an Harmonie, Frieden und Licht, verloren auch sein unaufhörliches Rufen nach Freiheit und verloren die Menschenherzen, die er als Gaben für euch auf seiner Handfläche angeboten hat.

Wenn ihr hauptsächlich mit den Geldbeuteln der Menschen beschäftigt seid, wie könnt ihr dann euren Weg in ihre Herzen finden? Und wenn ihr nicht euren Weg in die Herzen der Menschen findet, wie könnt ihr dann hoffen, das Herz Gottes zu erreichen? Und wenn ihr das Herz Gottes nicht erreicht, welchen Sinn hat dann euer Leben?

Wenn das, was ihr für einen Gewinn haltet, ein Verlust ist, wie unendlich groß muß dann der Verlust sein! Vergeblich ist fürwahr euer ganzer Handel, wenn euer Gewinn nicht aus Liebe und Einsicht besteht.

Männer des Zepters und der Krone!

Eine Schlange ist das Zepter in der Hand, die allzu schnell verwundet, aber zu langsam ist, um die heilenden Salben aufzutragen. Aber in der Hand, die den Balsam der Liebe reicht, ist das Zepter ein leuchtender Stab, der Dunkelheit und Gericht fernhält. Überprüft also gut eure Hände.

Eine Krone aus Gold, mit Diamant, Rubin und Saphir besetzt, sitzt sehr unbeholfen, traurig und ungemütlich auf einem Kopf, der vor Ruhmredigkeit, Unwissenheit und Machtgier über Menschen geschwollen ist. Ja, eine solche Krone, mit einem solchen Untersatz, ist nur ein schmerzender Betrug ihres eigenen Untersatzes. Dagegen würde eine Krone aus den seltensten und erlesensten Edelsteinen sich ihrer eigenen Unwürdigkeit allzu sehr schämen, wenn sie auf einem Haupt säße, das vor Einsicht und Selbstüberwindung strahlt. Überprüft also gut euer Haupt.

Wollt ihr Herrscher über Menschen sein? Lernt dann zuerst, euch selbst zu beherrschen. Wie könnt ihr gut herrschen, wenn ihr euch nicht selbst gut beherrscht? Kann eine windgepeitschte, schäumende Woge dem Meer Frieden und Ruhe geben? Kann ein tränenerfülltes Auge ein segenreiches Lächeln in ein tränenerfülltes Herz projizieren? Kann eine vor Furcht oder Zorn bebende Hand ein Schiff ruhig durch die Wellen steuern?

Die Herrscher über Menschen werden von Menschen beherrscht. Und die Menschen sind voller Lärm, Gesetzlosigkeit und Wirrwarr, denn wie das Meer sind sie jedem Wind des Himmels ausgesetzt. Und wie das Meer haben sie Ebbe und Flut und scheinen manchmal die Küste überspülen zu wollen. Aber wie beim Meer sind ihre Tiefen ruhig und geschützt vor den Aufpeitschungen der Winde an der Oberfläche.

Wenn ihr wahrlich Menschen regieren wollt, dringt dann durch bis zu ihrem tiefsten Grund. Denn die Menschen sind mehr als schäumende Wellen. Aber um in die tiefsten Gründe der Menschen hinuntertauchen zu können, müßt ihr erst in euren eigenen tiefsten Grund hinuntertauchen. Um das aber vollbringen zu können, müßt ihr erst das Zepter und die Krone niederlegen, damit die Hand frei ist, um zu fühlen, und der Kopf unbeschwert, um zu denken und zu schätzen.

Vergeblich ist all eure Herrschaft, und Gesetzlosigkeit sind all eure Gesetze, und Wirrwarr ist all eure Ordnung, wenn ihr nicht lernt, den unbändigen Menschen in euch zu beherrschen, dessen Lieblingsbeschäftigung es ist, mit Zeptern und Kronen zu spielen.

Männer des Weihrauchgefäßes und des Buches!

Was verbrennt ihr in dem Weihrauchgefäß? Was lest ihr in dem Buch? Verbrennt ihr das bernsteinfarbene Blut, das aus den duftenden Herzen bestimmter Pflanzen sickert und gerinnt? Aber das wird auf den öffentlichen Märkten gekauft und verkauft, und für einen Pfennig davon kann man jeden Gott belästigen.

Glaubt ihr, daß der Geruch des Weihrauchs den Gestank des Hasses, Neides und der Habsucht, der zweideutigen Augen, der Ausflüchte suchenden Zungen, der wollüstigen Hände, des Unglaubens, der sich als Glaube darstellt, und der gemeinen Weltlichkeit, die laut von einem segensreichen Paradies posaunt, vertreiben kann?

Angenehmer würde in den Nasenlöchern eures Gottes der Geruch sein, wenn all diese Dinge ausgehungert und eines nach dem anderen in euren Herzen verbrannt wären und ihre Asche in die vier Winde des Himmels verstreut würde.

Was verbrennt ihr im Weihrauchgefäß? Sühne, Lob und demütige Bitte?

Ein zorniger Gott wird am besten in Ruhe gelassen, damit er an seinem Zorn berste. Ein nach Lob hungriger Gott wird besser allein gelassen, damit er aus Mangel an Lob verkümmere. Ein hartherziger Gott wird besser in Ruhe gelassen, damit er an seiner Hartherzigkeit sterbe.

Aber Gott ist weder zornig noch lobgierig noch hartherzig. Vielmehr seid ihr selbst voller Zorn, gierig nach Lob und hartherzig.

Gott will nicht, daß ihr Weihrauch verbrennt, sondern euren Zorn und Stolz und eure Herzlosigkeit, damit ihr wie Er frei und allmächtig sein könnt. Und Er möchte, daß euer Herz das Rauchfaß ist.

Was lest ihr in dem Buch? Lest ihr Gebote, die in Gold auf die Mauern und Gewölbe der Tempel geschrieben werden? Oder die lebendigen Wahrheiten, die in euer Herz eingeritzt sind?

Lest ihr Lehrsätze, die von Kanzeln verkündet und eifrig mit Logik, listigen Reden und, wenn nötig, mit Geld und der Schärfe des Schwertes verteidigt werden? Oder lest ihr das Leben, das kein zu lehrender und zu verteidigender Lehrsatz ist, sondern ein Weg, der mit einem Willen zur Freiheit begangen wird, im Tempel wie auch außerhalb, während der Nacht wie auch am Tage, sowohl auf den niederen Plätzen wie auf den hohen? Und wenn ihr diesen Weg nicht geht und eures Zieles nicht sicher seid, wie könnt ihr dann die Tollkühnheit besitzen, andere einzuladen, ihn zu gehen?

Oder lest ihr Tabellen, Karten und Preislisten in dem Buch,

um den Menschen zu zeigen, wieviel vom Himmel mit so und so viel von der Erde gekauft werden kann?

Betrüger und Helfershelfer Sodoms! Ihr möchtet den Himmel an die Menschen verkaufen und ihren Anteil an der Erde als Preis nehmen. Ihr möchtet aus der Erde eine Hölle machen und die Menschen drängen zu fliehen, während ihr euch selbst umso tiefer hineingrabt. Warum veranlaßt ihr die Menschen nicht, ihren Anteil am Himmel für einen Anteil auf der Erde zu verkaufen?

Wenn ihr euer Buch gut lesen würdet, dann würdet ihr den Menschen zeigen, wie sie aus der Erde einen Himmel machen können. Denn für jene mit einem himmlischen Herzen ist die Erde ein Himmel, während für jene mit einem irdischen Herzen der Himmel eine Erde ist.

Legt in den Herzen der Menschen den Himmel bloß, indem ihr darin alle Schranken zwischen dem Menschen und seinen Mitmenschen niederreißt, zwischen dem Menschen und allen Geschöpfen, zwischen Mensch und Gott. Aber dafür müßt ihr selbst himmlische Herzen haben.

Der Himmel ist kein blühender Garten, der gekauft oder gepachtet werden kann. Sondern der Himmel ist ein Seinszustand, der sowohl auf der Erde als auch irgendwo innerhalb des grenzenlosen Universums erreicht werden kann. Warum reckt ihr eure Hälse und strengt eure Augen darüber hinaus an?

Auch ist die Hölle kein glühender Ofen, dem man durch vieles Beten und Weihrauchverbrennen entkommt, sondern sie ist ein Zustand des Herzens, der sowohl auf der Erde als auch überall sonst in dieser unerforschten Unermeßlichkeit erfahren werden kann. Wohin wollt ihr vor dem Feuer fliehen, dessen Brennstoff das Herz ist, wenn ihr nicht das Herz flieht?

Vergeblich ist die Suche nach dem Himmel, und vergeblich ist die Flucht vor der Hölle, solange der Mensch von seinem Schatten festgehalten wird. Denn sowohl der Himmel als auch die Hölle sind Zustände der Dualität. Wenn der Mensch nicht einfachen Geistes, einfachen Herzens und einfachen Körpers wird, wenn er nicht schattenlos und einfachen Willens wird, dann wird er immer einen Fuß im Himmel und den anderen in der Hölle haben. Und das ist in der Tat die Hölle.

Ja, es ist schlimmer als die Hölle, Flügel aus Licht und Füße aus Blei zu haben, durch Hoffnung aufrechterhalten und durch Verzweiflung hinuntergezogen zu werden, in furchtlosem Glauben entfaltet und in furchtsamem Zweifel zusammengerollt zu sein.

Kein Himmel ist wirklich ein Himmel, der für andere eine Hölle ist. Keine Hölle ist wirklich eine Hölle, die für andere ein Himmel ist. Und da des einen Hölle oft des anderen Himmel ist und des einen Himmel oft des anderen Hölle, sind Himmel und Hölle keine dauernden und sich widersprechenden Zustände, sondern Stufen, die auf der langen Pilgerfahrt zur Freiheit beide überwunden werden müssen.

Pilger vom heiligen Weinstock!

Keinen Himmel hat Mirdad zu verkaufen oder denen zu gewähren, die rechtschaffen sein wollen, keine Hölle, um sie denen als Vogelscheuche vorzuhalten, die böse sein wollen.

Wenn eure Rechtschaffenheit nicht euer eigener Himmel ist, wird sie für einen Tag blühen und dann verwelken.

Wenn eure Bosheit nicht ihre eigene Vogelscheuche ist, wird

sie einen Tag schlafen und bei der ersten besten Gelegenheit wieder erblühen.

Keine Hölle und keinen Himmel hat Mirdad euch anzubieten, sondern heilige Einsicht, die euch weit hinaushebt über das Feuer jeglicher Hölle und die Üppigkeit jeden Himmels. Nicht mit eurer Hand, sondern mit eurem Herzen müßt ihr diese Gabe entgegennehmen. Dazu muß das Herz notwendigerweise frei sein von jedem umherstreifenden Wunsch oder Willen, außer dem Wunsch und Willen nach Einsicht.

Keine Fremdlinge seid ihr auf der Erde, noch ist die Erde für euch eine Stiefmutter. Sondern ein wirkliches Herz von ihrem Herzen seid ihr, und wirkliches Bein von ihrem Bein. Froh ist sie, euch auf ihrem starken, breiten und festen Rücken zu tragen. Warum besteht ihr darauf, sie auf eurer schwachen und eingefallenen Brust zu tragen und dann zu stöhnen und zu keuchen und nach Luft zu ringen?

Milch und Honig fließen aus den Eutern der Erde. Warum laßt ihr beides sauer werden, weil ihr in eurer Gier mehr davon nehmt, als ihr braucht?

Heiter und schön ist das Angesicht der Erde. Warum verderbt und beunruhigt ihr es durch bitteren Streit und Furcht?

Eine vollkommene Einheit ist die Erde. Warum besteht ihr darauf, sie mit Schwertern und Grenzsteinen zu zerstückeln?

Gehorsam und unbesorgt ist die Erde. Warum seid ihr so voller Sorge und Widerspenstigkeit?

Ihr werdet länger bestehen als die Erde, als die Sonne und alle Himmelskörper. Alle werden vergehen, aber ihr nicht. Warum zittert ihr wie Blätter im Wind?

Wenn nichts imstande ist, euch die Einheit mit dem Universum empfinden zu lassen, dann sollte allein schon die Erde es euch empfinden lassen. Aber die Erde selbst ist nur ein Spiegel, der eure Schatten zurückwirft. Ist der Spiegel mehr als das Gespiegelte? Ist der von einem Menschen geworfene Schatten mehr als der Mensch?

Reibt eure Augen und erwacht! Denn ihr seid mehr als die Erde. Eure Bestimmung ist mehr, als zu leben und zu sterben und dem immer hungrigen Rachen des Todes reichlich Nahrung zu verschaffen. Eure Bestimmung ist es, frei zu sein vom Leben und vom Sterben, vom Himmel und von der Hölle und von allen sich bekämpfenden Gegensätzen, die zur Dualität gehören. Eure Bestimmung ist es, fruchtbare Weinstöcke in dem ewig fruchtbaren Weingarten Gottes zu sein!

So wie ein lebendiger Zweig eines lebendigen Weinstockes, wenn er in die Erde eingegraben wird, Wurzeln treibt und schließlich ein unabhängiger, Trauben tragender Weinstock wird wie seine Mutter, mit der er verbunden bleibt, so wird der Mensch, der lebendige Zweig am göttlichen Weinstock, wenn er in den Boden seiner Göttlichkeit eingepflanzt wird, ein Gott werden, der ewig eins bleibt mit Gott.

Soll der Mensch lebendig begraben werden, damit er zum Leben kommen kann?

Ja, und nochmals ja! Wenn ihr nicht der Dualität des Lebens und Sterbens nach begraben werdet, könnt ihr nicht zur Einheit des Seins auferstehen.

Wenn ihr nicht mit den Trauben der Liebe gespeist werdet, könnt ihr nicht von dem Wein der Einsicht erfüllt sein. Und wenn ihr nicht von dem Wein der Einsicht trunken seid, könnt ihr nicht vom Kuß der Freiheit nüchtern werden.

Nicht Liebe eßt ihr, wenn ihr von der Frucht des irdischen

Weinstocks eßt. Ihr eßt einen größeren Hunger, um einen geringeren zu stillen.

Nicht Einsicht trinkt ihr, wenn ihr vom Blut des irdischen Weinstocks trinkt. Ihr trinkt nur ein kurzes Vergessen eurer Schmerzen, das, wenn es aufgebraucht ist, die Heftigkeit eures Schmerzes verdoppelt. Ihr flieht vor einem lästigen Selbst, nur um dieses Selbst an der nächsten Ecke wiederzutreffen.

Die Trauben, die Mirdad euch anbietet, sind nicht dem Schimmel und der Fäulnis ausgesetzt. Wer einmal davon erfüllt ist, bleibt für immer erfüllt. Der Wein, den er für euch destilliert hat, ist zu stark für die Lippen, die Angst haben, sich zu verbrennen, aber lebenspendend für die Herzen, dic bis in Ewigkeit vor Selbstvergessenheit trunken sein wollen.

Sind unter euch Menschen, die nach meinen Trauben verlangen? Laßt sie mit ihren Körben nach vorn kommen!

Sind unter euch einige nach meinem Blut durstig? Laßt sie ihre Becher bringen!

Denn schwer ist Mirdad von seiner Ernte und bis zum Ersticken voll von einem Überfluß an Blut.

Ein Tag der Selbstvergessenheit war einst der Tag des heiligen Weinstocks. Ein Tag, berauscht vom Wein der Liebe und gebadet im leuchtenden Licht der Einsicht, ein Tag, der durch den rhythmischen Flügelschlag der Freiheit entzückte, ein Tag, an dem die Schranken fielen und einer in allen und alle in einem aufgingen.

Aber ach! Was ist heute daraus geworden? Es ist eine Woche krankhafter Selbstbehauptung geworden; gemeine Habgier handelt mit gemeiner Habgier; Sklaverei ist lustig mit Sklaverei, und Unwissenheit verdirbt die Unwissenheit.

Die Arche selbst, die einst ein alchimischer Werkplatz für

Glaube, Liebe und Freiheit war, ist jetzt in eine riesige Weinpresse und einen ungeheuren Marktplatz verwandelt worden. Sie nimmt den Ertrag eurer Weingärten und verkauft ihn euch als benebelnden Wein zurück. Die Anstrengung eurer Hände schmiedet sie um in Fesseln für eure Hände. Den Schweiß eurer Stirnen verwandelt sie in feurige Glut, um damit eure Stirnen zu brandmarken.

Weit, allzu weit ist die Arche von dem ihr gewiesenen Kurs abgewichen. Aber nun ist ihr Steuerruder wieder richtig gestellt. Sie muß sich von allem toten Gewicht befreien, damit sie leicht und sicher ihren Kurs halten kann.

Deshalb werden alle Gaben den Spendern wieder zurückgegeben und alle Schulden den Schuldnern erlassen. Die Arche kennt keinen Spender außer Gott, und Gott will keinen Menschen in Schulden haben, auch nicht bei sich selbst.

So lehrte ich Noah.

So lehre ich euch.

KAPITEL 27

Soll die Wahrheit allen oder nur den wenigen Auserwählten verkündet werden? Mirdad enthüllt das Geheimnis seines Verschwindens am Vorabend des Tages des Weinstocks und spricht über falsche Macht

Naronda: Lange nachdem das Fest bereits zur Erinnerung geworden war, hatten sich die Sieben um den Meister im Adlerhorst versammelt. Der Meister schwieg, als die Gefährten über die denkwürdigen Ereignisse jenes Tages sprachen. Einige wunderten sich über den großen Ausbruch der Begeisterung, mit der die Menge die Worte des Meisters aufnahm. Andere machten ihre Bemerkungen über Shamadams seltsames und undurchsichtiges Verhalten während der Augenblicke, als zahllose Schuldscheine aus der Schatzkammer der Arche geholt und öffentlich vernichtet wurden, und viele hundert Weinkrüge und Fässer aus den Kellern geholt und verschenkt wurden, und viele wertvolle Geschenke den Spendern zurückgegeben wurden; denn er leistete nicht den geringsten Widerstand, wie wir es alle von ihm erwartet hatten, sondern sah allem sprachlos und regungslos zu und weinte schwere Tränen.

Bennoon bemerkte, daß die Menge, obwohl sie sich vor Begeisterung heiser geschrieen hatte, diese Begeisterung nicht den Worten des Meisters entgegenbrachte, sondern den erlassenen Schulden und zurückgegebenen Spenden. Er warf sogar dem Meister sanft vor, daß er seinen Atem an eine solche Menge vergeudete, die keine höhere Freude als Essen, Trinken und Fröhlichsein suchte. Die Wahrheit, so behauptete er, sollte nicht ohne Unterschied allen verkündigt werden, sondern nur den wenigen Auserwählten. Da nahm der Meister das Wort und sprach:

Mirdad: Euer Atem wird mit dem Wind sicherlich in irgendeine Brust einkehren. Fragt nicht danach, wessen Brust es ist. Sorgt lediglich dafür, daß der Atem selbst rein ist!

Euer Wort wird irgendein Ohr suchen und sicherlich auch finden. Fragt nicht danach, wessen Ohr es ist. Sorgt nur dafür, daß das Wort selbst ein wahrer Bote der Freiheit ist.

Euer stiller Gedanke wird sicherlich irgendeine Zunge zum Sprechen bewegen. Fragt nicht, wessen Zunge es ist. Seht nur zu, daß der Gedanke selbst in liebevoller Einsicht entflammt ist.

Glaubt nicht, daß irgendeine Anstrengung vergeudet ist. Einige Samenkörner liegen viele Jahre lang in der Erde vergraben, kommen aber schnell zur Entfaltung, wenn sie der Atem der ersten günstigen Jahreszeit berührt.

Der Same der Wahrheit ist in allen Menschen und Dingen. Eure Arbeit besteht nicht darin, die Wahrheit zu säen, sondern die günstige Jahreszeit vorzubereiten, damit sie sich offenbaren kann.

Alle Dinge sind in der Ewigkeit möglich. Deshalb verzweifelt nicht an der Freiheit irgendeines Menschen, sondern predigt allen mit gleichem Glauben und Eifer die Botschaft der Befreiung – den Nichtsuchern wie auch den Suchern. Denn die Nichtsuchenden werden sicherlich eines Tages suchen, und die jetzt noch nackten Vögel werden eines Tages ihre Schwingen in der Sonne putzen und mit ihren Flügeln die fernsten und unzugänglichsten Räume des Himmels durchschneiden.

Micaster: Es bekümmert uns sehr, daß der Meister uns bis

auf den heutigen Tag und trotz unserer wiederholten Bitten nicht das Geheimnis seines rätselhaften Verschwindens am Vorabend des Tages des Weinstocks enthüllen will. Sind wir seines Vertrauens nicht würdig?

Mirdad: Wer meiner Liebe würdig ist, ist sicherlich auch meines Vertrauens würdig. Ist Vertrauen mehr als Liebe, Micaster? Schenke ich euch nicht freigebig mein Herz?

Wenn ich nicht über jene scheußliche Angelegenheit gesprochen habe, so geschah das, weil ich Shamadam Zeit zur Reue geben wollte. Denn er war es, der mich mit Hilfe zweier Fremder an jenem Abend gewaltsam aus diesem Adlerhorst herausgeholt und in den schwarzen Abgrund geworfen hat. Der unglückselige Shamadam! Kaum hat er sich träumen lassen, daß sogar der schwarze Abgrund Mirdad mit seidenen Händen empfangen und ihn mit magischen Leitern an die Oberfläche zurückbringen würde.

Naronda: Als wir das gehört hatten, waren wir alle von Ehrfucht ergriffen und sprachlos, und keiner wagte den Meister zu fragen, wie er unversehrt aus dem Abgrund herausgekommen war, der für jeden anderen ein sicherer Untergang zu sein schien. Und alle schwiegen für eine Weile.

Himbal: Warum verfolgt Shamadam unseren Meister, während unser Meister doch Shamadam liebt?

Mirdad: Nicht mich verfolgt Shamadam. Shamadam verfolgt Shamadam.

Bekleidet die Blinden mit einem Schein der Macht, und sie werden allen Sehenden die Augen auskratzen, auch die Augen jener, die eifrig bemüht sind, sie sehend zu machen.

Gebt einem Sklaven nur für einen Tag seinen Weg frei, und er wird die Welt in eine Welt der Sklaven verwandeln. Die ersten, die er prügeln und in Ketten legen wird, sind jene, die sich unaufhörlich bemühen, ihn zu befreien.

Alle weltliche Macht, was auch immer ihr Ursprung sein mag, ist Imitation. Darum klirrt sie mit den Sporen und schwingt das Schwert und fährt mit lärmendem Gepränge und glitzernden Zeremonien daher, damit nur niemand es wagt, in ihr falsches Herz zu sehen. Ihren schwankenden Thron errichtet sie auf Lanzen und Speeren. Ihre von Eitelkeit verführte Seele schmückt sie mit furchteinflößenden Amuletten und geisterbeschwörenden Sinnbildern, damit die Augen der Neugierigen nicht ihre jämmerliche Armut erkennen sollen.

Eine solche Macht ist sowohl eine Sackgasse als auch ein Fluch für den Menschen, der sie auszuüben verlangt. Sie möchte sich um jeden Preis behaupten, auch um den fürchterlichen Preis, den Menschen selbst und alle die seine Autorität annehmen zu vernichten, und ebensogut jene, die ihr Widerstand leisten.

Wegen ihrer Machtgier sind die Menschen in ständigem Aufruhr. Wer die Macht hat, kämpft ständig darum, sie zu behalten. Wer die Macht nicht hat, kämpft ständig darum, sie den Händen zu entreißen, die sie haben. Während dieser Zeit wird der Mensch, der Gott in Windeln, mit Füßen und Hufen zertreten und auf dem Schlachtfeld unbeachtet, unversorgt und ungeliebt zurückgelassen.

So rasend ist der Kampf und so blutgierig sind die Kämpfer, daß leider niemand einhalten kann, um die gemalte Maske vom Gesicht der unechten Braut herunterzureißen und allen ihre ungeheure Häßlichkeit zu zeigen.

Glaubt mir, ihr Mönche, daß keine Macht auch nur das

Aufschlagen eines Augenlides wert ist, außer der Macht der heiligen Einsicht, die unschätzbar ist. Dafür ist kein Opfer zu groß. Gewinnt sie einmal, und ihr werdet sie bis ans Ende der Zeit behalten. Sie wird eure Worte mit mehr Kraft laden, als alle Armeen der Welt jemals befehligen können; und sie wird eure Taten mit heilsamerer Wirkung segnen, als alle Machthaber der Welt zusammen sich jemals träumen lassen können, der Welt zu bringen.

Denn Einsicht ist ihr eigener Schild; ihr starker Arm ist die Liebe. Sie verfolgt und tyrannisiert niemanden, sondern fällt wie Tau auf die dürstenden Herzen der Menschen; und jene, die sie abweisen, segnet sie nicht weniger als jene, die sie annehmen. Denn da sie ihrer inneren Kraft so sicher ist, nimmt sie zu keiner äußeren Kraft Zuflucht. Da sie so furchtlos ist, meidet sie den Gebrauch der Furcht als Waffe, um sich irgendeinem Menschen aufzudrängen.

Die Welt ist arm, ach, so arm an Einsicht. Deshalb versucht sie, ihre Armut hinter dem Schleier falscher Autorität zu verbergen. Und falsche Autorität schließt Verteidigungs- und Angriffsbündnisse mit falscher Kraft; und beide geben der Furcht die Befehlsgewalt. Und die Furcht vernichtet sie beide.

War es nicht immer so, daß die Schwachen sich verbünden, um ihre Schwäche zu beschirmen? So gehen weltliche Autorität und weltliche brutale Kraft Hand in Hand unter dem Peitschenschlag der Furcht und zahlen ihren täglichen Tribut an die Unwissenheit in Kriegen und Blut und Tränen. Und die Unwissenheit lächelt allen gütig zu und sagt zu ihnen: »Fein gemacht!«

»Fein gemacht!« sagte Shamadam zu Shamadam, als er

Mirdad in den Abgrund geworfen hatte. Aber kaum hat Shamadam daran gedacht, daß er, als er mich in den Abgrund warf, sich selbst in den Abgrund geworfen hat und nicht mich. Denn der Abgrund kann einen Mirdad nicht festhalten; während sich ein Shamadam lange und hart mühen muß, um an seinen dunklen und schlüpfrigen Wänden hochzuklettern.

Ein Geschmeide ist alle weltliche Autorität. Laßt jene, die an Einsicht noch kleine Kinder sind, sich damit ergötzen. Aber ihr dürft euch nicht irgendeinem Menschen aufdrängen. Denn was mit Gewalt auferlegt wird, wird früher oder später mit Gewalt abgeworfen.

Sucht keine Macht über das Leben der Menschen; darüber ist der Allwille Meister. Sucht auch keine Macht über die Güter der Menschen; denn die Menschen sind an ihre Güter ebenso gekettet wie an ihr Leben, und sie mißtrauen denen, die sich um ihre Ketten kümmern und hassen sie. Sondern sucht einen Weg in die Herzen der Menschen durch Liebe und Einsicht; und habt ihr einmal einen Platz darin gefunden, dann könnt ihr umso besser wirken, um die Menschen von ihren Ketten zu befreien.

Denn die Liebe wird eure Hand führen, während die Einsicht die Laterne hält.

KAPITEL 28

Der Fürst von Bethar erscheint mit Shamadam im Adlerhorst. Das Gespräch zwischen dem Fürsten und Mirdad über Krieg und Frieden. Mirdad wird von Shamadam in eine Falle gelockt

Naronda: Als der Meister das gesagt hatte und wir noch über seine Worte nachdachten, hörten wir von draußen schwere Schritte und gedämpftes Stimmengewirr. Gleich darauf erschienen zwei riesige, bis zu den Zähnen bewaffnete Soldaten am Eingang und stellten sich zu beiden Seiten mit gezogenen und in der Sonne blitzenden Säbeln auf. Dann folgte ein junger Fürst in vollem Ehrenschmuck, hinter dem furchtsam Shamadam ging, und zwei weitere Soldaten folgten Shamadam.

Der Fürst war einer der mächtigsten und weit berühmten Herrscher der Milchberge. Er blieb einen Augenblick am Eingang stehen und prüfte sorgfältig die Gesichter der kleinen, im Innern versammelten Gesellschaft. Dann heftete er seine großen, glänzenden Augen auf den Meister, verbeugte sich sehr tief und sagte:

Fürst: Heil dir, heiliger Mann! Wir sind gekommen, um dem großen Mirdad eine Huldigung darzubringen. Sein Ruhm hat sich weit in diesen Bergen verbreitet, bis er unsere ferne Hauptstadt erreicht hat.

Mirdad: Der Ruhm reitet draußen auf einem feurigen Wagen. Daheim humpelt er auf Krücken. Dessen ist der Älteste mein Zeuge. Traut, o Fürst, nicht den Launen des Ruhms.

Fürst: Und doch sind die Launen des Ruhms süß, und süß

ist es, seinen Namen den Lippen der Menschen einzuprägen.

Mirdad: Ebenso könntet ihr einen Namen in den Sand des Strandes eingravieren wie ihn den Lippen der Menschen einzuprägen. Winde und Gezeiten werden ihn vom Sand wegwaschen. Ein Niesen wird ihn von den Lippen wegblasen. Wenn nicht das Niesen der Menschen euch wegblasen soll, prägt dann euren Namen nicht ihren Lippen, sondern brennt ihn in ihre Herzen ein.

Fürst: Aber die Herzen der Menschen sind mit vielen Schlössern verschlossen.

Mirdad: Der Schlösser mögen viele sein, aber der Schlüssel ist nur einer.

Fürst: Habt ihr diesen Schlüssel? Denn ich habe ihn sehr nötig.

Mirdad: Ihr habt ihn auch.

Fürst: Ihr schätzt mich viel höher ein, als ich es wirklich wert bin. Lange habe ich nach dem Schlüssel zum Herzen meines Nachbarn* gesucht, aber nirgends konnte ich ihn finden. Er ist ein mächtiger Fürst und rüstet zu einem Krieg gegen mich. Und ich bin gezwungen, trotz meiner friedfertigen Gesinnung meine Waffen gegen ihn zu erheben. Laß dich durch mein Diadem und die mit Juwelen besetzten Kleider nicht täuschen, Meister. Ich kann darin nicht den Schlüssel finden, den ich suche.

Mirdad: Sie verbergen den Schlüssel, aber enthalten ihn nicht. Sie verleiten euren Fuß und täuschen eure Hand und

---

* Englisch *neighbour*: Nachbar und Nächster; diese doppelte Bedeutung verleiht der nachfolgenden Darlegung einen weiteren Sinn (Bemerkung des Übersetzers).

lenken euer Auge ab, wodurch sie euer Suchen nutzlos machen.

Fürst: Was will der Meister damit sagen? Soll ich mein Diadem und meine Kleider wegwerfen, damit ich den Schlüssel zum Herzen meines Nachbarn finden kann?

Mirdad: Wenn du sie behältst, wirst du deinen Nachbarn verlieren. Wenn du den Nachbarn behalten willst, mußt du sie verlieren. Und seinen Nachbarn zu verlieren, bedeutet, sich selbst zu verlieren.

Fürst: Ich möchte die freundschaftliche Gesinnung meines Nachbarn nicht mit einem so hohen Preis erkaufen.

Mirdad: Möchtest du denn nicht dich selbst zu einem so geringen Preis erkaufen?

Fürst: Mich selbst erkaufen? Ich bin kein Gefangener, der ein Lösegeld bezahlen muß. Und außerdem habe ich eine wohlbezahlte, wohlbewaffnete Streitmacht zu meinem Schutz. Mein Nachbar kann sich keiner besseren rühmen.

Mirdad: Der Gefangene eines einzigen Menschen oder Dinges zu sein, ist allein schon eine zu bittere Gefangenschaft, um sie zu ertragen. Der Gefangene eines ganzen Menschenheeres zu sein und eines ganzen Schwarmes von Dingen, bedeutet Verbannung ohne Begnadigung. Denn von irgend etwas abhängig zu sein, bedeutet, von diesem Ding gefangen zu sein. Seid deshalb nur von Gott allein abhängig. Denn ein Gefangener Gottes zu sein, heißt, wahrlich frei zu sein.

Fürst: Sollte ich denn mich selbst, meinen Thron, meine Untertanen unbeschützt lassen?

Mirdad: Du sollst dich selbst nicht unbeschützt lassen.

Fürst: Deshalb unterhalte ich ja eine Armee.

Mirdad: Deshalb müßt ihr eure Armee entlassen.

Fürst: Aber mein Nachbar würde mein Königreich sogleich überrennen.

Mirdad: Euer Königreich mag er überrennen. Aber euch selbst kann kein Mensch verschlingen. Zwei Gefängnisse zu einem gemacht, bilden noch nicht die geringste Wohnung für die Freiheit. Freut euch, wenn jemand euch aus eurem Gefängnis vertreibt; aber beneidet jenen nicht, der kommt, um sich in eurem Gefängnis einzuschließen.

Fürst: Ich bin der Sproß eines Geschlechtes, das wegen seiner Tapferkeit auf dem Schlachtfeld berühmt ist. Wir zwingen niemals anderen einen Krieg auf. Wenn uns aber der Krieg erklärt wird, weichen wir niemals zurück und verlassen das Schlachtfeld erst, wenn unsere Banner hoch über den Gefallenen des Feindes flattern. Ihr gebt mir einen schlechten Rat, mein Herr, wenn ihr mir empfehlt, meinen Nachbarn ungehindert seinen Weg gehen zu lassen.

Mirdad: Sagtet ihr nicht, daß ihr Frieden haben möchtet?

Fürst: Ja, gewiß, Frieden möchte ich haben.

Mirdad: Dann kämpft auch nicht.

Fürst: Aber mein Nachbar besteht darauf, gegen mich zu kämpfen; und ich muß gegen ihn kämpfen, damit Frieden zwischen uns herrschen kann.

Mirdad: Ihr möchtet euren Nachbarn töten, damit ihr mit ihm in Frieden leben könnt. Was für ein seltsames Schauspiel! Es ist kein Verdienst, mit den Toten in Frieden zu leben. Aber es ist eine große Tugend, mit den Lebenden in Frieden zu leben. Wenn ihr irgendeinem lebendigen Menschen oder Ding den Krieg erklären müßt, dessen Geschmack oder Interessen den euren zuweilen widerstreiten, erklärt dann Gott den Krieg, der diese Dinge so zuließ. Und erklärt dem Universum den Krieg; denn zahllos sind darin die Dinge, die euren Verstand außer Fassung bringen und euer Herz betrüben und sich selbst wohl oder übel eurem Leben aufzwingen.

Fürst: Was sollte ich tun, wenn ich in Frieden mit meinem Nachbarn sein will, aber er will kämpfen?

Mirdad: Kämpfen!

Fürst: Nun gebt ihr mir den richtigen Rat.

Mirdad: Ja, kämpfen! Aber nicht gegen euren Nachbarn. Kämpft vielmehr gegen alle Dinge, die euch und euren Nachbarn zum Kampf veranlassen.

Warum wünscht euer Nachbar, gegen euch zu kämpfen? Ist es deshalb, weil eure Augen blau und die seinen braun sind? Ist es deshalb, weil ihr von Engeln und er von Teufeln träumt? Oder ist es deshalb, weil ihr ihn liebt wie euch selbst und all das eure als seines betrachtet?

Es sind eure Gewänder, o Fürst, euer Thron, euer Reichtum, euer Ruhm und die Dinge, deren Gefangener ihr seid, weswegen euer Nachbar euch bekämpfen will.

Möchtet ihr ihn besiegen, ohne einen Speer gegen ihn zu erheben? Dann kommt ihm zuvor und erklärt selbst all diesen Dingen den Krieg. Wenn ihr sie besiegt habt, indem ihr eure Seele aus ihrem Griff befreit habt, wenn ihr sie auf den Abfallhaufen hinausgeworfen habt, dann wird vielleicht euer Nachbar in seinem Marsch innehalten und sein Schwert einstecken und zu sich selbst sagen: »Wenn diese Dinge einen Kampf wert wären, dann hätte mein Nachbar sie nicht auf den Abfallhaufen geworfen.«

Sollte euer Nachbar in seiner Tollheit beharren und den Abfallhaufen wegtragen, freut euch dann über eure eigene

Befreiung von einer so schädlichen Last, aber grämt euch über das Schicksal eures Nachbarn.

Fürst: Was aber ist mit meiner Ehre, die weit mehr wert ist als alle meine Besitzungen?

Mirdad: Des Menschen einzige Ehre ist es, Mensch zu sein – Gottes lebendiges Ebenbild und Abbild. Alle anderen Ehren sind Unehren. Jede von Menschen verliehene Ehre wird leicht von Menschen wieder genommen. Eine mit dem Schwert geschriebene Ehre wird leicht durch das Schwert ausgelöscht. Keine Ehre, o Fürst, ist auch nur einen verrosteten Pfeil wert, wieviel weniger eine heiße Träne, wieviel weniger einen Tropfen Blut.

Fürst: Und die Freiheit, meine Freiheit und die meines Volkes, ist sie nicht des größten Opfers wert?

Mirdad: Wahre Freiheit ist das Opfer des Selbstes wert. Die Waffen eures Nachbarn können sie euch nicht nehmen, eure eigenen Waffen können sie nicht gewinnen oder verteidigen. Und das Schlachtfeld ist für sie ein Grab. Wahre Freiheit wird im Herzen gewonnen und verloren.

Wollt ihr Krieg haben? Entfesselt ihn dann in eurem Herzen gegen euer Herz. Entwaffnet euer Herz von jeder Hoffnung und Furcht und eitlen Sehnsucht, die eure Welt zu einem erstickenden Schafstall machen, und ihr werdet es weiter als das Universum finden; und ihr werdet dieses Universum nach Belieben durchstreifen; und nichts wird für euch ein Hindernis sein.

Das ist der einzige Krieg, der es wert ist, entfesselt zu werden. Läßt euch in diesen Krieg ein, und ihr werdet keine Zeit mehr für andere Kriege finden, die für euch widersinnige Gemeinheit und teuflischer Betrug werden, der dazu bestimmt ist, euren Verstand abzulenken und eure Kräfte zu untergraben und euch dadurch den großen Krieg gegen euch selbst verlieren zu lassen, der in Wirklichkeit ein heiliger Krieg ist. Diesen Krieg gewinnen bedeutet unsterblichen Ruhm gewinnen. Aber Sieg in irgendeinem anderen Krieg ist schlimmer als eine arge Niederlage. Und das ist das Schlimme aller Kriege zwischen den Menschen, daß Sieger und Besiegter gleichermaßen an die Niederlage gebunden sind.

Wollt ihr Frieden haben? Erwartet ihn nicht von wortreichen Dokumenten, noch strebt danach, ihn in die Felsen zu meißeln.

Denn die Feder, die mit Leichtigkeit »Frieden« kritzelt, kann mit gleicher Leichtigkeit »Krieg« hinkritzeln; und der Meißel, der »Laßt uns Frieden haben« einmeißelt, kann genau so leicht »Laßt uns Krieg haben« einmeißeln. Außerdem werden Papier, Felsen, Feder und Meißel bald von Motten, Rost, Fäulnis und der ganzen Alchimie der sich ändernden Elemente angegriffen. Nicht aber das zeitlose Herz des Menschen, welches der Sitz heiliger Einsicht ist.

Wenn einmal die Einsicht entschleiert ist, dann ist der Sieg gewonnen und der Frieden im Herzen für immer und ewig verankert. Ein einsichtsvolles Herz ist immer in Frieden, auch inmitten einer vom Krieg betäubten Welt.

Ein unwissendes Herz ist ein zweifaches Herz. Ein zweifaches Herz sucht eine zweifache Welt. Eine zweifache Welt bringt ständig Streit und Krieg hervor. Dagegen ist ein einsichtsvolles Herz ein einfaches Herz. Ein einfaches Herz sucht eine einfache Welt. Eine einfache Welt ist eine Welt in Frieden. Denn es sind zwei nötig, um Krieg zu führen.

Darum rate ich euch, Krieg zu führen gegen euer Herz, damit es einfach wird. Der Siegespreis ist immerwährender Friede.

Wenn ihr, o Fürst, in jedem Stein einen Thron sehen könnt, und wenn ihr in jeder Höhle ein Schloß findet, dann ist die Sonne nur zu froh, euer Thron zu sein, und die Gestirne werden eure Schlösser sein.

Wenn jedes Gänseblümchen auf dem Feld euch als Medaille dienen und jeder Wurm euch ein Lehrer sein kann, dann freuen sich die Sterne, auf eurer Brust zu ruhen, und die Erde ist bereit, eure Kanzel zu sein.

Wenn ihr euer Herz beherrschen könnt, was macht es euch dann aus, wer dem Namen nach über euren Körper herrscht? Wenn das ganze Universum euch gehört, was macht es euch dann aus, wer dem Namen nach über dieses oder jenes Gebiet der Erde herrscht?

Fürst: Eure Worte sind sehr verlockend. Aber es scheint mir, daß der Krieg ein Naturgesetz ist. Sind nicht sogar die Fische im Meer in ständigem Streit? Ist nicht der Schwache die Beute des Stärkeren? Und ich möchte niemandes Beute sein.

Mirdad: Was euch als Krieg erscheint, ist für die Natur nur ein Weg, sich zu ernähren und fortzupflanzen. Der Starke ist nicht weniger Nahrung für den Schwachen, als der Schwache Nahrung für den Starken ist. Aber wer ist stark, und wer ist schwach in der Natur?

Die Natur allein ist stark; alle anderen sind nur Schwächlinge, die dem Willen der Natur gehorchen und gefügig die Ströme des Todes hinunterfließen.

Die Unsterblichen allein können als stark bezeichnet werden. Und der Mensch ist unsterblich, o Fürst. Ja, mächtiger als die Natur ist der Mensch. Er verzehrt ihr fleischliches Herz nur, um sein fleischloses Herz zu erreichen. Er pflanzt sich selbst fort, nur um sich über die Selbstfortpflanzung erheben zu können.

Laßt die Menschen, die ihre unreinen Begierden rechtfertigen möchten, indem sie sich auf die reinen Instinkte der Tiere berufen, sich Wildschweine oder Wölfe oder Schakale oder was auch immer nennen, aber laßt sie nicht den edlen Namen Mensch entehren. Glaubt Mirdad, o Fürst, und seid in Frieden.

Fürst: Der Älteste sagt mir, daß Mirdad sehr bewandert in den Geheimnissen der Zauberei ist, und ich möchte, daß er einige seiner Vermögen beweist, damit ich an ihn glauben kann.

Mirdad: Wenn es Zauberei ist, Gott im Menschen zu enthüllen, dann ist Mirdad ein Zauberer. Wünscht ihr einen Beweis und eine Kundgebung meiner Zauberei? Seht her, ich bin der Beweis und die Kundgebung. Geht nun euren Weg. Verrichtet das Werk, um dessentwillen ihr gekommen seid.

Fürst: Recht habt ihr erraten, daß ich ein anderes Werk zu verrichten habe, als meine Ohren mit euren wahnsinnigen Reden zu unterhalten. Denn der Fürst von Bethar ist ein Zauberer anderer Art, und sogleich wird er eine Vorstellung seiner Kunst geben.

(Zu seinen Mannen): Bringt eure Ketten und fesselt die Hände und Füße dieses Gottmenschen oder Menschengottes und laßt es uns ihm und dieser Gesellschaft zeigen, wie unsere Zauberei aussieht.

Naronda: Wie Raubtiere fielen die vier Soldaten über den

Meister her und begannen schnell, Ketten um seine Hände und Füße zu legen. Einen Augenblick lang saßen die Sieben wie gelähmt und wußten nicht, wie sie das, was sich vor ihnen abspielte, aufnehmen sollten – ob es ein Scherz oder Ernst war. Micayon und Zamora erkannten schneller als die übrigen den Ernst der Lage. Sie sprangen wie zwei wütende Löwen auf die Soldaten zu und hätten sie niedergeschlagen, wenn die sanfte und beruhigende Stimme des Meisters sie nicht zurückgehalten hätte.

Mirdad: Laßt sie ihre Kunst entfalten, ungestümer Micayon. Laßt sie ihren Weg gehen, guter Zamora. Nicht erschreckender sind ihre Ketten für Mirdad, als es der schwarze Abgrund war. Laßt Shamadam sich darüber freuen, daß er seine Macht mit der des Fürsten von Bethar flicken kann. Der Flicken wird sie beide zerreißen.

Micayon: Wie können wir abseits stehen, wenn unser Meister wie ein Missetäter gefesselt wird?

Mirdad: Habt um meinetwillen nicht die geringste Sorge. Bleibt in Frieden! So werden sie es eines Tages auch mit euch machen; aber sie werden nur sich selbst Schaden zufügen und nicht euch.

Fürst: So wird es mit jedem Schelm und Scharlatan gehen, der es wagt, die eingesetzte Ordnung und Macht mit Füßen zu treten.

Dieser heilige Mann (er zeigt auf Shamadam) ist das rechtmäßige Oberhaupt dieser Gemeinde, und sein Wort muß für alle Gesetz sein. Diese heilige Arche, deren Freigebigkeit ihr genießt, steht unter meinem Schutz. Mein wachsames Auge wird ihr Schicksal überwachen; mein mächtiger Arm ist über ihr Dach und Eigentum ausgestreckt; mein Schwert wird die

Hand abschlagen, die sie in böser Absicht berühren sollte. Laßt das alle wissen und sich in acht nehmen.

(Und wieder zu seinen Mannen): Führt diesen Schurken nach draußen. Seine gefährliche Lehre hat die Arche nahezu zugrunde gerichtet. Sie würde unser Reich und die Erde bald verwüsten, wenn sie ihren gefährlichen Lauf fortsetzen könnte. Laßt ihn sie von nun an den grimmigen Mauern des Kerkers von Bethar predigen. Bringt ihn dorthin!

Naronda: Die Soldaten führten den Meister hinaus, der Fürst und Shamadam folgten mit frohlockendem Stolz. Die Sieben gingen hinter diesem unheilverkündenden Aufzug her, ihre Augen folgten dem Meister, ihre Lippen verschloß der Gram, ihre Herzen barsten vor Tränen.

Der Meister ging mit festem und sicherem Schritt, und sein Kopf war hoch erhoben. Als er ein Stück gegangen war, sah er sich nach uns um und sagte:

Mirdad: Bleibt standhaft in Mirdad. Ich werde euch nicht verlassen, bis ich meine Arche aussende und euch den Befehl darüber gebe.

Naronda: Und lange danach klangen diese seine Worte noch laut in unseren Ohren, begleitet von dem Rasseln der schweren Ketten.

KAPITEL 29

Shamadam versucht vergeblich, die Gefährten für sich zu gewinnen. Mirdad kehrt auf wunderbare Weise zurück und gibt allen Gefährten außer Shamadam den Kuß der Treue

Naronda: Der Winter war über uns gekommen, übermäßig streng, weiß und schneidend. Schweigsam und atemlos standen die schneebedeckten Berge. Nur die Täler unten zeigten blaßgrüne Flecken und hier und da ein Band aus flüssigem Silber, das sich zum Meer schlängelte.

Die Sieben wurden von wechselnden Wogen der Hoffnung und des Zweifels hin- und hergerissen. Micayon, Micaster und Zamora neigten zu der Hoffnung, daß der Meister, wie er es versprochen hatte, zurückkehren werde. Bennoon, Himbal und Abimar verließ der Zweifel an seine Rückkehr nicht. Aber alle empfanden eine fürchterliche Leere und eine quälende Unzulänglichkeit.

Die Arche war kalt, grimmig und ungastlich. Ein frostiges Schweigen hing in ihren Mauern trotz der unermüdlichen Bemühungen Shamadams, ihr Leben und Wärme zu geben. Denn die ganze Zeit, seit Mirdad hinweggeführt war, versuchte Shamadam, uns mit Freundlichkeit zu überhäufen. Er setzte uns das Beste an Nahrung und Wein vor; aber die Nahrung hielt uns nicht aufrecht, und der Wein belebte uns nicht. Er verbrannte viel Holz und Kohle, aber das Feuer gab keine Wärme. Er war äußerst höflich und uns scheinbar zugetan; aber seine Höflichkeit und Zuneigung entfremdeten uns ihm immer mehr.

Eine Zeitlang erwähnte er den Meister nicht. Schließlich öffnete er sein Herz und sagte:

Shamadam: Ihr tut mir unrecht, meine Gefährten, wenn ihr glaubt, daß ich Mirdad nicht leiden kann. Vielmehr bedauere ich ihn von ganzem Herzen.

Mirdad mag kein böser Mensch sein: aber ein gefährlicher Schwärmer ist er und äußerst unrealistisch, und falsch ist die Lehre, die er in einer Welt harter Tatsachen und Gewohnheiten verkündet. Er und jene, die ihm folgen, gehen bei ihrer ersten Begegnung mit der rauhen Wirklichkeit einem tragischen Ende entgegen. Dessen bin ich ganz sicher. Und ich möchte meine Gefährten vor einem solchen Unheil bewahren.

Mirdad mag eine gescheite Zunge haben, die von der Unbesonnenheit der Jugend angefeuert wird; aber sein Herz ist blind, eigensinnig und gottlos. Dagegen trage ich die Furcht vor dem wahren Gott in meinem Herzen und die Erfahrung des Alters, die meinem Urteil Gewicht und Macht verleiht.

Wer hätte die Arche in diesen vielen Jahren zu einem besseren Wohlstand führen können als ich? Habe ich nicht bis jetzt mit euch zusammen gelebt, und bin ich nicht zugleich Bruder und Vater für euch gewesen? Wurde nicht unser Gemüt mit Frieden gesegnet, und erhielten unsere Hände nicht außergewöhnlichen Überfluß? Warum lassen wir einen Fremden zerstören, was wir so lange aufgebaut haben, und Mißtrauen säen, wo Vertrauen oberster Herr war, und Streit, wo der Friede König war?

Es ist völliger Wahnsinn, meine Gefährten, einen Vogel in der Hand für zehn auf dem Baum aufzugeben. Mirdad möchte, daß ihr diese Arche aufgebt, die euch so lange Obdach geboten hat und nahe bei Gott sein ließ und euch alles gegeben hat, was Sterbliche sich wünschen können, und die euch in einem sicheren Abstand von Aufruhr und Seelenangst der Welt gehalten hat. Was verspricht er euch statt dessen? Seelenpein, Enttäuschungen und Armut mit endlosem Streit außerdem – das und noch viel schlimmere Dinge verspricht er euch.

Er verspricht eine Arche in der Luft, im ungeheuren Nichts – der Traum eines Irren – eine kindliche Phantasie – eine süße Unmöglichkeit. Ist er vielleicht weiser als Vater Noah, der Gründer der Mutterarche? Es schmerzt mich allzu sehr, daß ihr an seine Faseleien auch nur einen Gedanken verschwendet habt.

Ich mag vielleicht gegen die Arche und ihre heiligen Überlieferungen gesündigt haben, als ich den starken Arm meines Freundes, des Fürsten von Bethar, gegen Mirdad aufrief. Aber es lag mir euer Wohlergehen am Herzen, und das allein sollte meine Übertretung rechtfertigen. Ich wollte euch und die Arche retten, bevor es zu spät war. Und Gott war mit mir, und ich rettete euch.

Freut euch mit mir, Gefährten, und dankt dem Herrn, daß Er uns die Schmach erspart hat, mit unseren sündigen Augen den Untergang unserer Arche ansehen zu müssen. Ich, für mein Teil, könnte diese Schande niemals überleben.

Nun aber weihe ich mich erneut dem Dienst des Gottes Noahs und seiner Arche und dem Dienst an euch, meine geliebten Gefährten. Seid glücklich wie einst, damit mein Glück vollkommen sei in euch.

Naronda: Shamadam weinte, als er das sagte, und seine Tränen waren erbarmungswürdig, weil sie gar zu einsam flossen; denn sie fanden keinen Anklang in unseren Herzen und Augen.

An einem gewissen Morgen, als die Sonne ihre Strahlenfülle über die Berge ergoß, nachdem lange Zeit trübes Wetter darauf gelagert hatte, nahm Zamora seine Harfe und begann zu singen.

Erfroren ist das Lied auf den frosterstarrten Lippen
meiner Harfe.
Eingefroren der Traum im eisumhüllten Herzen
meiner Harfe.

Wo ist der Atem, der dein Lied auftauen wird,
o meine Harfe?
Wo ist die Hand, die den Traum erlösen wird,
o meine Harfe?
Im Kerker von Bethar.

Bettelnder Wind, gehe und erbitte mir ein Lied
von den Ketten
im Kerker von Bethar.
Kluge Strahlen der Sonne, geht und stehlt mir einen
Traum von den Ketten
des Kerkers von Bethar.

Himmelweit waren die Schwingen meines Adlers ausgebreitet,
und unter ihm war ich König.
Jetzt bin ich nur noch ein Heimatloser und eine Waise,
und eine Eule beherrscht meinen Himmel.
Denn mein Adler ist zu einem fernen Horst geflogen –
zum Kerker von Bethar.

Naronda: Eine Träne fiel aus Zamoras Auge, als seine Hände schlaff herunterfielen und sein Kopf sich tief über die Harfe beugte. Diese Träne befreite unseren aufgestauten Kummer und öffnete die Schleusen unserer Augen.

Micayon sprang auf und lief mit dem Aufschrei: »Ich ersticke!« zur Tür hinaus und an die frische Luft. Zamora, Micaster und ich folgten ihm über den Hof bis zum Tor in der großen Außenmauer, durch das die Gefährten sich nicht wagen durften. Micayon schob den schweren Riegel mit einem heftigen Ruck beiseite, stieß das Tor auf und stürzte wie ein Tiger aus seinem Käfig nach draußen. Die anderen drei folgten Micayon.

Die Sonne schien warm und hell und ihre von dem gefrorenen Schnee reflektierten Strahlen blendeten uns fast. Baumlose, schneebedeckte Hügel erstreckten sich vor uns, so weit das Auge blicken konnte, und alles schien in phantastischen Lichtschattierungen zu lodern. Um uns her war eine so vollkommene Stille, daß sie fast bedrückend war; nur der knirschende Schnee unter unseren Füßen brach den Zauber. Die Luft, obwohl schneidend kalt, füllte unsere Lungen so wohltuend, daß wir das Gefühl hatten, ohne die geringste eigene Anstrengung vorwärtsgetragen zu werden.

Sogar Micayons Gemütsverfassung änderte sich, und er blieb stehen, um auszurufen: »Wie gut ist es, wieder atmen zu können, oh, nur atmen zu können!« Und es war wirklich so, als ob wir zum ersten Mal die Freude erlebten, in Freiheit atmen zu können, und wir begriffen die Bedeutung des Atems.

Wir waren noch nicht weit gegangen, als Micaster auf einer fernab gelegenen Höhe einen dunklen Gegenstand bemerkte. Einige dachten, daß es ein einsamer Wolf sei; andere glaubten, einen Felsen zu erkennen, von dem der Wind den Schnee weggefegt hatte. Aber der Gegenstand schien sich in unsere Richtung zu bewegen, und wir beschlossen, ihm entgegenzugehen. Immer näher kam er heran und nahm allmählich eine menschliche Gestalt an. Plötzlich stürmte Micayon voraus und rief dabei ganz laut: »Er ist es! Er ist es!«

Und er war es wirklich, – sein anmutiger Gang, seine aufrechte Haltung, sein vornehm erhobenes Haupt. Der fröhliche Wind spielte Verstecken in seinen wehenden Gewändern und tanzte sorglos durch seine langen, schwarzen Locken. Die Sonne hatte das feine Bernsteinbraun seines Gesichtes leicht gefärbt; aber die dunklen, träumerischen Augen glänzten wie früher und strahlten Wellen vertrauter Heiterkeit und siegreicher Liebe aus. Seine zarten Füße, die in hölzernen Sandalen steckten, waren vom Frost strahlend rot geküßt.

Micayon erreichte ihn als erster, und er warf sich zu seinen Füßen und schluchzte und lachte und stammelte wie von Sinnen: »Nun ist mir meine Seele wiedergegeben.«

Die anderen Drei taten desgleichen; aber der Meister hob einen nach dem anderen auf, umarmte jeden mit unendlicher Zärtlichkeit und sagte, indem er sie küßte:

Mirdad: Empfangt den Kuß der Treue. Von nun an sollt ihr im Glauben schlafen und im Glauben aufstehen, und der Zweifel wird nicht mehr in euren Kopfkissen nisten oder euren Schritt durch Zögern lähmen.

Naronda: Die Vier, die in der Arche zurückgeblieben waren, dachten zunächst, als sie den Meister an der Tür gewahrten, daß er ein Geist sei, und erschraken sehr. Aber als er jeden mit seinem Namen begrüßte und sie seine Stimme vernahmen, fielen sie ihm zu Füßen, außer Shamadam, der wie angeklebt auf seinem Sitz verharrte. Der Meister tat und sprach zu den Dreien, wie er zu den Vieren getan und gesprochen hatte.

Shamadam schaute verwirrt zu und zitterte von Kopf bis Fuß, sein Gesicht war totenbleich, seine Lippen zuckten, und seine Hände spielten sinnlos mit seinem Gürtel. Plötzlich rutschte er von seinem Sitz herunter und kroch auf allen vieren zum Meister, legte seine Arme um seine Füße und sagte krampfhaft mit dem Gesicht zum Boden: »Ich glaube auch.« Der Meister hob ihn ebenfalls auf und sagte zu ihm, ohne ihn zu küssen:

Mirdad: Es ist Furcht, die Shamadams mächtige Gestalt erzittern und seine Zunge sagen läßt: »Ich glaube auch.«

Shamadam zittert und beugt sich vor der »Zauberei«, die Mirdad aus dem schwarzen Abgrund und dem Kerker von Bethar herausgebracht hat. Und Shamadam fürchtet Vergeltung. Sein Gemüt soll beruhigt sein und sein Herz in die Richtung der wahren Treue umkehren.

Eine Treue, die nur von einer Welle der Furcht getragen wird, ist nichts als der Schaum der Furcht; sie erhebt sich mit der Furcht und geht mit ihr wieder unter. Wahre Treue blüht allein auf dem Stengel der Liebe. Ihre Frucht ist Einsicht. Wenn du dich vor Gott fürchtest, glaube nicht an Gott.

Shamadam (sich zurückziehend, seine Augen weiterhin niedergeschlagen): Ein Stümper und ein Elender ist Shamadam in seinem eigenen Haus. Gestattet mir wenigstens, für einen Tag euer Diener zu sein und euch etwas Fleisch und warme Kleider zu bringen. Denn ihr müßt doch sehr hungrig und kalt sein.

Mirdad: Ich habe Fleisch, das den Küchen unbekannt ist, und Wärme, die nicht vom Wollfaden oder der Feuerstelle stammt. Ich wünschte, daß Shamadam mehr von meinem Fleisch und meiner Wärme und weniger von anderen Lebensmitteln und Brennstoffen gespeichert hätte. Seht, das Meer ist gekommen, um auf den Bergspitzen zu überwintern. Die Bergspitzen sind froh, daß sie das gefrorene Meer wie einen Mantel anziehen können. Und die Bergspitzen sind warm in ihrem Mantel.

Froh ist auch das Meer, daß es für eine Weile so still und verzaubert auf den Bergspitzen ruhen kann, aber nur für eine Weile. Denn der Frühling wird kommen, und das Meer wird sich wie eine Schlange nach dem Winterschlaf entrollen und seine zeitweise verpfändete Freiheit zurückfordern. Und wieder wird es von Küste zu Küste eilen, und wieder wird es sich in die Lüfte erheben und den Himmel durchstreifen und sich dort ergießen, wo es Lust verspürt.

Aber da sind auch Menschen wie du, Shamadam, deren Leben ein beständiger Winter und ein ununterbrochener Winterschlaf ist. Es sind jene, die noch kein Anzeichen des Frühlings erhalten haben. Siehe! Mirdad ist das Zeichen. Ein Vorzeichen des Lebens ist Mirdad und keine Totenglocke. Wie lange noch soll dein Winterschlaf dauern?

Glaube doch, Shamadam, daß das Leben, welches die Menschen leben, und der Tod, den sie sterben, nur ein Winterschlaf sind. Und ich bin gekommen, um die Menschen aus ihrem Schlaf aufzuwecken und sie aus ihren Höhlen und Löchern herauszurufen zur Freiheit des unsterblichen Lebens. Glaube mir um deinetwillen und nicht um meinetwillen.

Naronda: Shamadam blieb still und öffnete seinen Mund

nicht. Bennoon flüsterte mir zu, ich möchte den Meister fragen, wie er es fertiggebracht habe, aus dem Kerker von Bethar zu entkommen; aber meine Zunge wollte mir nicht gehorchen, um die Frage zu stellen, die jedoch vom Meister schnell erraten wurde.

Mirdad: Der Kerker von Bethar ist kein Kerker mehr. Er ist ein geweihter Platz geworden. Der Fürst von Bethar ist kein Fürst mehr. Er ist zur Zeit ein suchender Pilger wie ihr.

Sogar ein finsterer Kerker kann in einen blendenden Leuchtturm verwandelt werden, Bennoon. Sogar ein stolzer Fürst kann dazu gebracht werden, seine Krone vor der Krone der Wahrheit abzulegen. Und sogar mit klirrenden Ketten kann man himmlische Musik hervorbringen. Nichts ist ein Wunder für die heilige Einsicht, die das einzige Wunder überhaupt ist.

Naronda: Des Meisters Worte über die Abdankung des Fürsten von Bethar trafen Shamadam wie ein Blitz; und zu unserer Bestürzung wurde er plötzlich von einem so eigenartigen und heftigen Krampf befallen, daß wir ernstlich für sein Leben fürchteten. Der Krampf ging in eine Ohnmacht über, und wir bemühten uns lange um ihn, bevor wir ihn wieder zu sich bringen konnten.

KAPITEL 30

Micayons Traum vom Meister enthüllt

Naronda: Lange Zeit vor und nach des Meisters Rückkehr aus Bethar wurde beobachtet, daß Micayon wie mit einem Kummer beladen einherging. Er hielt sich die meiste Zeit abseits, sprach wenig, aß wenig und verließ selten seine Zelle. Sein Geheimnis wollte er nicht einmal mir anvertrauen. Wir alle wunderten uns, daß der Meister nichts sagte oder tat, um seinen Schmerz zu lindern, obwohl er ihn sehr liebte.

Eines Tages, als Micayon sich mit den übrigen am Kohlenbecken wärmte, begann der Meister, über das große Heimweh zu sprechen.

Mirdad: Ein gewisser Mann hatte einst einen Traum. Und hier folgt der Traum, den er hatte:

Er sah sich selbst am grünen Ufer eines breiten, tiefen und geräuschlos dahinfließenden Flusses stehen. Das Ufer wimmelte von Männern, Frauen und Kindern jeglichen Alters und jeder Sprache; und alle hatten Räder verschiedener Größe und Farbe, die sie am Ufer auf und ab rollten. Die Menge war in festliche Farben gekleidet und fand ihr Vergnügen daran, herumzuspringen und ein Fest zu feiern; und ihr Lärmen erfüllte die Luft. Gleich einem unruhigen Meer wogte sie auf und nieder, hin und her.

Nur er war nicht festlich gekleidet; denn er wußte nichts von einem Fest. Er allein hatte kein Rad zum Rollen. Und wie sehr er sein Ohr auch anstrengte, er konnte von der vielsprachigen Menge kein einziges Wort auffangen, das seinem eigenen Dialekt verwandt gewesen wäre. Wie sehr er auch sein Auge anstrengte, es konnte kein einziges Gesicht erkennen, das ihm bekannt war. Außerdem warf die Menge, wenn sie an ihm vorbeiwogte, vielsagende Blicke in seine Richtung, als wollte sie sagen: »Wer ist dieses komische Wesen?« Da begann er zu ahnen, daß das Fest nicht für ihn bestimmt war und daß er ein Fremdling war; und er fühlte plötzlich einen Schmerz in seinem Herzen.

Daraufhin hörte er ein ungeheures Brüllen vom oberen Ende des Ufers kommen, und sogleich sah er die Menge auf ihre Knie fallen, ihre Augen mit ihren Händen bedecken und ihre Häupter zur Erde neigen; sie bildete, als sie niederfiel, zwei Reihen und ließ dazwischen einen geraden, schmalen Gang über die gesamte Länge des Ufers frei. Er allein blieb in der Mitte des Ganges stehen und wußte nicht, was er tun oder wohin er sich wenden sollte.

Als er in die Richtung blickte, aus der das Brüllen kam, entdeckte er einen riesigen Stier, der Feuerzungen aus seinem Munde spie, Rauchsäulen aus seinen Nüstern blies und mit Blitzesschnelle den Pfad herunterlief. Mit Entsetzen sah er auf das wütende Tier und suchte rechts und links ein Entkommen, fand aber keinen Ausweg. Er fühlte sich wie am Boden festgenagelt und war sich seines Unterganges sicher.

In dem Augenblick, als der Stier so nahe herangekommen war, daß der Mann die versengende Flamme und den Rauch fühlte, wurde er in die Luft gehoben. Der Stier war unter ihm stehengeblieben und schoß mehr Feuer und Rauch nach oben; aber der Mann stieg immer höher, und obwohl er das Feuer und den Rauch spürte, gewann er doch ein gewisses Vertrauen, daß der Stier ihm nichts mehr anhaben könnte. Und er setzte seinen Weg über den Fluß fort.

Als er auf das grüne Ufer hinunterschaute, sah er die Menge noch wie zuvor auf den Knien liegen, und der Stier schoß Pfeile statt Rauch und Feuer nach ihm. Er konnte die Pfeile sausen hören, als sie unter ihm herflogen, einige durchbohrten seine Kleider, aber kein einziger berührte sein Fleisch. Schließlich waren der Stier, die Menschenmenge und der Fluß nicht mehr zu sehen; und der Mann flog weiter.

Er flog über ein ödes, sonnenverbranntes Land ohne irgendeine Spur des Lebens. Endlich landete er am Fuß eines hohen, rauhen Berges, der so verlassen war, daß nicht ein Grashalm wuchs und weder eine Eidechse noch eine Ameise zu finden war. Er hatte das Gefühl, als ob der einzige Weg für ihn den Berg hinaufführen müßte.

Lange suchte er nach einem sicheren Weg aufwärts, aber alles, was er sehen konnte, war ein kaum erkennbarer Pfad, wie ihn nur Ziegen erklimmen können. Diesem Pfad beschloß er zu folgen.

Kaum war er ein paar hundert Fuß aufwärts gestiegen, als er nicht weit zu seiner Linken eine breite und glatte Straße sah. Als er anhielt und gerade seinen Pfad verlassen wollte, wurde die Straße zu einem Menschenstrom, dessen eine Hälfte mühsam aufstieg, während die andere ungestüm den Berg hinunterstürzte. Männer und Frauen ohne Zahl mühten sich aufwärts und rollten Hals über Kopf abwärts, und im Hinunterrollen stöhnten und seufzten sie derart, daß einem angst und bange werden konnte.

Der Mann betrachtete diese unheimliche Erscheinung eine Weile und erklärte sie sich damit, daß wohl irgendwo auf dem

Berg eine riesige Irrenanstalt sein müßte und daß die Hinunterrollenden einige der entwichenen Bewohner sein müßten. Er setzte seinen sich hinaufwindenden Pfad fort, fallend und wieder aufstehend, aber er stieg dabei immer höher.

In einer bestimmten Höhe versiegte der Menschenstrom, und sein Bett wurde völlig ausgelöscht. Wieder war der Mann mit dem finsteren Berg allein, ohne eine Hand, die ihm den Weg wies, und ohne eine Stimme, die seinen sinkenden Mut stärkte und seine schnell abnehmenden Kräfte stählte, aber in dem unbestimmten Glauben, daß sein Weg zum Gipfel führen müsse.

Immer weiter mühte er sich hinauf und zeichnete den Weg mit seinem Blut. Nach vielen herzzerreißenden Mühen gelangte er schließlich zu einer Stelle, wo die Erde weich und ohne Steine war. Zu seiner unbeschreiblichen Freude sah er einige köstliche Grasbüschel hier und da hervorsprießen; und das Gras war so zart und der Boden so weich und die Luft so wohlriechend und so einschläfernd, daß er sich plötzlich fühlte, als ob ihm sein letztes bißchen Kraft geraubt sei. So ließ er sich nieder und schlief ein.

Er wurde von einer Hand geweckt, die seine Hand berührte, und von einer Stimme, die zu ihm sagte: »Steh auf! Der Gipfel ist in Sicht. Und der Frühling erwartet dich auf dem Gipfel.«

Die Hand und die Stimme gehörten einer wunderschönen Jungfrau – einem paradiesischen Wesen – die in ein blendend weißes Gewand gehüllt war. Sie nahm den Mann freundlich bei der Hand; und der Mann erhob sich gestärkt und erfrischt. Der Mann erblickte wirklich den Gipfel. Und der Mann spürte bereits den Frühling. Aber gerade als er seinen

Fuß hob, um den ersten Schritt vorwärts zu tun, erwachte er aus seinem Traum.

Was würde Micayon tun, wenn er aus einem solchen Traum erwachte und sich selbst auf einem gewöhnlichen Bett ausgestreckt fände, eingesperrt in vier gewöhnliche Wände, aber mit der glühenden Vision jener Jungfrau hinter seinen Augenlidern und dem wohlriechenden Glanz jenes Gipfels frisch in seinem Herzen?

Micayon (verblüfft): Aber ich bin jener Träumer, und ich habe diesen Traum gehabt. Ich habe auch die Vision jenes Mädchens und des Gipfels gehabt. Sie quält mich bis auf den heutigen Tag und gibt mir keine Ruhe. Sie macht mich vor mir selbst zu einem Fremden. Aus diesem Grund kennt Micayon auch Micayon nicht mehr.

Ich träumte diesen Traum bald, nachdem ihr nach Bethar weggeführt wurdet. Wie kommt es, daß ihr ihn so bis in alle Einzelheiten erzählen könnt? Was für ein Mensch seid ihr, daß sogar die Träume der Menschen für euch ein offenes Buch sind?

Ach, die Freiheit jenes Gipfels! Ach, die Schönheit jenes Mädchens! Wie alltäglich ist alles übrige im Vergleich dazu. Meine eigene Seele hat mich um ihretwillen verlassen. Und erst an jenem Tag, als ich euch von Bethar kommen sah, vereinigte sich meine Seele wieder mit mir, und ich fühlte mich ruhig und stark. Aber das Gefühl hat mich seitdem wieder verlassen, und wieder werde ich an unsichtbaren Fäden von mir selbst weggezogen. Erlöse mich, o großer Bruder-Gefährte. Ich verschmachte wegen einer Vision.

Mirdad: Du weißt nicht, was du verlangst, Micayon. Willst du befreit werden von deinem Befreier?

Micayon: Ich möchte nur von dieser unerträglichen Qual befreit werden, kein Zuhause zu haben in einer Welt, wo es so gemütlich zu Hause ist. Ich möchte bei der Jungfrau auf dem Gipfel sein.

Mirdad: Freue dich, weil dein Herz von dem großen Heimweh gepackt ist; denn das ist ein unwiderrufliches Versprechen, daß du deine Heimat und dein Zuhause finden und auf dem Gipfel bei der Jungfrau sein wirst.

Abimar: Bitte, erzählt uns mehr über dieses Heimweh. An welchen Merkmalen können wir es erkennen?

KAPITEL 31

Das große Heimweh

Mirdad: Wie Nebel ist das große Heimweh. Vom Herzen ausgesandt, schließt es das Herz aus, wie Nebel, der vom Meer und vom Land aufsteigt, sowohl das Land als auch das Meer auslöscht. Und ebenso wie der Nebel das Auge der sichtbaren Wirklichkeit beraubt und dadurch sich selbst zur einzigen Wirklichkeit macht, so unterwirft dieses Heimweh die Gefühle des Herzens und macht sich selbst zum alles beherrschenden Gefühl. Obwohl es so formlos und ziellos und blind wie der Nebel zu sein scheint, wimmelt es doch von ungeborenen Formen, ist deutlich zu erkennen und sehr bestimmt in seiner Zielsetzung.

Auch wie ein Fieber ist das große Heimweh. Wie ein im Körper entflammtes Fieber die Lebenskraft des Körpers untergräbt, während es seine Gifte verbrennt, so schwächt dieses Heimweh, das aus dem Widerstreit im Herzen geboren wurde, das Herz, während es seine Schlacke und jeden Überfluß verzehrt.

Wie ein Dieb ist das große Heimweh. Denn so wie ein schleichender Dieb sein Opfer von einer Last befreit, es jedoch schwer verbittert zurückläßt, so nimmt dieses Heimweh verstohlen alle Lasten vom Herzen, läßt es jedoch höchst betrübt und beladen zurück, eben wegen des Fehlens jeglicher Last.

Breit ist das Ufer und grün, wo Männer und Frauen ihre dahineilenden Tage vertanzen, versingen und vertun mit Arbeit und Weinen. Aber furchtbar ist der Feuer und Rauch speiende Stier, der ihre Schritte hemmt und sie auf die Knie zwingt und ihre Lieder auf ihre Stimmbänder zurückdrängt und ihre geschwollenen Augenlider mit ihren Tränen zuklebt.

Ebenso breit und tief ist der Strom, der sie vom anderen Ufer trennt. Und sie können weder hindurch schwimmen, noch können sie mit einem Ruder hinüberrudern oder mit einem Segel hinübersegeln. Wenige – sehr wenige – von ihnen wagen es, ihn mit einem Gedanken zu überbrücken. Sondern alle – fast alle – sind eifrig bemüht, auf ihrem Ufer zu bleiben, wo jeder sein geliebtes Rad der Zeit weiterrollt.

Der Mensch mit dem großen Heimweh hat kein Lieblingsrad zu rollen. Inmitten einer Welt, die so angespannt beschäftigt und in Zeitnot ist, lebt er allein ohne eine Beschäftigung und ohne Eile. In einer Menschheit, so anständig in Kleidung, Sprache und Sitten, entdeckt er sich nackt, stotternd und unpassend. Er kann nicht lachen mit den Lachenden, noch kann er weinen mit den Weinenden. Die Menschen essen und trinken und haben ihre Freude am Essen und Trinken; er ißt ohne Genuß, und sein Getränk ist schal in seinem Mund.

Andere sind verheiratet oder dabei, sich zu verheiraten; er geht allein, schläft allein und träumt seine Träume allein. Andere sind reich an weltlicher Vernunft und Weisheit; er allein ist einfältig und unklug. Andere haben gemütliche Winkel, die sie ihr Zuhause nennen; er allein ist ohne Zuhause. Andere haben bestimmte Plätze auf der Erde, die sie Vaterland nennen und deren Ruhm sie sehr laut besingen; er allein hat keinen Platz, den er besingen oder sein Vaterland nennen könnte. Denn das Auge seines Herzens ist auf das andere Ufer gerichtet.

Ein Schlafwandler ist der Mensch mit dem großen Heimweh inmitten einer augenscheinlich so hellwachen Welt. Er wird von einem Traum gezogen, den jene, die rings um ihn sind, weder sehen noch fühlen; deshalb zucken sie mit den Achseln und machen sich über ihn lustig. Aber wenn der Gott der Angst – der Feuer und Rauch speiende Stier – auf dem Schauplatz erscheint, dann müssen sie ins Gras beißen, während der Schlafwandler, über den sie die Achseln zuckten und sich lustig machten, auf den Flügeln des Glaubens über sie und ihren Stier hochgehoben und weit über das andere Ufer bis an den Fuß des rauhen Berges getragen wird.

Unfruchtbar, öde und verlassen ist das Land, über das der Schlafwandler fliegt. Aber die Flügel des Glaubens sind stark, und der Mann fliegt weiter.

Finster, kahl und haarsträubend ist der Berg, an dessen Fuß er absteigt. Aber das Herz des Glaubens ist unbezähmbar, und das Herz des Menschen schlägt unverzagt weiter.

Felsig, schlüpfrig und kaum erkennbar ist der Pfad den Berg hinauf. Aber weich ist die Hand, und stetig ist der Fuß, und scharf ist das Auge des Glaubens, und der Mensch steigt weiter.

Er begegnet unterwegs Männern und Frauen, die sich in einem breiten und glatten Straßenbett den Berg hinaufarbeiten. Das sind die Männer und Frauen des kleinen Heimwehs, die danach verlangen, den Gipfel zu erreichen, aber mit einem lahmen und blinden Führer. Denn ihr Führer ist ihr Glaube an das, was das Auge sehen, was das Ohr hören und was die Hand fühlen kann, was die Nase und die Zunge riechen und schmecken können. Einige von ihnen steigen nicht höher als bis zu den Knöcheln des Berges; einige erreichen seine Knie und einige die Hüften und sehr wenige den Gürtel. Aber alle gleiten mit ihrem Führer zurück und taumeln den Berg wieder hinunter, ohne auch nur einen Schimmer des prächtigen Gipfels gesehen zu haben.

Kann das Auge alles sehen, was es zu sehen gibt, und das Ohr alles hören, was es zu hören gibt? Kann die Hand alles fühlen, was es zu fühlen gibt, und die Nase alles riechen, was es zu riechen gibt? Oder kann die Zunge alles schmecken, was es zu schmecken gibt? Nur wenn der Glaube, der aus der göttlichen Vorstellungskraft geboren ist, den Sinnesorganen zu Hilfe kommt, werden sie wirklich wahrnehmen und so zu Leitern werden, die zum Gipfel führen.

Sinnesorgane, die des Glaubens entbehren, sind höchst unzuverlässige Führer. Obgleich ihre Straße glatt und breit erscheint, ist sie doch voller versteckter Fußangeln und Fallgruben, und jene, die sie zum Gipfel der Freiheit benutzen, kommen entweder unterwegs um oder gleiten aus und taumeln zu ihrem Ausgangspunkt zurück; und da wird mancher gebrochene Knochen geschient; und da wird manche klaffende Wunde genäht.

Die Menschen mit dem kleinen Heimweh haben sich mit ihren Sinnesorganen eine Welt aufgebaut, die sie bald klein und stickig finden; und deshalb sehnen sie sich nach einem größeren und luftigeren Zuhause. Aber anstatt sich neue Materialien und einen neuen Baumeister zu suchen, durchstöbern sie die alten Materialien und rufen denselben Architekten – die Sinnesorgane – damit er das größere Zuhause für sie entwerfe und baue. Kaum ist das neue fertig, dann finden sie es so klein und so stickig wie das alte. Und so geht es weiter mit Abreißen und Aufbauen, und niemals gelingt es ihnen, das Zuhause zu bauen, das ihnen den Trost und die Freiheit gibt, nach denen sie verlangen. Denn sie verlassen sich auf ihre Betrüger, die sie vor Betrug bewahren sollen. Und wie der Fisch, der von der Bratpfanne ins Feuer springt, laufen sie vor einem kleinen Trugbild weg, nur um von einem größeren geködert zu werden.

Zwischen den Menschen mit dem großen Heimweh und den Menschen mit dem kleinen Heimweh gibt es die riesigen Herden der Kaninchen-Menschen, die überhaupt kein Heimweh verspüren. Sie begnügen sich damit, ihre Löcher zu graben und darin zu leben, Junge zu haben und zu sterben; und sie finden ihre Löcher ganz elegant, geräumig und warm und möchten sie nicht gegen den Glanz eines königlichen Palastes eintauschen. Und sie kichern über alle Schlafwandler, besonders über jene, die einen einsamen Weg verfolgen, auf dem sie nur wenige und sehr schwer zu erkennende Fußspuren finden.

Fast wie ein Adler, der von einer Henne im Hinterhof ausgebrütet wurde und mit der Brut der Henne aufgezogen wird, fühlt sich der Mensch mit dem großen Heimweh unter seinen Mitmenschen. Seine Kükenbrüder und seine Hennenmutter möchten, daß er einer der ihren sei, daß er ihre Art und ihre Gepflogenheiten teile und lebe wie sie; und er seinerseits möchte, daß sie – gleich ihm – von der freieren Luft und unbegrenzten Himmeln träumen. Bald aber fühlt er sich als ein Fremdling und Ausgestoßener unter ihnen; und er wird von allen gepickt – sogar von seiner Mutter. Aber der Ruf der Gipfel klingt laut in seinem Blut, und der Gestank des Hühnerstalles ist für seine Nase eine Qual. Aber er erträgt das alles in Schweigen, bis er ganz flügge geworden ist. Und dann steigt er in die Lüfte und wirft einen liebevollen Blick zum Abschied auf seine ehemaligen Brüder und deren Mutter, die fröhlich weiter gackern, während sie in der Erde nach Körnern und Würmern scharren.

Freue dich, Micayon. Dein Traum ist ein prophetischer Traum. Das große Heimweh hat deine Welt zu klein und dich zu einem Fremdling in jener Welt gemacht. Es hat dein Vorstellungsvermögen aus dem Griff der gebieterischen Sinnesorgane befreit; und das Vorstellungsvermögen hat dir deinen Glauben gebracht.

Der Glaube wird dich hoch über die versumpfte, stickige Welt erheben und dich über die traurige Leere hin zum rauhen Berg tragen, wo jeder Glaube notwendigerweise auf die Probe gestellt und von den letzten Schlacken des Zweifels gereinigt wird.

Der so gereinigte und triumphierende Glaube wird dich bis an die Grenzen des ewig grünen Gipfels führen und dich dort den Händen der Einsicht übergeben. Wenn der Glaube seine Aufgabe erfüllt hat, wird er sich zurückziehen, und die Einsicht wird deine Schritte zur unaussprechlichen Freiheit des Gipfels lenken, der das wahre, das grenzenlose, das alles umfassende Haus Gottes und des überwindenden Menschen ist.

Sei standhaft in der Prüfung, Micayon! Seid standhaft, ihr alle. Nur für einen Augenblick auf jenem Gipfel zu stehen, ist es wert, jegliche Schmerzen zu ertragen. Aber für immer auf jenem Gipfel zu wohnen, ist die Ewigkeit wert.

Himbal: Könntet ihr uns nicht – wenn auch nur für einen Blick, ganz gleich wie kurz – zu eurem Gipfel erheben?

Mirdad: Sei nicht voreilig, Himbal, sondern warte deine Zeit ab. Wo ich frei atme, da mußt du nach Luft ringen. Wo ich leichten Fußes gehe, da mußt du keuchen und stolpern. Halte dich an den Glauben, und der Glaube wird das gewaltige Werk vollbringen.

So lehrte ich Noah.

So lehre ich euch.

KAPITEL 32

Über Sünde und das Abwerfen des Schurzes aus Feigenblättern

Mirdad: Man hat zu euch über Sünde gesprochen, und ihr möchtet wissen, wie der Mensch ein Sünder wurde.

Ihr erklärt – und das nicht ohne Verdienst – daß, wenn der Mensch, das Bildnis und Ebenbild Gottes, ein Sünder ist, dann Gott selbst die Quelle der Sünde sein muß. Darin ist ein Fallstrick für die Arglosen enthalten; und ich möchte nicht, daß ihr, meine Gefährten, darin verstrickt werdet. Deshalb möchte ich diesen Fallstrick von eurem Pfad entfernen, damit ihr ihn von den Pfaden der Menschen entfernen könnt.

Es ist keine Sünde in Gott, wenn es nicht Sünde ist, daß die Sonne ihr Licht einer Kerze gibt. Auch ist im Menschen keine Sünde, wenn es nicht Sünde ist, daß eine Kerze sich selbst in der Sonne verbrennt und so mit der Sonne vereinigt wird.

Aber es ist Sünde in der Kerze, die ihr Licht nicht weitergibt und, wenn ein Streichholz an ihren Docht gehalten wird, das Streichholz und die Hand, die es hält, verflucht. Es ist Sünde in der Kerze, die sich schämt, in der Sonne zu brennen, und sich darum vor der Sonne abschirmt.

Der Mensch sündigte nicht durch Ungehorsam gegen das Gesetz, sondern vielmehr dadurch, daß er seine Unwissenheit über das Gesetz verdeckte!

Ja, es ist Sünde in dem Schurz aus Feigenblättern. Habt ihr nicht die Geschichte vom Fall des Menschen gelesen, so schlicht und einfach dargestellt, jedoch von erhabener und geistvoller Bedeutung? Habt ihr nicht gelesen, wie der Mensch, als er frisch aus dem Herzen Gottes hervorging, einem unmündigen Gott gleich war – passiv, träge, unschöpferisch? Denn obwohl er mit allen Eigenschaften der Göttlichkeit ausgestattet wurde, besaß er nicht die Fähigkeit, seine unendlichen Vermögen und Talente zu kennen, noch weniger, sie zu gebrauchen.

Gleich einem einsamen Samenkorn, das in einer wunderschönen Flasche eingeschlossen ist, war der Mensch im Garten Eden. Ein Samenkorn in einer Flasche wird ein Samenkorn bleiben, und niemals werden die Wunder, die innerhalb seiner Haut versiegelt liegen, zu Leben und Licht gedrängt werden, wenn es nicht in einen seiner Natur verwandten Boden gelegt und seine Haut aufgebrochen wird.

Aber der Mensch hatte keinen Boden von der Art, in den er sich pflanzen und in dem er sprießen konnte. Sein Antlitz wurde nirgendwo in einem verwandten Antlitz widergespiegelt. Er hatte ein menschliches Ohr, das keine menschliche Stimme hörte. Er hatte eine menschliche Stimme, die aus keiner menschlichen Kehle ein Echo fand. Er hatte ein Herz, das ein einsames Lied sang.

Allein – so absolut allein – war der Mensch inmitten einer wohl gepaarten und in Gang gesetzten Welt. Er war sich selbst ein Fremder; er hatte keine eigene Aufgabe und folgte keinem vorgezeichneten Weg. Eden war für ihn, was eine behagliche Wiege für einen Säugling ist – ein Zustand passiver Seligkeit, ein gut ausgesuchter Brutkasten.

Der Baum der Erkenntnis des Guten und des Bösen und der Baum des Lebens waren beide in seiner Reichweite; aber er würde keine Hand ausstrecken, um ihre Frucht zu pflükken und zu probieren; denn sein Geschmack und sein Wille, seine Gedanken und seine Wünsche, ja sogar sein eigentliches Leben, alles lag noch in ihm verpackt und wartete darauf, allmählich ausgepackt zu werden. Er allein konnte das Auswickeln nicht besorgen. Deshalb wurde er dazu veranlaßt, aus sich selbst eine Gehilfin für sich selbst hervorzubringen, eine Hand, die ihm beim Auswickeln seiner vielen Verpakkungen helfen würde.

Wo sonst hätte er seine Hilfe erhalten können außer aus seinem eigenen Wesen, das so reich an Hilfe war, weil es so vermögend in seiner Göttlichkeit war? Und das ist äußerst bedeutsam.

Nicht ein neuer Staub und Atem ist Eva, sondern Adams eigener Staub und Atem – Bein von seinem Bein und Fleisch von seinem Fleisch. Nicht ein anderes Geschöpf erscheint auf der Bildfläche; sondern derselbe einfache Adam wird zweifach – ein männlicher Adam und ein weiblicher Adam.

So erhält das einsame, nicht widergespiegelte Antlitz einen Gefährten und einen Spiegel; und der Name, der von keiner menschlichen Stimme ein Echo erhielt, beginnt in süßen Kehrreimen auf Edens Wegen auf und ab widerzuhallen; und das Herz, dessen einsame Schläge in einer einsamen Brust gedämpft wurden, beginnt im Herzen eines Gefährten, innerhalb der Brust eines Gefährten, seinen Puls zu fühlen und seine Schläge zu hören.

So begegnet der funkenlose Stahl dem Feuerstein, der seine Funken im Überfluß hervorbringt. So wird die nicht angezündete Kerze an beiden Enden angezündet.

Es ist eine Kerze, es ist ein Docht, und es ist ein Licht, obwohl es scheinbar an entgegengesetzten Seiten aufflammt. Und so findet das Samenkorn in der Flasche den Boden, wo es keimen und seine Geheimnisse enthüllen kann.

So bringt die Einheit, sich selbst unbewußt, die Zweiheit hervor, damit sie durch die Reibung und den Gegensatz der Zweiheit dazu gebracht wird, ihre Einheit zu verstehen. Auch darin ist der Mensch das getreue Abbild und Ebenbild seines Gottes. Denn Gott – das Urbewußtsein – projiziert aus sich selbst das Wort; und diese beiden, das Wort und das Bewußtsein, werden in der heiligen Einsicht vereinigt.

Nicht eine Bestrafung ist die Zweiheit, sondern ein Prozeß, der der Natur der Einheit eigen und für die Entfaltung ihrer Göttlichkeit notwendig ist. Wie kindisch, anders darüber zu denken! Wie kindisch, zu glauben, daß ein so erstaunlicher Prozeß in siebzig Jahren seinen Lauf vollendet haben kann, oder auch in siebzig Millionen Jahren!

Ist es eine solche Kleinigkeit, ein Gott zu werden? Ist Gott ein so grausamer und geiziger Aufseher, daß Er, der die ganze Ewigkeit zu vergeben hat, dem Menschen nicht mehr als eine so kurze Spanne Zeit wie siebzig Jahre zuteilen sollte, in welcher er sich selbst zur Einheit zurückzuführen und sein Eden zurückzugewinnen hat im vollen Bewußtsein seiner Göttlichkeit und seiner Einheit mit Gott?

Lang ist der Weg der Zweiheit, und töricht sind jene, die ihn in Kalenderjahren messen wollen. Die Ewigkeit zählt die Umdrehungen der Sterne nicht.

Als der passive, träge, unschöpferische Adam zweifach wurde, wurde er sogleich aktiv, voller Bewegung und fähig, schöpferisch zu sein und sich fortzupflanzen.

Welches war die erste Tat des zweifach gewordenen Adam?

Vom Baum der Erkenntnis des Guten und des Bösen zu essen und dadurch seine gesamte Welt so zweifach wie sich selbst zu machen. Die Dinge waren nicht mehr, was sie vorher waren – unschuldig und unberührt. Sondern sie wurden entweder gut oder böse, nützlich oder schädlich, angenehm oder unangenehm; sie wurden zu zwei sich gegenüberliegenden Lagern, während sie bisher eins waren.

Und war die Schlange, die Eva verführte, vom Guten und Bösen zu schmecken, nicht die tiefere Stimme der aktiven, jedoch unerfahrenen Zweiheit, die sich selbst zur Tat und zur Erfahrung anspornte?

Daß Eva als erste diese Stimme vernahm und ihr gehorchte, ist wahrlich nicht zu verwundern. Denn Eva war sozusagen der Wetzstein, das Werkzeug, das dazu bestimmt war, die verborgenen Kräfte in ihrem Gefährten aufzurufen.

Habt ihr nicht oft versucht, euch diese erste Frau in jenem ersten Bericht über den Menschen vorzustellen, wie sie unter den Bäumen des Gartens Eden umherschleicht, mit gespannten Nerven, ihr Herz unruhig wie ein Vogel in einem Käfig, ihre Augen suchen überall, ob sie nicht entdeckt wird, das Wasser läuft ihr im Mund zusammen, als sie mit zitternder Hand nach der Frucht der Versuchung greift? Habt ihr nicht den Atem angehalten, als sie die Frucht pflückte, ihre Zähne in das zarte Fleisch drückte und zunächst eine Süße kostete, die sich für sie und alle ihre Nachkommen in ewigwährende Bitterkeit verwandeln sollte?

Habt ihr nicht von ganzem Herzen gewünscht, Gott möge Evas wahnsinniger Kühnheit zuvorkommen, indem Er ihr gerade in dem Augenblick erscheint, als sie ihre tollkühne Tat vollbringen will, und nicht hinterher, wie in der Geschichte? Und habt ihr nicht gewünscht, als sie ihre Tat vollbracht hatte, daß Adam die Weisheit und den Mut besitzen möge, nicht zu ihrem Mitschuldigen zu werden?

Aber Gott ist weder dazwischengetreten noch hat Adam sich enthalten. Denn Gott wollte nicht, daß ihm sein Ebenbild ungleich sein sollte. Es war sein Wille und *Plan*, daß der Mensch den langen Weg der Zweiheit gehen sollte, um seinen eigenen Willen und Plan zu entwickeln und durch Einsicht wieder zur Einheit zu werden. Was Adam betrifft, so konnte er, auch wenn er gewollt hätte, sich nicht enthalten, von der Frucht zu genießen, die ihm seine Frau anbot. Er mußte einfach deshalb davon essen, weil seine Frau davon gegessen hatte; denn die beiden waren ein Fleisch, und jeder war für die Taten des anderen verantwortlich.

War Gott unwillig und zornig, weil der Mensch von der Frucht des Guten und Bösen aß? Gott behüte! Denn Er wußte, daß der Mensch nicht anders konnte, als davon zu essen, und Er wollte, daß er aß; aber Er wollte auch, daß der Mensch vorher die Folgen erkenne, wenn er davon essen würde, und den Mut und die Kraft habe, die Folgen auf sich zu nehmen. Und der Mensch hatte den Mut und die Kraft. Der Mensch aß. Und der Mensch nahm die Folgen auf sich.

Die Folge war der Tod. Denn der Mensch, der nach dem Willen Gottes durch seine Aktivität dualistisch wurde, war dadurch gleichzeitig der passiven Einheit abgestorben. Darum ist der Tod keine Strafe, sondern eine der Dualität eigene Lebensphase. Denn es ist das Wesen der Dualität, alle Dinge zweifach zu machen und allem einen Schatten mitzugeben. So zeugte Adam seinen Schatten in Eva, und beide schufen für ihr Leben einen Schatten, der Tod heißt. Aber obwohl Adam und Eva vom Tod beschattet werden, behalten sie dennoch schattenloses Leben im Leben Gottes.

Eine fortwährende Reibung ist die Dualität; und die Reibung erweckt die falsche Vorstellung von zwei Entgegengesetzten, die sich gegenseitig vernichten wollen. In Wirklichkeit vervollständigen sich die scheinbar entgegengesetzten Teile, erfüllen einander und arbeiten Hand in Hand auf das gleiche Ziel hin: vollkommenen Frieden, Einheit und Gleichgewicht in heiliger Einsicht. Aber die falsche Vorstellung wurzelt in den Sinnesorganen, und sie besteht so lange, wie die Sinne bestehen.

Darum antwortete Adam, als Gott ihn rief, nachdem seine Augen geöffnet waren: »Ich hörte deine Stimme im Garten, und ich fürchtete mich, weil ich nackt war, und ich verbarg mich.« Und weiter: »Die Frau, die Du mir zur Seite gegeben hast, hat mir von dem Baum gegeben, und da habe ich gegessen.«

Nichts anderes war Eva als Adams eigenes Bein und Fleisch. Und doch betrachtet dieses neugeborene Ich Adams, nachdem seine Augen geöffnet wurden, sich selbst als etwas, das verschieden, getrennt und unabhängig war von Eva, von Gott und von Gottes gesamter Schöpfung.

Eine Täuschung war dieses Ich. Eine Täuschung des soeben geöffneten Auges war diese von Gott abgesonderte Persönlichkeit. Dieses Ich hatte weder Substanz noch Wirklichkeit. Es wurde geboren, damit der Mensch durch dessen Tod sein wirkliches Selbst kennenlernen sollte: das Selbst Gottes. Es wird vergehen, wenn das äußere Auge dunkel und das innere Auge hell wird. Und obwohl es Adam verwirrte, beschäftigte es dennoch seinen Verstand sehr und bezauberte seine

Phantasie. Ein Selbst zu besitzen, das man ganz sein Eigen nennen kann – das ist in der Tat zu schmeichelhaft und zu verlockend für den Menschen, der keinerlei Bewußtsein von einem Selbst hat.

Adam wurde durch sein vorgetäuschtes Selbst verlockt und geschmeichelt. Und obwohl er sich dessen *schämte*, weil es zu unwirklich oder zu *nackt* war, so wollte er sich doch nicht davon trennen; statt dessen klammerte er sich mit seinem ganzen Herzen und seinem ganzen neugeborenen Scharfsinn daran. Und er heftete Feigenblätter aneinander und machte sich daraus einen Schurz, um seine nackte Persönlichkeit damit zu bedecken und sie für sich selbst zu behalten, versteckt vor dem alles durchdringenden Auge Gottes.

So verging Eden, der Zustand seliger Unschuld, die sich selbst unbewußte Einheit, für den dualistisch gewordenen, mit einem Schurz aus Feigenblättern bekleideten Menschen; und Flammenschwerter wurden zwischen ihm und dem Baum des Lebens aufgerichtet.

Der Mensch ging durch das Zwillingstor Gut und Böse von Eden fort; er wird durch das einfache Tor der Einsicht wieder hineingehen. Er ging mit dem Rücken zum Baum des Lebens hinaus; er wird mit dem Gesicht jenem Baum zugewandt wieder zurückkehren. Er begann seine lange und schwierige Reise voller Scham über seine Nacktheit und voller Sorge, seine Scham zu verbergen; er wird das Ende seiner Reise in unverhüllter Reinheit erreichen und mit einem Herzen voller Stolz über seine Nacktheit.

Aber das wird nicht geschehen, bevor nicht der Mensch durch die Sünde von der Sünde befreit sein wird. Denn die Sünde wird sich als ihr eigenes Verderben beweisen. Und worin anders ist die Sünde als in dem Schurz aus Feigenblättern?

Fürwahr, nichts anderes ist die Sünde als die Schranke, die der Mensch aufgerichtet hat zwischen sich selbst und Gott – zwischen seinem vergänglichen Selbst und seinem beständigen Selbst. Jene Schranke, die anfänglich nur aus einer Handvoll Feigenblättern bestand, ist allmählich zu einem mächtigen Bollwerk geworden. Denn seit der Mensch die Unschuld von Eden verlor, hat er sich aufs Äußerste angestrengt, um immer mehr Feigenblätter anzuhäufen und immer mehr Schurze zusammenzufügen.

Die Trägen begnügen sich damit, die Risse in ihren Schurzen mit den Fetzen auszubessern, die ihre fleißigeren Nachbarn weggeworfen haben. Und jeder Flicken im Sündenkleid ist Sünde, denn er trägt dazu bei, jene Scham zu verewigen, die des Menschen erstes und sehr durchdringendes Gefühl nach seiner Loslösung von Gott war.

Tut der Mensch irgend etwas, um sein Schamgefühl zu überwinden? Ach! All seine Mühen bestehen darin, Scham auf Scham und Schurz auf Schurz zu häufen.

Was sind des Menschen Künste und Wissenschaften anderes als Feigenblätter? Seine Kaiserreiche, Nationen, Rassengruppierungen und Religionen auf dem Kriegspfad, sind sie nicht Kulte der Feigenblattverehrung? Seine Gesetzesbücher über Gut und Böse, Ehre und Unehre, Recht und Unrecht, seine zahllosen sozialen Bekenntnisse und Verträge – sind sie nicht Schurze aus Feigenblättern?

Sein Abschätzen des Unschätzbaren und Abmessen des Unmeßbaren und Normen dessen, was außerhalb jeglicher Norm steht – bedeutet das alles nicht ein Flicken des bereits über und über mit Flicken besäten Lendentuches?

Sein unstillbarer Hunger nach Vergnügen, die voller Leiden sind, seine Gier nach Reichtum, der arm macht, sein Durst nach Herrschaft, die unterjocht, und sein Trieb nach Größe, die klein macht – sind sie nicht ebensoviele Schurze aus Feigenblättern?

In dem traurigen Drang des Menschen, seine Nacktheit zu bedecken, hat er zu viele Schurze umgetan, die sich im Lauf der Jahre so fest mit seiner Haut verbunden haben, daß er zwischen ihnen und seiner Haut nicht mehr unterscheiden kann. Und der Mensch ringt nach Luft; und der Mensch fleht um Erlösung von seinen vielen Häuten. Jedoch in seinem Wahnsinn würde der Mensch alles tun, um von seiner Last befreit zu werden, nur nicht das eine, das ihn in Wahrheit von seiner Last befreien kann, und das ist, jene Last abzuwerfen. Er möchte von seinen zusätzlichen Häuten befreit werden und klammert sich gleichzeitig mit aller Macht daran fest. Er möchte entblößt werden und doch völlig angezogen bleiben.

Die Zeit der Entblößung ist nahe. Und ich bin gekommen, um euch zu helfen, eure zusätzlichen Häute – eure Schurze aus Feigenblättern – abzuwerfen, damit ihr allen Suchern in der Welt helfen könnt, die ihren auch abzuwerfen. Ich zeige euch nur den Weg; aber jeder muß das Abwerfen ganz allein tun, wie schmerzhaft dieses Unternehmen auch sein mag.

Wartet nicht auf irgendein Wunder, das euch vor euch selbst rettet, noch fürchtet euch vor Schmerz; denn die nackte Einsicht wird euren Schmerz in ewigwährende Glückseligkeit verwandeln.

Wenn ihr euch dann in der Nacktheit der Einsicht gegenübersteht und Gott euch ruft und fragt: »Wo seid ihr?«, dann werdet ihr euch nicht schämen, noch werdet ihr euch fürchten, noch werdet ihr euch vor Gott verstecken. Sondern ihr werdet unerschütterlich, ungebunden und in göttlicher Heiterkeit dastehen und Gott antworten:

»Sieh uns an, Gott, unsere Seele, unser Wesen, unser einfaches Selbst. In Scham, Furcht und Schmerz sind wir den langen, rauhen und gewundenen Pfad des Guten und Bösen gewandert, den du uns am Anfang der Zeit bestimmt hast. Das große Heimweh trieb unsere Füße voran, und der Glaube stärkte unsere Herzen, und nun hat die Einsicht unsere Lasten von uns genommen, unsere Wunden verbunden und uns zurückgebracht in Deine heilige Gegenwart, entblößt von Gut und Böse, Leben und Tod, entblößt von allen Täuschungen der Dualität, entblößt von jeglichem Selbst außer Deinem allumfassenden Selbst. Ohne Feigenblätter, die unsere Nacktheit verbergen, stehen wir vor Dir ohne Scham, erleuchtet, ohne Furcht. Siehe, wir sind eins geworden! Siehe, wir haben überwunden!«

Und Gott wird euch mit unendlicher Liebe umarmen und euch geradewegs zu Seinem Baum des Lebens führen.

So lehrte ich Noah.

So lehre ich euch.

Naronda: Auch dieses wurde vom Meister gesagt, als wir um das Kohlenbecken versammelt waren.

KAPITEL 33

Über die Nacht, die unvergleichliche Sängerin

Naronda: So wie ein Verbannter sich nach seiner Heimat sehnt, so sehnten wir uns alle nach dem Adlerhorst, der durch eisige Winde und schwere Schneegestöber den ganzen Winter lang unzugänglich war.

Der Meister wählte eine Frühlingsnacht, deren Augen sanft und hell waren, deren Atem warm und würzig, deren Herz feurig und hellwach war, in der er uns zum Adlerhorst führte. Die acht flachen Steine, die uns als Sitze dienten, lagen noch genauso im Halbkreis wie an jenem Tag, an dem der Meister nach Bethar gebracht worden war. Augenscheinlich hatte niemand den Adlerhorst seit jenem Tag besucht.

Jeder von uns nahm seinen gewohnten Platz ein und wartete darauf, daß der Meister zu sprechen begann. Aber er öffnete seinen Mund nicht. Sogar der Vollmond, der auf uns herniedersah, als wolle er uns willkommen heißen, schien voller Erwartung an des Meisters Lippen zu hängen. Gebirgswasserfälle, die von Klippe zu Klippe stürzten, erfüllten die Nacht mit ihren ungestümen Melodien. Dann und wann hörten wir das Krächzen einer Eule oder das Zirpen einer Grille.

Lange warteten wir in atemlosem Schweigen, bis der Meister sein Haupt erhob und, nachdem er seine halbgeschlossenen Augen geöffnet hatte, auf die folgende Weise zu uns zu sprechen begann:

Mirdad: In der Stille dieser Nacht möchte Mirdad euch

die Gesänge der Nacht hören lassen. Leiht euer Ohr dem Chor der Nacht. Denn die Nacht ist fürwahr eine unvergleichliche Sängerin.

Aus den dunkelsten Spalten der Vergangenheit, aus den leuchtendsten Schlössern der Zukunft, von den Zinnen der Himmel und aus dem Innern der Erde strömen und rauschen die Stimmen der Nacht zu den fernsten Winkeln des Universums. In mächtigen Wellen rollen und wirbeln sie um unsere Ohren. Öffnet eure Ohren weit, damit ihr sie gut hören könnt.

Was der geschäftige Tag auf lässige Weise auslöscht, stellt die Nacht ohne Eile mit flüchtiger Zauberkraft wieder her. Verbergen der Mond und die Sterne sich nicht im hellen Licht des Tages? Was der Tag in einer vermengenden Täuschung überschwemmt, singt die Nacht in gemessener Verzückung in alle Richtungen hinaus. Sogar die Träume der Kräuter verstärken den Chor der Nacht!

Leiht euer Ohr den Sphärenklängen,
hört, wie sie durch die Himmel schwingen,
hört, wie sie Wiegenlieder singen
dem schlummernden, dem riesigen Kind
in der Wiege aus Treibsand und Wind,
dem König, gefesselt, gebunden,
doch strahlend in ärmlichen Lumpen,
dem Gott in Windeln.

Hört die Erde, immer in Wehen,
die säugt, aufzieht, verbindet, begräbt.
Hört, wie die wilden Tiere im Wald
brüllen, reißen, zerrissen werden,

Kriechtiere sich winden auf Erden,
Insekten geheimnisvoll summen,
Vögel von Feld und Flüssen träumen.
Baum und Busch, die atmende Natur
trinkt Leben in vollen Zügen nur
aus Bechern des Todes.

Vom Bergesgipfel und aus dem Tal,
aus der Wüste und dem Ozean,
aus der Luft und der Erde hervor
klingt der Ruf zum zeitumhüllten Gott.

Hört nun die Mütter in der Welt,
wie sie klagen, wie sie weinen,
und hört die Väter in der Welt,
wie sie seufzen, wie sie stöhnen,
wie ihre Töchter und Söhne
Gewalt fliehen, Gewalt suchen,
Gott und das Schicksal verfluchen,
Haß atmen und Liebe heucheln,
Eifer trinken und Angst schwitzen,
Lächeln säen, Tränen ernten,
anfachen mit dem roten Blut
das Wüten der wachsenden Flut.

Hört ihre leeren Bäuche schrumpfen,
geschwollene Lider blinzeln
und ihre verdorrten Finger
nach dem Skelett der Hoffnung tasten,
wie ihre Herzen sich weiten
und mit jedem Schlag sprengen Schicht um Schicht.

Hört, teuflische Maschinen dröhnen,
und die stolzen Städte fallen.
Festungen, mächtig, läuten
die Glocken zum eigenen Tod.
Und die einstigen Denkmäler
stürzen in Blutlachen und Schmutz.

Hört des Gerechten Gebete
sich mit Schreien der Wollust mischen
und argloses Kinderplappern
im gottlosen Geschwätz verklingen.
In der errötenden Jungfrau Lächeln
wispert die Arglist der Dirne,
und die Begeisterung der Tapferen
summt zu dem Brüten der Schurken.

In Zelt und Hütte, bei Stamm und Sippe
posaunt die Nacht
hinaus die Hymnen des Menschen,
Gesänge der Schlacht.

Doch Zauberin Nacht mischt gut die Wiegenlieder,
die Aufforderungen, die Schlachtgesänge und alles
zu einem Gesang, der zu fein ist für das Ohr,
zu einem Lied, so großartig,
so unendlich im Rhythmus,
so tief im Klange und so zart im Reim,
daß sogar Engelschöre und Symphonienklänge
im Vergleich dazu nur Lärm und Gestammel sind.
Das ist der Triumphgesang des Überwinders.

Die im Schoße der Nacht tief schlummernden Berge,
die erinnerungsreichen Wüsten mit ihren Dünen,
nachtwandelnde Tiefen und wandernde Sterne,
die Bewohner in ihren Städten des Todes,
die heilige Dreieinheit und der Allwille
grüßen und umjubeln den überwindenden Menschen.
Glücklich sind jene, die hören und verstehen.

Wie glücklich sind jene, die, allein mit der Nacht,
sich ruhig und tief und weit fühlen wie die Nacht,
deren Gesicht im Dunkeln nicht heimgesucht wird
von dem Unrecht, das sie im Dunkeln begingen,
deren Augenlider nicht von Tränen schmerzen,
die sie ihre Mitmenschen vergießen ließen,
deren Hände nicht zucken vor Bosheit und Gier,
deren Ohr nicht das Begierdenzischeln bedrängt,
deren Denken nicht eigene Gedanken kränkt,
deren Herz kein Bienenkorb ist für die Sorgen,
die endlos aus jedem Winkel der Zeit schwärmen,
deren Ängste nicht Stollen ins Gehirn graben,
die kühn zur Nacht sagen: »Enthülle uns den Tag!«,
und zum Tage sagen: »Zeige uns die Nacht!«
Ja, dreimal glücklich sind, die, allein mit der Nacht,
so gutgestimmt, still, unendlich sind wie die Nacht.
Nur für sie singt die Nacht das Überwindungslied.

Wenn ihr der Verleumdung des Tages mit erhobenem Haupt und strahlenden, gläubigen Augen entgegentreten wollt, beeilt euch dann, die Freundlichkeit der Nacht zu gewinnen.

Werdet Freunde der Nacht. Reinigt eure Herzen gründlich

in eurem eigenen Lebensblut und übergebt sie ihrem Herzen. Vertraut eure unverhüllten Wünsche ihrem Herzen an und opfert euren Ehrgeiz zu ihren Füßen – außer dem Streben nach Freiheit durch heilige Einsicht. Dann werdet ihr unverwundbar gegen alle Pfeile des Tages sein, und die Nacht wird euer Zeuge vor den Menschen sein, daß ihr in Wahrheit Überwinder seid.

Wenn aufgeregte Tage euch hin und her werfen,
und sternlose Nächte euch in Dunkelheit einhüllen,
und ihr auf die Kreuzwege der Welt geworfen werdet,
ohne Spuren oder Zeichen, die euch den Weg zeigen,
werdet ihr doch weder Menschen noch Umstände fürchten
und werdet auch nicht den Schatten eines Zweifels spüren,
daß Tage und Nächte genau wie Menschen und Dinge
euch früher oder später demütig bitten werden,
sie zu führen.

Dann habt ihr das Vertrauen der Nacht erworben.
Wer so das Vertrauen der Nacht erworben hat,
kann leicht über den kommenden Tag verfügen.

Leiht euer Ohr dem Herzen der Nacht,
denn in ihm schlägt das Herz des Überwinders.

Wenn ich Tränen hätte, würde ich sie diese Nacht jedem blinkenden Stern und jedem Staubkörnchen opfern, jedem rieselnden Bach und jeder zirpenden Heuschrecke, jedem Veilchen, das seine wohlriechende Seele in der Luft schweben läßt, jedem dahinrasenden Wind, jedem Berg und jedem Tal, jedem Baum und jedem Grashalm – der ganzen friedvollen, vorübergehenden Schönheit dieser Nacht, vor ihnen allen würde ich meine Tränen vergießen als Entschuldigung für die Undankbarkeit und grausame Unwissenheit der Menschen.

Denn die Menschen, die sich dem abscheulichen Pfennig verschrieben haben, sind eifrig im Dienst ihres Herrn beschäftigt, zu eifrig, um auf irgendeine andere Stimme oder Willensäußerung zu achten außer seiner Stimme und seinem Willen.

Schrecklich ist das Geschäft des Herrschers der Menschen. Es besteht darin, ihre Welt in ein Schlachthaus zu verwandeln, in welchem sie die Schlächter und die Geschlachteten sind. Menschen schlachten Menschen, von Blut berauscht, in dem Glauben, daß, wer mehr schlachtet, alle Anteile jener erbt, die er geschlachtet hat, an aller Wohltätigkeit der Erde und der Freigebigkeit der Himmel.

Unglückliche Irregeführte! Wann wurde jemals ein Wolf zu einem Lamm, indem er einen anderen Wolf zerriß? Wann wurde jemals eine Schlange zu einer Taube, indem sie ihre Mitschlangen zermalmte und verschlang? Wann erbte ein Mensch durch das Töten anderer Menschen nur ihre Freuden und nicht ihre Sorgen? Wann wurde ein Ohr, indem es andere Ohren verstopfte, besser auf die Harmonien des Lebens abgestimmt? Oder wurde ein Auge, indem es andere Augen ausstach, empfänglicher für die Offenbarungen der Schönheit?

Gibt es einen Menschen oder ein Heer von Menschen, die

imstande wären, die Segnungen einer einzigen Stunde mit Brot und Wein oder Licht und Frieden auszulöschen? Die Erde gebiert nicht mehr, als sie ernähren kann. Die Himmel bitten nicht, noch stehlen sie den Unterhalt für ihre Jungen.

Jene lügen, die den Menschen sagen: »Wenn ihr genug haben wollt von dem, was euch labt, tötet und beerbt, die ihr getötet habt.« Wie kann einer von Tränen, Blut und Seelennöten der Menschen gedeihen, der es versäumte, von ihrer Liebe zu gedeihen, und von Milch und Honig der Erde und von der tiefen Zuneigung der Himmel?

Jene lügen, die zu den Menschen sagen: »Jede Nation für sich selbst!« Wie könnte ein Tausendfüßler jemals einen Zoll vorankommen, wenn jedes Bein sich in einer eigenen Richtung bewegen wollte oder den Fortschritt der anderen behinderte oder die Vernichtung der anderen plante? Ist die Menschheit nicht ein riesengroßer Tausendfüßler, dessen viele Beine die Nationen sind?

Jene lügen, die zu den Menschen sagen: »Herrschen ist eine Ehre, beherrscht zu werden ist eine Schande.« Wird ein Eseltreiber nicht durch den Schwanz seines Esels geführt? Ist ein Gefangenenwärter nicht an die Gefangenen gebunden? Fürwahr, der Esel treibt seinen Führer, der Sträfling kerkert seinen Wärter ein.

Jene lügen, die zu den Menschen sagen: »Der Wettlauf ist für die Schnellen, das Recht gehört den Mächtigen.« Denn das Leben ist kein Wettlauf mit Muskeln und Muskelkraft. Die Krüppel und die Lahmen erreichen nur zu oft das Ziel viel schneller als die Unversehrten. Und sogar eine Mücke bringt manchmal einen Gladiatoren zu Fall.

Jene lügen, die zu den Menschen sagen, daß Unrecht nur

durch Unrecht wieder gutgemacht werden kann. Ein Unrecht, das auf ein anderes Unrecht gehäuft wird, kann niemals ein Recht werden. Laßt das Unrecht allein, und es wird sich selbst vernichten.

Aber die Menschen sind leichtgläubig der Philosophie ihres Beherrschers gegenüber. Dem Pfennig und seinen gierigen Trabanten glauben sie in frommem Eifer und erfüllen getreulich ihre wildesten Launen. Aber der Nacht, die von Befreiung singt und predigt – und sogar Gott persönlich – schenken sie weder Vertrauen noch Aufmerksamkeit. Und euch, meine Gefährten, werden sie entweder als Irre oder als Betrüger brandmarken.

Nehmt keinen Anstoß an der Undankbarkeit und dem kränkenden Spott der Menschen, sondern arbeitet mit unerschöpflicher Liebe und Geduld an ihrer Befreiung von sich selbst und von der Sintflut aus Feuer und Blut, die bald über sie kommen wird.

Es wird Zeit, daß die Menschen mit dem Schlachten von Menschen aufhören. Die Sonne, der Mond und die Sterne warten seit Ewigkeit darauf, gesehen, gehört und verstanden zu werden, das Alphabet der Erde, entziffert zu werden, die Heerstraßen des Raumes, bewandert zu werden, der verworrene Faden der Zeit, entwirrt zu werden, der Wohlgeruch des Universums, eingeatmet zu werden, die Katakomben des Schmerzes, vernichtet zu werden, die Höhle des Todes, geplündert zu werden, das Brot der Einsicht, geschmeckt zu werden, und der Mensch – der Gott in Schleiern – entschleiert zu werden.

Es wird Zeit, daß die Menschen die Ausplünderung der Menschen beenden und die Reihen schließen, um die gemeinsame Aufgabe durchzuführen. Gewaltig groß ist die Aufgabe, aber süß der Sieg. Alles andere ist abgedroschen und leer im Vergleich dazu.

Ja, es wird Zeit. Aber nur wenige werden es beachten. Die übrigen müssen auf einen neuen Ruf – einen neuen Tagesanbruch – warten.

KAPITEL 34

Über das Mutter-Ei

Mirdad: In der Stille dieser Nacht möchte Mirdad euch veranlassen, über das Mutter-Ei nachzudenken.

Der Raum und alles, was sich darin befindet, ist ein Ei, dessen Schale die Zeit ist. Das ist das Mutter-Ei.

Dieses Ei wird eingehüllt, wie Luft die Erde einhüllt, von dem evolvierten Gott, dem Makro-Gott, dem unverkörperten, unendlichen und unaussprechlichen Leben.

In dieses Ei eingehüllt ist der involvierte Gott, der Mikro-Gott, das verkörperte Leben, gleichfalls unendlich und unaussprechlich.

Obwohl das Mutter-Ei nach menschlichen Maßstäben unmeßbar ist, so hat es doch seine Grenzen. Während es selbst nicht unendlich ist, grenzt es doch rundherum an die Unendlichkeit.

Alle Dinge und Wesen im Universum sind nichts anderes als Raum-Zeit-Eier, die denselben Mikro-Gott einschließen, sich aber auf verschiedenen Entwicklungsstufen befinden. Der Mikro-Gott im Menschen hat eine größere Raum-Zeit-Ausdehnung als der Mikro-Gott im Tier, und der Mikro-Gott im Tier eine größere Ausdehnung als der in der Pflanze, und so weiter die ganze Rangordnung der Schöpfung hinunter.

Die zahllosen Eier, die alle Dinge und Wesen darstellen, sowohl die sichtbaren als auch die unsichtbaren, sind derart im Mutter-Ei angeordnet, daß das in Ausdehnung größere das unmittelbar kleinere enthält, mit kleinen Zwischenräumen bis hinunter zum kleinsten Ei, das im Mittelpunkt von Raum und Zeit als unendlich kleiner Kern enthalten ist.

Ein Ei in einem Ei in einem Ei – und so weiter über alle menschlichen Zahlen hinausgehend, und alle von Gott befruchtet – das ist das Universum, meine Gefährten.

Ich habe jedoch das Gefühl, daß meine Worte für euren Verstand zu unbestimmt sind, und würde sie gern zu sicheren und beständigen Sprossen machen, wenn jemals Worte zu sicheren und beständigen Sprossen auf der Leiter werden können, die zu vollkommener Einsicht führt. Haltet euch an mehr als Worte und mit mehr als eurem Verstand, wenn ihr die Höhen und Tiefen und Breiten erreichen wollt, die zu erreichen Mirdad euch wünscht.

Worte sind bestenfalls Blitze, die Horizonte offenbaren; sie sind nicht der Weg zu jenen Horizonten; noch weniger sind sie jene Horizonte. Wenn ich also zu euch über das Ei und die Eier und über den Makro-Gott und den Mikro-Gott spreche, klammert euch dann nicht an den Buchstaben, sondern folgt dem Blitz. Und ihr werdet feststellen, daß meine Worte mächtige Flügel für eure unbeständige Einsicht sind.

Betrachtet die Natur rings um euch herum. Stellt ihr nicht fest, daß sie auf dem Prinzip des Eies aufgebaut ist? Fürwahr, im Ei werdet ihr den Schlüssel für die gesamte Schöpfung finden.

Ein Ei ist euer Haupt, euer Herz, euer Auge. Ein Ei ist jede Frucht und jeder Same davon. Ein Ei ist ein Wassertropfen und jeder Keim jedes lebendigen Geschöpfes. Und die zahllosen Kugeln, die ihre geheimnisvollen Bahnen auf das Gesicht des Himmels zeichnen – sind sie nicht alle Eier, die den Inbegriff des Lebens, den Mikro-Gott, in verschiedenen Entwicklungsstufen enthalten? Geht nicht alles Leben beständig aus einem Ei hervor und wieder zurück in ein Ei?

Wunderbar, in der Tat, und unaufhörlich ist der Prozeß der Schöpfung. Der Strom des Lebens von der Oberfläche des Mutter-Eies zu seinem Mittelpunkt und von der Mitte zur Oberfläche fließt ununterbrochen. Wenn der Mikro-Gott sich in Zeit und Raum ausdehnt, geht er im Kern des Mittelpunktes von Ei zu Ei, von der niedrigsten zur höchsten Lebensordnung, wobei die niedrigste am wenigsten und die höchste am meisten in Zeit und Raum ausgedehnt ist, und die für den Durchgang von einem Ei in ein anderes erforderliche Zeit schwankt zwischen einem Augenzwinkern in einigen Fällen bis zu einem Äon in anderen. Und so geht der Prozeß weiter, bis die Schale des Mutter-Eies durchbrochen wird und der Mikro-Gott als Makro-Gott heraustritt.

So ist das Leben ein Sich-Entfalten, ein Wachsen und ein Fortschreiten, aber nicht so, wie die Menschen gewöhnlich über Wachsen und Fortschreiten sprechen. Denn Wachsen ist für sie ein Zunehmen an Masse und Fortschreiten ein Vorwärtsgehen. Dagegen ist Wachsen eine allseitige Ausdehnung in Zeit und Raum, und Fortschreiten ist eine Bewegung, die sich gleichmäßig nach allen Richtungen ausdehnt: rückwärts sowohl wie vorwärts und abwärts, seitwärts sowohl wie aufwärts. Das letzte Wachsen ist daher das aus dem Raum hinauswachsen; und das letzte Fortschreiten ist das der Zeit Entsteigen, wodurch er zum Makro-Gott wird und seine Freiheit aus den Fesseln von Zeit und Raum erreicht, welches die einzige ihres Namens würdige Freiheit ist. Das ist die dem Menschen gesetzte Bestimmung.

Erwägt diese Worte gut, ihr Mönche. Wenn euer Blut sie nicht mit Genuß einsaugt, werden eure Bemühungen, euch selbst und andere zu befreien, leicht euren und ihren Ketten weitere Glieder hinzufügen. Mirdad möchte, daß ihr es versteht, damit ihr allen Suchern helfen könnt, es zu verstehen. Mirdad möchte euch in Freiheit wissen, damit ihr das Geschlecht derer zur Freiheit führen könnt, die sich nach Überwindung und Freiheit sehnen. Darum möchte er das Prinzip des Eies noch weiter erläutern, besonders soweit es den Menschen berührt.

Alle niedrigeren Wesensarten als der Mensch sind in Gruppeneiern enthalten. So gibt es für die Pflanzen so viele Eier, wie es Pflanzensorten gibt; die weiter entwickelten schließen die weniger entwickelten ein. So ist es auch mit den Insekten, den Fischen und den Säugetieren; immer schließen die weiter entwickelten alle darunter liegenden Lebensstufen bis zum Kern im Mittelpunkt ein.

Wie das Dotter und das Eiweiß im gewöhnlichen Ei dazu dienen, das embryonale Küken darin zu ernähren und zu entwickeln, so dienen alle in einem Ei eingeschlossenen Eier dazu, den Mikro-Gott darin zu ernähren und zu entfalten.

In jedem folgenden Ei findet der Mikro-Gott zeiträumliche Nahrung, die etwas verschieden ist von jener, die ihm im vorhergehenden Ei geliefert wurde. Daher kommt der Unterschied in der zeiträumlichen Ausdehnung. Zerstreut und formlos im Gas, verdichtet er sich in der Flüssigkeit und nähert sich der Form; während er im Mineral eine bestimmte Form und Festigkeit annimmt, bleibt er dennoch bar aller Lebensmerkmale, wie sie sich in den höheren Formen offenbaren. In der Pflanze nimmt er Form an mit der Fähigkeit zu wachsen, sich zu vermehren und zu empfinden. Im Tier fühlt er, bewegt sich und pflanzt sich fort, hat ein Gedächtnis und Ansätze von Gedanken. Aber im Menschen erwirbt er darüber hinaus eine Persönlichkeit und die Fähigkeit, nachzudenken, sich auszudrücken und zu erschaffen. Freilich ist die Schöpfung des Menschen im Vergleich zu Gottes Schöpfung wie ein von einem Kind erbautes Kartenhaus verglichen mit einem herrlichen Tempel oder einem anmutigen, von einem Meisterarchitekten erbauten Schloß. Aber es ist trotzdem eine Schöpfung.

Jeder Mensch wird zu einem individuellen Ei, wobei die weiter entwickelten die weniger entwickelten und alle Tier-, Pflanzen- und niedrigeren Eier bis hinunter zum Kern im Mittelpunkt einschließen, während der am meisten entwickelte – der Überwinder – alle menschlichen und die weniger als menschlichen Eier einschließt.

Die Größe des einen Menschen umschließenden Eies wird nach der Breite der zeiträumlichen Horizonte jenes Menschen gemessen. Während das Zeitbewußtsein des einen Menschen nicht mehr als die kurze Spanne von seiner Kindheit bis auf den heutigen Tag umfaßt und seine räumlichen Horizonte nicht weiter gehen, als sein Auge reichen kann, umfassen die Horizonte eines anderen unvorstellbare Vergangenheiten und zukünftige Zeiten weit in der Ferne und meilenweite Räume, die von seinem Auge noch nicht durchforscht wurden.

Die für die Entwicklung der Menschen vorgesehene Nahrung ist für alle gleich; aber ihre Fähigkeit, Nahrung zu sich zu nehmen und zu verdauen, ist nicht die gleiche; denn sie sind nicht zur gleichen Zeit und am gleichen Ort aus dem gleichen Ei hervorgegangen. Daher kommt der Unterschied in ihrer zeiträumlichen Ausdehnung; und daher können nicht zwei einander völlig gleiche Menschen gefunden werden.

An derselben Tafel, die für alle Menschen so reich und im Überfluß gedeckt ist, ergötzt der eine Mensch sich an der Reinheit und Schönheit des Goldes und ist gesättigt, während der andere sein Vergnügen nur am Gold selbst hat und immer hungrig ist. Ein Jäger, der ein Reh sieht, wird davon angereizt, es zu töten und zu verzehren. Ein Dichter, der dasselbe Reh sieht, wird wie auf Flügeln in Räume und Zeiten getragen, von denen der Jäger niemals träumt.

Micayon, der mit Shamadam in derselben Arche wohnt, träumt von endgültiger Freiheit und dem Gipfel der Befreiung aus den Fesseln von Zeit und Raum, während Shamadam immer weiter damit beschäftigt ist, sich selbst mit noch längeren und noch dickeren Stricken von Raum und Zeit zu fesseln. In Wirklichkeit sind Micayon und Shamadam, obwohl sie unmittelbar nebeneinander leben, sehr weit voneinander entfernt. Micayon enthält Shamadam; aber Shamadam enthält nicht Micayon. Deshalb kann Micayon Shamadam verstehen, aber Shamadam kann nicht Micayon verstehen.

Das Leben eines Überwinders berührt das Leben jedes Menschen von allen Seiten; denn es enthält die Leben aller Menschen. Dagegen berührt das Leben keines Menschen das Leben eines Überwinders auf jeder Seite. Dem einfachsten Menschen erscheint der Überwinder als der einfachste Mensch. Dem hoch entwickelten erscheint er als ein hoch entwickelter. Aber es gibt immer Seiten an ihm, die kein Mensch außer einem Überwinder jemals fühlen und verstehen kann. Daher kommt seine Einsamkeit und das Gefühl, in der Welt, aber nicht von der Welt zu sein.

Der Mikro-Gott möchte nicht begrenzt sein. Er arbeitet immer an seiner eigenen Befreiung aus der Begrenzung von Zeit und Raum und gebraucht dazu eine weit über die menschliche hinausgehende Intelligenz. In niederen Wesen bezeichnen die Menschen sie als Instinkt. In gewöhnlichen Menschen nennen sie sie Vernunft. In höheren Menschen bezeichnen sie sie als prophetisches Vermögen. Es ist dieses alles und weit mehr als das. Es ist jene namenlose Kraft, die einige treffend als den Heiligen Geist bezeichnet haben und die Mirdad den Geist heiliger Einsicht nennt.

Der erste Sohn des Menschen, der die Schale der Zeit durchbrach und die Grenze des Raumes überschritt, wird mit Recht der Sohn Gottes genannt. Seine Einsicht in seine Göttlichkeit wird treffend der Heilige Geist genannt. Aber seid versichert, daß ihr auch Söhne Gottes seid, und in euch bereitet auch der Heilige Geist seinen Weg. Arbeitet mit ihm zusammen und niemals gegen ihn.

Aber bis ihr die Schale der Zeit durchbrecht und die Grenze des Raumes überschreitet, möge niemand sagen: »Ich bin Gott.« Sagt vielmehr: »Gott ist Ich.« Behaltet dieses gut in eurem Gedächtnis, damit nicht Hochmut und eitle Vorstellungen eure Herzen verderben und gegen die Arbeit des Heiligen Geistes in euch kämpfen. Denn die meisten Menschen arbeiten gegen die Arbeit des Heiligen Geistes und verzögern dadurch ihre schließliche Befreiung.

Um die Zeit zu besiegen, müßt ihr die Zeit mit der Zeit bekämpfen. Um den Raum zu überwinden, müßt ihr den Raum veranlassen, den Raum zu verzehren. Wer den beiden gegenüber den freundlichen Gastgeber spielt, muß beider Gefangener bleiben und die Geisel für die endlosen Possen von Gut und Böse.

Wer seine Bestimmung erkannt hat und danach verlangt, sie zu erfüllen, verliere keine Zeit damit, die Zeit zu verhätscheln, und mache keine Schritte, den Raum zu durchqueren. In einem kurzen Leben können sie Äonen an Zeit aufrollen und erstaunliche Weiten vernichten. Sie warten nicht auf den Tod, damit er sie in das nächstliegende Ei hinüberbringt; sie verlassen sich auf das Leben, daß es ihnen helfe, die Schalen vieler Eier alle auf einmal zu durchbrechen.

Dazu müßt ihr euch von allem lösen, damit Zeit und Raum keine Macht mehr über eure Herzen haben. Je mehr ihr besitzt, desto mehr werdet ihr besessen. Je weniger ihr besitzt, desto weniger werdet ihr besessen.

Ja, löst euch von allem außer von eurem Glauben, eurer Liebe und eurem Verlangen nach Befreiung durch heilige Einsicht.

KAPITEL 35

Lichtblitze auf dem Pfad zu Gott

Mirdad: In der Stille dieser Nacht möchte Mirdad einige Lichtblitze auf euren Pfad zu Gott ausstreuen:

Vermeidet Wortwechsel. Die Wahrheit ist ein Grundsatz; sie bedarf keines Beweises. Was immer durch Argument und Beweis gestützt werden muß, wird früher oder später durch Beweis und Argument niedergeschlagen.

Eine Sache zu beweisen, heißt, ihr Gegenteil zu widerlegen. Ihr Gegenteil zu beweisen, heißt, sie zu widerlegen. Gott hat keine Gegensätze. Wie wollt ihr ihn beweisen oder widerlegen?

Um ein Sprachrohr für die Wahrheit zu sein, darf die Zunge niemals ein Dreschflegel, ein Fangzahn, eine Wetterfahne, ein Akrobat oder ein Straßenkehrer sein.

Sprecht, um den Sprachlosen zu beruhigen. Seid sprachlos, um euch selbst zu beruhigen.

Worte sind Schiffe, welche die Meere des Raumes befahren und in vielen Häfen anlegen. Achtet darauf, womit ihr sie beladet; denn wenn sie ihre Fahrt hinter sich haben, werden sie schließlich ihre Ladung vor eurer Tür löschen.

Was der Besen für das Haus ist, ist die Selbstprüfung für das Herz. Reinigt eure Herzen gründlich.

Ein wohl gereinigtes Herz ist eine uneinnehmbare Festung.

So wie ihr auf Kosten der Menschen und Dinge lebt, so leben diese auf eure Kosten. Seid heilsame Nahrung für andere, wenn ihr nicht vergiftet werden wollt.

Wenn ihr im Zweifel über den nächsten Schritt seid, bleibt dann stehen.

Was ihr nicht mögt, mag euch auch nicht. Schenkt ihm eure Liebe und laßt es sein, wie es will; so entfernt ihr ein Hindernis auf eurem Pfad.

Die unerträglichste Last ist es, alles als eine Last zu betrachten.

Trefft eure Wahl: Entweder alles zu besitzen oder gar nichts. Ein Mittelweg ist nicht möglich.

Jeder Stein des Anstoßes ist eine Warnung. Lest die Warnung gut, und der Stein des Anstoßes wird zu einem Leuchtfeuer.

Das Gerade ist der Bruder des Krummen. Das erste ist der kürzeste Weg zum Ziel; das zweite ist ein Umweg. Habt Geduld mit dem Krummen.

Geduld ist Gesundheit, wenn sie sich auf Glauben stützt. Ohne Glauben ist sie eine Lähmung.

Sein, Fühlen, Denken, Nachdenken, Wissen – beachtet die Reihenfolge der Hauptstufen im Kreislauf des menschlichen Lebens.

Hütet euch davor, Lob zu erteilen und anzunehmen, auch wenn es noch so aufrichtig und verdient ist. Bei Schmeichelei dagegen seid taub und stumm zu ihren hinterlistigen Versprechungen.

Ihr borgt euch alles, was ihr gebt, solange ihr euch des Gebens bewußt seid.

In Wahrheit könnt ihr nichts geben, was euch gehört. Ihr gebt den Menschen nur, was ihr für die Menschen in Verwahrung habt. Was euch gehört – und nur euch allein – könnt ihr nicht weggeben, auch wenn ihr es wolltet.

Haltet euch im Gleichgewicht, und ihr werdet der Maßstab und die Waage sein, womit die Menschen sich messen und wiegen.

Es gibt weder Armut noch Reichtum. Es kommt nur darauf an, wie man die Dinge gebraucht.

Wirklich arm ist, wer seinen Besitz mißbraucht. Wirklich reich ist, wer seinen Besitz richtig gebraucht.

Sogar eine schimmelige Brotkruste kann ein unschätzbarer Reichtum sein. Sogar ein mit Gold gefüllter Keller kann trostlose Armut sein.

Wo viele Wege zusammenlaufen, zögert nicht, welchem ihr folgen sollt. Für ein Gott suchendes Herz führen alle Wege zu Gott.

Nähert euch jeglicher Form des Lebens mit Ehrerbietung. Im Unbedeutendsten liegt der Schlüssel zum Bedeutendsten verborgen.

Alle Werke des Lebens sind bedeutsam – ja, wunderbar, vortrefflich und unnachahmlich. Das Leben beschäftigt sich nicht mit unnützen Kleinigkeiten.

Wenn etwas aus den Werkstätten der Natur hervorgeht, muß es der liebenden Fürsorge und äußerst gründlichen Kunst der Natur würdig sein. Sollte es dann nicht wenigstens eurer Achtung würdig sein?

Wenn Mücken und Ameisen eurer Achtung würdig sind, wieviel mehr dann eure Mitmenschen?

Verachtet niemand. Besser von allen Menschen verachtet zu werden, als einen Menschen zu verachten. Denn einen Menschen zu verachten bedeutet, den Mikro-Gott in ihm zu verachten. Und den Mikro-Gott in irgendeinem Menschen zu verachten, bedeutet, Ihn in euch selbst zu verachten. Wie kann jemand jemals seinen Hafen erreichen, der seinen einzigen Führer zu jenem Hafen verspottet?

Blickt nach oben, um zu sehen, was unten ist. Blickt nach unten, um zu sehen, was oben ist.

Steigt ebensoviel hinab, wie ihr aufsteigt, sonst verliert ihr euer Gleichgewicht.

Heute seid ihr Schüler. Morgen werdet ihr Lehrer sein. Um gute Lehrer zu sein, müßt ihr gute Schüler bleiben.

Versucht nicht, das Böse aus der Welt auszurotten, denn auch Unkraut macht guten Dünger.

Falsch angewandter Eifer tötet nur zu oft den Eiferer.

Hohe und stattliche Bäume allein bilden noch keinen Wald. Etwas Unterholz und Kletterpflanzen sind immer erforderlich.

Heuchelei mag unter einem Deckmantel betrieben werden – für eine gewisse Zeit; sie kann dort nicht für immer bleiben, noch kann sie ausgeräuchert und ausgetilgt werden.

Dunkle Leidenschaften wachsen und gedeihen im Dunkeln. Gestattet ihnen die Freiheit des Lichtes, wenn ihr ihre Brut vermindern wollt.

Wenn ihr von tausend Heuchlern einen zu einfacher Ehrlichkeit bekehren könnt, dann ist in der Tat euer Erfolg groß.

Stellt hoch ein Leuchtfeuer auf und geht nicht umher, um die Menschen darauf aufmerksam zu machen. Wer das Licht nötig hat, braucht keine Einladung zum Licht.

Weisheit ist eine Last für den Halbweisen, wie es Torheit für den Toren ist. Helft dem Halbweisen bei seiner Last und laßt den Toren in Ruhe; der Halbweise kann ihn mehr lehren als ihr.

Oft werdet ihr euren Weg ungangbar, dunkel und ohne Gefährten finden. Seid willensstark und arbeitet euch weiter; und an jeder Ecke werdet ihr einen neuen Gefährten finden.

Kein Weg im spurlosen Raum ist noch unbetreten. Wo die Fußspuren wenig und weit auseinander sind, ist der Weg sicher und gerade, wenn auch stellenweise holprig und einsam.

Führer können denen, die es wünschen, den Weg zeigen; sie können sie nicht zwingen, ihn zu gehen. Denkt immer daran, daß ihr Führer seid.

Um gut führen zu können, muß man gut geführt werden. Verlaßt euch auf euren eigenen Führer.

Viele werden zu euch sagen: »Zeigt uns den Weg.« Aber wenige, allzu wenige werden sagen: »Führt uns bitte auf den Weg.«

Auf dem Weg zur Überwindung zählen die Wenigen mehr als die Vielen.

Kriecht, wo ihr nicht gehen könnt. Geht, wo ihr nicht laufen könnt. Lauft, wo ihr nicht fliegen könnt. Fliegt, wo ihr nicht das ganze Universum zu einem Stillstand in euch bringen könnt.

Nicht einmal oder zweimal oder auch hundertmal müßt ihr den Menschen aufheben, der stolpert, während er sich bemüht, eurer Führung zu folgen. Hebt ihn immer wieder auf, bis er nicht mehr stolpert, und denkt dabei daran, daß ihr auch einmal Säuglinge wart.

Salbt eure Herzen und Gemüter mit Verzeihung, damit ihr gesalbte Träume träumen könnt.

Das Leben ist ein Fieber von unterschiedlicher Heftigkeit und Art je nach der Besessenheit jedes einzelnen Menschen, und die Menschen befinden sich ständig im Fieberwahn. Gesegnet sind, die im Fieberwahn der heiligen Freiheit befangen sind, welche die Frucht heiliger Einsicht ist.

Die Fieber des Menschen sind wandelbar. Das Kriegsfieber kann in ein Friedensfieber verwandelt werden, das Fieber, Reichtümer zu sammeln, in ein Fieber, Liebe zu sammeln. Das ist die Alchimie des Geistes, und ihr seid berufen, sie in die Tat umzusetzen und zu lehren.

Verkündet den Sterbenden das Leben und den Lebenden den Tod. Aber jenen, die nach Überwindung suchen, verkündet die Befreiung von beiden.

Ungeheuer ist der Unterschied zwischen »Besitzen« und »Besessen werden«. Ihr besitzet nur das, was ihr liebt. Was ihr haßt, besitzt euch. Vermeidet, besessen zu werden.

Mehr Erdkugeln als nur eine ziehen ihre Bahn durch die Leere in Zeit und Raum. Die eurige ist die jüngste der Familie, und ein sehr munterer Säugling ist sie.

Eine stille Bewegung – welch ein Widersinn! Und doch ist das die Bewegung der Welten in Gott.

Schaut auf die Finger eurer Hände, wenn ihr wissen wollt, wie ungleiche Dinge gleich sein können.

Der Zufall ist das Spielzeug der Weisen. Die Toren sind das Spielzeug des Zufalls.

Beklagt euch niemals über irgend etwas. Sich über etwas zu beklagen, heißt, daraus eine Geißel für den sich Beklagenden zu machen. Es gut zu erdulden, heißt, es gut zu geißeln. Aber es zu verstehen, bedeutet, daraus einen treuen Diener zu machen.

Es geschieht oft, daß ein Jäger, der beispielsweise auf ein Reh zielt, das Reh verfehlt und einen Hasen tötet, von dessen Gegenwart er gar nichts wußte. Ein weiser Jäger wird in einem solchen Fall sagen: »Ich hatte in Wirklichkeit auf den Hasen gezielt und nicht auf das Reh. Und ich habe meine Beute bekommen.«

Zielt gut, und jedes Ergebnis ist ein gutes Ergebnis.

Was auf euch zukommt, ist für euch. Was zögert zu kommen, ist nicht wert, erwartet zu werden. Laßt es allein warten.

Ihr verfehlt niemals ein Ziel, wenn das, worauf ihr zielt, auch auf euch zielt.

Ein verfehltes Ziel ist immer ein erreichtes Ziel. Laßt eure Herzen vor Enttäuschungen sicher sein.

Enttäuschung ist ein Raubvogel, der von kraftlosen Herzen ausgebrütet und auf den Kadavern ihrer fehlgeschlagenen Hoffnungen großgezogen wurde.

Eine erfüllte Hoffnung wird die Mutter vieler totgeborener Hoffnungen. Hütet euch davor, eure Herzen mit der Hoffnung zu vermählen, wenn ihr sie nicht in einen Friedhof verwandeln wollt.

Eines von hundert Eiern eines Fisches mag zur Reife kommen. Und doch sind die neunundneunzig nicht verschwendet. So verschwenderisch und so eindeutig ohne Unterschied ist die Natur. Seid ebenso verschwenderisch und eindeutig ohne Unterschied, wenn ihr eure Herzen und Gemüter in die Herzen und Gemüter der Menschen sät.

Erwartet keine Belohnung für irgendeine verrichtete Arbeit. Die Arbeit selbst ist genug Belohnung für den Arbeiter, der seine Arbeit liebt.

Denkt an das schöpferische Wort und das vollkommene Gleichgewicht. Erst wenn ihr dieses Gleichgewicht durch heilige Einsicht erlangt habt, werdet ihr Überwinder geworden sein; und dann werden eure Hände mit Gottes Händen zusammenarbeiten.

Mögen der Friede und die Stille dieser Nacht in euch schwingen, bis sie in der Stille und dem Frieden der heiligen Einsicht untergehen.

So lehrte ich Noah.
So lehre ich euch.

KAPITEL 36

Der Tag der Arche und sein Ritual. Die Botschaft des Fürsten von Bethar von der lebendigen Lampe

Naronda: Seit der Rückkehr des Meisters von Bethar war Shamadam mürrisch und zurückhaltend gewesen. Aber als der Tag der Arche sich näherte, wurde er munter und lebhaft und übernahm persönlich die Leitung all der schwierigen Vorbereitungen bis hinunter zu den kleinsten Einzelheiten.

Wie der Tag des Weinstocks, so war auch der Tag der Arche von einem einzigen Tag zu einer ganzen Woche lebhafter Festlichkeiten und munteren Handelns mit allen Arten von Gütern und beweglicher Habe ausgedehnt worden.

Von den vielen besonderen Riten für diesen Tag waren die wichtigsten: Das Schlachten eines Ochsen als Opfergabe, das Anzünden des Opferfeuers, an dem dann die neue Lampe angezündet wird, die den Platz der alten Lampe auf dem Altar einnehmen soll; all diese Riten werden vom Ältesten mit viel Zeremonien durchgeführt, an denen die Öffentlichkeit teilnimmt, und zum Schluß wird von jedem Teilnehmer eine Kerze an der neuen Lampe angezündet. Die Kerzen werden dann wieder gelöscht und sorgfältig als Talisman gegen böse Geister aufbewahrt. Als Abschluß der Zeremonien ist es üblich, daß der Älteste eine Ansprache hält.

Genau wie am Tag des Weinstocks kommen auch die Pilger am Tag der Arche selten ohne irgendwelche Gaben und Geschenke. Die meisten jedoch bringen Ochsen, Widder und Ziegenböcke, um sie dem Schein nach mit dem Ochsen der

Arche als Gabe zu opfern, aber in Wirklichkeit, damit Sie dem Viehbestand der Arche hinzugefügt, jedoch nicht, geschlachtet werden.

Die neue Lampe wird gewöhnlich von irgendeinem Fürsten oder Großgrundbesitzer der Milchberge gestiftet. Und da es als eine große Ehre und ein Vorrecht betrachtet wird, dieses Geschenk zu bringen, und sich viele darum bewerben, ist es üblich geworden, am Ende eines jeden Jahres die Wahl für das folgende Jahr durch Lose festzulegen. Die Fürsten und Großgrundbesitzer wetteifern in Aufopferung und Hingabe, indem jeder danach strebt, daß seine Lampe alle vorangegangenen an Kostbarkeit und Schönheit in Form und Ausführung übertrifft.

Das Los für die Lampe dieses Jahres war vom Fürsten von Bethar gezogen worden. Und alle warteten bereits darauf, den neuen Schatz zu betrachten; denn der Fürst war wegen seiner großen Freigebigkeit und wegen seines Wohlwollens der Arche gegenüber berühmt.

Am Vorabend jenes Tages rief Shamadam uns und den Meister in seine Zelle und sprach zu uns wie folgt, wobei er mehr den Meister als die übrigen von uns ansprach:

Shamadam: Morgen ist ein heiliger Tag, und es ziemt sich für uns alle, daß wir ihn heilig halten. Was immer es auch an Streitigkeiten in der Vergangenheit gegeben haben mag, laßt sie uns hier in dieser Stunde begraben. Die Arche darf nicht dazu gebracht werden, ihre Fahrt zu verlangsamen oder ihren Eifer zu vermindern. Und Gott verhüte, daß sie zum Stillstand kommt.

Ich bin der Älteste dieser Arche. Mir obliegt die schwere

Pflicht der Führung. Auf mir ruht das verbriefte Recht, den Kurs festzulegen. Die Pflicht und das Recht fielen auf mich durch die festgesetzte Reihenfolge, wie sie zweifellos auf einen von euch fallen werden, wenn ich gestorben und dahingegangen bin. So wie ich einst meine Zeit abgewartet habe, so wartet nun auch eure Zeit ab. Wenn ich Mirdad unrecht getan habe, möge er mir mein Unrecht verzeihen.

Mirdad: Du hast Mirdad kein Unrecht angetan, sondern du hast Shamadam sehr empfindlich unrecht getan.

Shamadam: Steht es Shamadam nicht frei, Shamadam unrecht zu tun?

Mirdad: Frei, sich selbst unrecht zu tun? Wie äußerst widersprechend sind schon die bloßen Worte! Denn unrecht tun, auch wenn man es sich selbst zufügt, heißt, ein Sklave seines Unrechts zu werden, während anderen unrecht tun bedeutet, der Sklave eines Sklaven zu werden. Oh, wie schwer ist das Gewicht des Unrechts.

Shamadam: Wenn ich gewillt bin, mein Unrecht zu ertragen, was habt dann ihr damit zu tun?

Mirdad: Soll ein kranker Zahn zum Mund sagen: Was geht dich mein Schmerz an, wenn ich gewillt bin, ihn zu ertragen?

Shamadam: Oh, laßt mich in Ruhe, laßt mich nur in Ruhe. Nehmt eure schwere Hand weg von mir und züchtigt mich nicht mit eurer klugen Zunge. Laßt mich meine restlichen Tage so zu Ende leben, wie ich bisher gelebt und gearbeitet habe. Geht und baut eure Arche irgendwo anders, aber laßt diese Arche in Ruhe. Die Welt ist groß genug für euch und mich und für eure Arche und die meinige. Morgen ist *mein* Tag. Steht ihr beiseite und laßt mich meine Arbeit tun; denn ich werde keine Einmischung von irgendeinem von euch dulden.

Nehmt euch in acht. Shamadams Rache ist ebenso fürchterlich wie Gottes Rache. Nehmt euch in acht. Nehmt euch in acht.

Naronda: Als wir die Zelle des Ältesten verließen, schüttelte der Meister gütig sein Haupt und sagte:

Mirdad: Shamadams Herz ist noch immer Shamadams Herz.

Naronda: Am nächsten Morgen wurden die Zeremonien sehr zu Shamadams Freude mit großer Pünktlichkeit und ohne unvorhergesehene Zwischenfälle bis zu dem Augenblick durchgeführt, da die neue Lampe dargereicht und angezündet werden sollte.

In jenem Augenblick sah man, wie ein sehr großer und stattlicher Mann, ganz in Weiß gekleidet, sich mühsam seinen Weg durch die dichte Menschenmenge bahnte und dem Altar zustrebte. Sogleich ging es flüsternd von Mund zu Mund, daß dieser Mann der persönliche Abgesandte des Fürsten von Bethar sei, der die neue Lampe brächte, und alle waren neugierig, den kostbaren Schatz zu betrachten.

Shamadam verbeugte sich sehr tief vor dem Abgesandten, weil er wie die übrigen der Meinung war, daß er das großzügige Geschenk für das neue Jahr brächte. Aber nachdem der Mann leise etwas zu Shamadam gesagt hatte, zog er ein Pergament aus seiner Tasche, und nachdem er erklärt hatte, daß es eine Botschaft des Fürsten von Bethar sei, die er beauftragt sei, persönlich vorzutragen, begann er Folgendes vorzulesen:

Von dem ehemaligen Fürsten von Bethar allen seinen Mitmenschen aus den Milchbergen, die an diesem Tage in der

Arche versammelt sind – Frieden und brüderliche Liebe.

Ihr alle seid lebende Zeugen meiner glühenden Hingabe an die Arche. Da die Ehre, die Lampe für dieses Jahr darzureichen, durch das Los auf mich fiel, scheute ich weder Verstand noch Reichtum, damit mein Geschenk der Arche würdig sei. Und meine Anstrengungen wurden reichlich belohnt. Denn die Lampe, die mein Reichtum und die Geschicklichkeit meiner Handwerker schließlich angefertigt hatten, war wirklich wie ein Wunder anzusehen.

Aber Gott war nachsichtig und gütig und wollte nicht, daß ich meine erbärmliche Armut bloßlegte. Denn er hat mich seitdem zu einer Lampe geführt, deren Licht blendend und unauslöschlich ist, deren Schönheit unübertrefflich und unvergänglich ist. Als ich diese Lampe erblickt hatte, schämte ich mich zutiefst, jemals gedacht zu haben, daß meine Lampe von irgendeinem Wert sei. Deshalb habe ich sie auf den Schutthaufen geworfen.

Jene lebende Lampe, die nicht von Händen gearbeitet wurde, empfehle ich euch allen sehr ernsthaft. Daran ergötzt eure Augen und entzündet eure Kerzen. Gebt acht, sie ist in eurer Reichweite. Ihr Name ist Mirdad. Mögt ihr seines Lichtes würdig sein.

Kaum hatte der Bote die letzten Worte ausgesprochen, als Shamadam, der neben ihm gestanden hatte, plötzlich verschwand, als wenn er ein Geist sei. Der Name des Meisters ging durch die riesige Menschenmenge wie ein mächtiger

Windstoß durch einen Urwald. Alle wollten die lebende Lampe sehen, von der der Fürst von Bethar so voller Begeisterung gesprochen hatte.

Da sah man den Meister die Stufen des Altars hinaufsteigen und sich an die Menge wenden. Und sogleich wurde die hin- und herwogende Menschenmasse zu einem einzigen aufmerksamen, eifrigen und wachsamen Menschen. Da sprach der Meister und sagte:

KAPITEL 37

Der Meister warnt die Menge vor der Sintflut aus Feuer und Blut, zeigt den Weg auf, ihr zu entkommen, und entsendet seine Arche

Mirdad: Was sucht ihr bei Mirdad? Eine goldene Lampe mit Juwelen, um den Altar damit zu schmücken? Jedoch Mirdad ist weder ein Goldschmied noch ein Juwelier, wohl aber ein Leuchtturm und ein Hafen.

Oder sucht ihr Talismane gegen den bösen Blick? Fürwahr, Talismane hat Mirdad in Fülle, aber von anderer Art.

Oder sucht ihr ein Licht, damit jeder von euch auf dem von ihm erwählten Weg sicher gehen kann? Wie sehr befremdend in der Tat! Ihr habt die Sonne, den Mond, die Sterne, und doch fürchtet ihr zu stolpern und zu fallen? Dann müssen eure Augen ungeeignet sein, um euch als Führer zu dienen; oder das Licht muß zu spärlich sein für eure Augen. Und wer von euch möchte sich von seinen Augen trennen? Wer wollte die Sonne beschuldigen, geizig zu sein?

Wozu ist das Auge nütze, das zwar den Fuß vor dem Stolpern auf seinem Pfad bewahrt, aber das Herz stolpern und bluten läßt, wenn es vergeblich nach einem Weg umhertastet?

Wozu ist das Licht nütze, welches das Auge übersättigt, aber den Geist leer und unerleuchtet läßt?

Was sucht ihr bei Mirdad? Wenn ihr danach verlangt und ruft, in Licht gebadete Herzen und Gemüter zu sehen, dann ruft ihr wahrlich nicht vergeblich. Denn ich bemühe mich um das Gemüt und das Herz des Menschen.

Was habt ihr für diesen Tag, der ein Tag glorreicher Überwindung ist, als Opfergabe mitgebracht? Habt ihr Ziegenböcke und Widder und Ochsen mitgebracht? Wie sehr billig ist der Preis, den ihr für eure Befreiung zahlen wollt! Oder vielmehr wie sehr billig ist die Befreiung, die ihr erkaufen wollt. Es wäre für einen Menschen keine Ehre, einen Ziegenbock zu überwinden. Und es ist wahrlich eine große Schande für einen Menschen, das Leben eines armen Ziegenbocks als Lösegeld für sein eigenes anzubieten.

Was habt ihr getan, um Anteil zu haben am Geist dieses Tages, der ein Tag des Glaubensbekenntnisses und höchster Liebe ist?

Ja, gewiß, ihr habt viele Riten vollzogen und viele Gebete gemurmelt. Aber der Zweifel begleitete jede eurer Bewegungen, und der Haß sagte »Amen« nach jedem Gebet.

Seid ihr nicht hier, um die Überwindung der Sintflut zu feiern? Wie ist es möglich, daß ihr einen Sieg feiert, der euch besiegt zurückläßt? Denn durch das Bezwingen seiner eigenen Tiefen bezwang Noah nicht *eure* Tiefen, sondern wies euch nur den Weg heraus. Und seht, eure Tiefen sind voll wütenden Tobens und bedrohen euch mit Schiffbruch. Bevor ihr nicht eure eigene Sintflut überwunden habt, seid ihr dieses Tages nicht würdig.

Jeder von euch ist eine Sintflut, eine Arche und ein Steuermann. Und bevor ihr nicht den Tag erreicht, an dem ihr an einer frisch gewaschenen und jungfräulichen Erde landen könnt, beeilt euch nicht, den Sieg zu feiern.

Ihr wollt wissen, wie es dazu kam, daß der Mensch sich selbst zu einer Sintflut wurde.

Als der heilige Allwille Adam in zwei Gestalten spaltete, damit er sich selbst erkennen und seine Einheit mit dem Einen begreifen sollte, wurde er ein Mann und eine Frau – ein männlicher ADAM und ein weiblicher ADAM. Da wurde er von Begierden überschwemmt, welche die Früchte der Dualität sind – Begierden so zahlreich, in so unendlich vielen Farben, so ungeheuer groß im Ausmaß, so liederlich und so furchtbar, daß der Mensch bis auf den heutigen Tag ein Wrack auf ihren Wellen ist. Kaum hat eine Welle ihn zu schwindelnden Höhen gehoben, da zieht eine andere ihn auf den Grund zurück. Denn seine Begierden sind gepaart, so wie er selbst gepaart ist. Und obwohl zwei Gegensätze einander in Wirklichkeit nur ergänzen, so scheinen sie für den Unwissenden doch ständig im Kampf zu liegen und niemals bereit zu sein, auch nur für einen Augenblick einen Waffenstillstand abzuschließen.

Das ist die Sintflut, welcher der Mensch Stunde für Stunde, Tag für Tag die Stirn bieten muß – sein ganzes langes und schwieriges dualistisches Leben hindurch.

Das ist die Sintflut, deren mächtige Fontänen aus dem Herzen aufspringen und euch in ihrer zügellosen Gewalt mitreißen.

Das ist die Sintflut, deren Regenbogen euren Himmel nicht eher schmücken wird, bis euer Himmel sich mit eurer Erde vermählt hat und eins mit ihr geworden ist.

Seit Adam sich in Eva aussäte, haben die Menschen fortwährend Wirbelwinde und Sintfluten geerntet. Wenn Leidenschaften irgendwelcher Art überwiegen, dann ist das Leben der Menschen aus dem Gleichgewicht geworfen, und dann werden die Menschen von der einen oder anderen Flut überschwemmt, damit ein Gleichgewicht hergestellt wird. Und niemals wird das Gleichgewicht zustande kommen, bis die Menschen es gelernt haben, alle ihre Begierden im Knettrog der Liebe zu kneten und daraus das Brot der heiligen Einsicht zu backen.

Die Sintflut, welche die Erde zu Noahs Zeiten überspülte, war weder die erste noch die letzte, welche die Menschheit kennengelernt hat. Sie bezeichnete nur einen Höhepunkt in der langen Folge verwüstender Sintfluten. Die Sintflut aus Feuer und Blut, die im Begriff ist, über die Erde hereinzubrechen, wird sicherlich diesen Höhepunkt überschreiten. Seid ihr bereit zu schwimmen, oder werdet ihr untergehen?

Ach! Ihr seid zu sehr damit beschäftigt, Last auf Last zu häufen, zu beschäftigt, euer Blut mit Freuden voller Schmerz zu berauschen, zu beschäftigt, Straßen zu bauen, die euch nirgendwo hinführen, zu beschäftigt, in den Hinterhöfen der Vorratskammern des Lebens Samenkörner zu sammeln, ohne auch nur durch das Schlüsselloch zu blicken. Wie solltet ihr nicht untergehen, ihr meine obdachlosen Kinder?

Ihr, die ihr dazu geboren seid, euch hoch aufzuschwingen, den grenzenlosen Raum zu durchstreifen, das Universum mit euren Schwingen einzufangen, habt euch eingesperrt in Käfige anheimelnder Übereinkünfte und Glaubensrichtungen, die eure Flügel beschneiden, eure Sicht beeinträchtigen und eure Sehnen versteinern. Wie sollt ihr über die kommende Sintflut hinwegkommen, meine obdachlosen Kinder?

Ihr, Abbilder und Gleichnisse Gottes, habt nahezu das Gleichnis und das Abbild ausgelöscht. Eure göttliche Gestalt habt ihr verkümmern lassen, bis ihr sie nicht mehr erkennt. Euer göttliches Angesicht habt ihr mit Schmutz besudelt und mit vielen geckenhaften Masken bedeckt. Wie sollt ihr der Flut widerstehen, die ihr entbunden habt, meine obdachlosen Kinder?

Wenn ihr nicht auf Mirdad hört, wird die Erde niemals mehr als ein Grab für euch sein, der Himmel nicht mehr als ein Leichentuch, während doch die erstere dazu bestimmt war, euch als Wiege zu dienen, und letzterer als Thron.

Nochmals sage ich euch: Ihr seid die Flut, die Arche und der Steuermann. Eure Leidenschaften sind die Flut. Euer Körper ist die Arche. Euer Glaube ist der Steuermann. Aber euer Wille durchdringt sie alle. Und über allem schwebt eure Einsicht.

Überzeugt euch, daß die Arche stark und seetüchtig ist; aber vergeudet euer Leben nicht allein damit; sonst wird die Zeit zum Segeln niemals kommen, und am Ende werden beide, ihr selbst und eure Arche, verrotten und an Ort und Stelle untergehen. Überzeugt euch von der Tüchtigkeit und Ruhe des Steuermanns. Aber lernt vor allem die Quellen der Sintflut erkennen und stählt euren Willen, sie eine nach der anderen auszutrocknen. Dann wird die Flut sicherlich nachlassen und schließlich ganz verschwinden.

Brennt eine Leidenschaft aus, ehe sie euch verbrennt. Schaut weder der Leidenschaft in den Mund, um nachzusehen, ob sie Fangzähne oder mit Honig bedeckte Kiefer hat; die Biene, die den Nektar der Blumen sammelt, sammelt auch ihr Gift,

noch untersucht das Gesicht einer Leidenschaft, ob es hübsch oder unansehnlich ist; hübscher war für Eva das Antlitz der Schlange als das Antlitz Gottes,

noch legt eine Leidenschaft auf die Waage, um ihr Gewicht festzustellen; wer wollte ein Diadem seinem Gewicht nach mit einem Berg vergleichen? Aber in Wirklichkeit ist das Diadem bei weitem schwerer als der Berg.

Es gibt Leidenschaften, die himmlische Weisen bei Tag singen, aber zischen, beißen und stechen unter dem Schleier der Nacht, und Leidenschaften prall und übervoll an Freude, die sich schnell in Gerippe der Sorge verwandeln, und Leidenschaften mit sanften Blicken und folgsamem Betragen, die plötzlich reißender als Wölfe werden, verräterischer als Hyänen, und Leidenschaften, die süßer duften als eine Rose, solange sie allein gelassen werden, aber ärger stinken als Kadaver und Stinktiere, sobald man sie berührt und pflückt.

Scheidet eure Leidenschaften nicht in gute und schlechte, denn das ist verlorene Mühe. Die guten können nicht ohne die schlechten bestehen, die schlechten können nur in den guten Wurzeln schlagen.

Eins ist der Baum des Guten und des Bösen. Eins ist seine Frucht. Ihr könnt nicht den Geschmack des Guten kennenlernen, ohne gleichzeitig den Geschmack des Bösen kennenzulernen.

Die Brustwarze, aus der ihr die Milch des Lebens saugt, ist die gleiche, die auch die Milch des Todes hervorbringt. Die Hand, welche euch in der Wiege schaukelt, ist die gleiche Hand, die euer Grab gräbt.

Das ist, meine Obdachlosen, die Natur der Dualität. Seid nicht so eitel und eigensinnig, danach zu streben, sie zu ändern. Seid nicht so töricht und versucht, sie in zwei Hälften zu teilen, um die eine Hälfte, die euch gefällt, zu behalten und die andere wegzuwerfen.

Wollt ihr Meister der Dualität sein? Behandelt sie dann weder als gut noch als schlecht.

Ist nicht die Milch von Leben und Tod in eurem Mund sauer geworden? Ist es nicht an der Zeit, euren Mund mit etwas auszuspülen, das weder gut noch schlecht ist, weil es beide übertrifft? Ist es nicht an der Zeit, daß ihr euch nach der Frucht sehnt, die weder süß noch bitter ist, weil sie nicht auf dem Baum des Guten und des Bösen gewachsen ist?

Möchtet ihr frei sein von den Klauen der Dualität? Reißt dann ihren Baum – den Baum des Guten und des Bösen – aus euren Herzen, ja, reißt ihn mit Wurzeln und Zweigen aus, damit die Saat des göttlichen Lebens, die Saat heiliger Einsicht, die jenseits von Gut und Böse liegt, an seiner Stelle keimen und sprossen kann.

Eine freudlose Botschaft ist Mirdads Botschaft, so sagt ihr. Sie beraubt uns der Freude, auf den morgigen Tag zu warten. Sie macht uns zu stummen, uninteressierten Zeugen des Lebens, wenn wir laut schreiende Kämpfer sein wollen. Denn prächtig ist es zu streiten, ganz gleich worum es geht. Und herrlich ist es, auf eine Jagd zu gehen, auch wenn die Beute nicht mehr als ein Irrlicht ist.

So sprecht ihr in euren Herzen und vergeßt, daß euch eure Herzen gar nicht gehören, solange gute und schlechte Leidenschaften ihre Zügel halten.

Um die Herren in euren Herzen zu werden, müßt ihr all eure Leidenschaften – die guten wie die schlechten – in einem einzigen Trog der Liebe kneten, damit ihr sie im Ofen heiliger Einsicht backen könnt, wo alle Dualität in Gott zur Einheit wird.

Hört nun damit auf, eine Welt zu beunruhigen, die bereits krank vor Unruhe ist.

Wie könnt ihr hoffen, klares Wasser aus einem Brunnen zu schöpfen, in den ihr unaufhörlich allen möglichen Unrat und Schmutz werft? Wie kann das Wasser in einem Tümpel jemals klar und still sein, wenn ihr es jeden Augenblick aufrührt?

Zieht keine Wechsel über Ruhe auf eine unruhige Welt, damit ihr nicht Wechsel über Unruhe zieht.

Zieht keine Wechsel über Liebe auf eine sich hassende Welt, damit ihr nicht Wechsel über Haß zieht.

Zieht keine Wechsel über das Leben auf eine sterbende Welt, damit ihr nicht Wechsel über den Tod zieht. Die Welt kann euch in keiner anderen Münze bezahlen als in ihrer eigenen, welche eine zweiseitige Münze ist.

Sondern zieht Wechsel auf euer unendliches Gott-Selbst, das so reich an friedevoller Einsicht ist.

Stellt keine Forderungen an die Welt, die ihr euch nicht selbst stellt. Noch stellt an irgendeinen Menschen Forderungen, die ihr ihm nicht auch an euch zu stellen erlaubt.

Was könnte euch von der ganzen Welt geschenkt werden, das euch helfen würde, eure Flut zu überwinden und auf einer Erde zu landen, frei von Schmerz und Tod und dem Himmel verbunden in ewigwährender Liebe und friedevoller

Einsicht? Sind es Besitzungen, Macht, Ruhm? Ist es Ansehen, Geltung und Achtung? Ist es gekrönter Ehrgeiz und erfüllte Hoffnung? All diese Dinge sind nur Quellen, die eure Sintflut speisen. Hinweg mit ihnen, meine Obdachlosen, hinweg, hinweg!

Seid still, damit es in euch klar werden kann. Seid klar, damit ihr die Welt klar sehen könnt.

Wenn ihr die Welt klar durchschaut, dann werdet ihr wissen, wie schrecklich arm und machtlos sie ist, euch das zu geben, was ihr an Freiheit, Frieden und Leben sucht.

Alles, was die Welt euch geben kann, ist ein Körper – eine Arche, um darin die See des dualistischen Lebens zu befahren. Und die verdankt ihr keinem Menschen in der Welt. Das Universum hat die Aufgabe, sie euch zu beschaffen und zu erhalten. Sie in Ordnung und stark zu halten, damit sie der Sintflut widerstehen kann, so wie die Arche Noahs ordentlich und stark war; die wilden Tiere darin zu koppeln und vollkommen zu beherrschen, so wie Noah seine wilden Tiere koppelte und sie vollkommen beherrschte – das ist eure Aufgabe, und zwar die eure ganz allein.

Einen klarschauenden und hellwachen Glauben am Ruder zu haben, einen unbeirrten Glauben an den Allwillen, der euch zu Edens seligen Pforten führt – das ist eure Sorge, und zwar die eure ganz allein.

Einen unverzagten Willen als Kapitän zu besitzen, einen Willen, um zu überwinden und an der heiligen Einsicht des Baumes des Lebens teilzunehmen – das wiederum ist eure Aufgabe, und zwar die eure ganz allein.

Gott ist die Bestimmung des Menschen. Keine geringere

Bestimmung ist all seine Leiden wert. Was macht es schon, wenn der Weg weit ist und von Windböen und Stürmen erschwert wird? Wird nicht der Glaube eines reinen Herzens mit kühnem Auge die Windbö überlisten und den Sturm überwinden?

Beeilt euch! Denn mit Zögern zugebrachte Zeit ist von Schmerz geplagte Zeit. Und sogar die geschäftigsten Menschen sind in der Tat Trödler.

Schiffbauer seid ihr alle! Und Seeleute seid ihr alle! Das ist die Aufgabe, die euch von Ewigkeit her angewiesen ist, daß ihr den grenzenlosen Ozean, der ihr seid, befahren sollt, um darin die lautlose Harmonie des Seins zu finden, deren Name Gott ist.

Alle Dinge müssen einen Mittelpunkt haben, von dem sie ausgehen und um den sie sich drehen.

Wenn das Leben – das Leben des Menschen – ein Kreis ist und das Gott-Finden sein Mittelpunkt, dann muß all eure Arbeit konzentrisch mit diesem Mittelpunkt sein; sonst wäre es Zaudern, wenn auch von scharlachrotem Schweiß durchtränkt.

Aber da es Mirdads Aufgabe ist, den Menschen zu seiner Bestimmung zu führen, gebt acht! Mirdad hat für euch eine wunderbare Arche angefertigt, eine wohlgebaute und wohlgeführte Arche. Nicht eine aus Zedernholz und Pech, auch keine für Raben, Eidechsen und Hyänen, sondern eine aus heiliger Einsicht, die in der Tat ein Leuchtfeuer für alle sein wird, die sich nach der Überwindung sehnen. Ihr Ballast werden keine Weinfässer und Weinpressen sein, sondern Herzen bis zum Rand gefüllt mit Liebe für alles und alle. Auch wird ihre Ladung nicht aus Ländereien und beweglicher Habe oder

Silber, Gold und Juwelen bestehen, sondern aus Seelen, die sich von ihrem Schatten gelöst haben und in das Licht und die Freiheit der Einsicht gehüllt sind.

Laßt jene, die ihren Ankerplatz auf der Erde abbrechen wollen, und jene, die eins werden wollen, und jene, die danach streben, sich selbst zu überwinden – laßt sie an Bord kommen.

Die Arche ist bereit.
Der Wind ist günstig.
Das Meer ist ruhig.
So lehrte ich Noah.
So lehre ich euch.

Naronda: Als der Meister zu sprechen aufhörte, ging ein Raunen durch die bis dahin bewegungslose Versammlung, als ob sie während der Ansprache des Meisters ihren Atem angehalten hätte.

Bevor der Meister die Altarstufen hinunterstieg, rief er die Sieben zu sich und bat um die Harfe, und mit ihrer Hilfe begann er, die Hymne der neuen Arche zu singen. Die Menge griff die Melodie auf, und wie eine mächtige Woge schwoll der herrliche Kehrreim himmelwärts:

Gott ist dein Führer,
segle, o meine Arche!

Hier endet der Teil des Buches,

den ich der Welt bekanntgeben darf.

Für den weiteren Teil

ist die Stunde noch nicht gekommen.

M.N.